Ulrike Ascher

Hexen diät

Magie und Küchenzauber gegen Pfunde

WILHELM HEYNE VERLAG
MÜNCHEN

HEYNE RATGEBER
08/5437

Umwelthinweis:
Dieses Buch wurde auf chlor- und
säurefreiem Papier gedruckt.

Taschenbucherstausgabe 02/2004

Der Wilhelm Heyne Verlag ist ein Verlag der
Ullstein Heyne List GmbH & Co. KG, München.
http://www.heyne.de
Redaktion: Bettina Traub
Printed in Germany 2004
Umschlagkonzept und -gestaltung: Eisele Grafik-Design, München,
unter Verwendung eines Motivs von Artville (»Hexe«)
Satz: Schaber Satz- und Datentechnik, Wels
Druck und Bindung: Ebner & Spiegel, Ulm

ISBN 3-453-87311-4

Inhalt

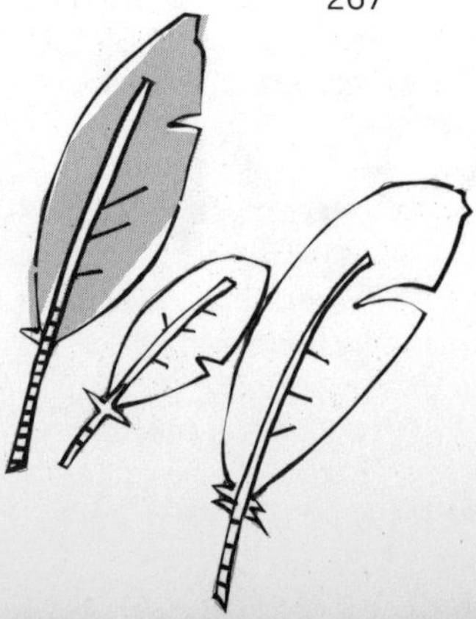

Willkommen im Club

Sind Sie nach der Brigitte-Diät wieder rund und kugelig geworden und haben Sie gar nichts für Fergie und die Weight Watchers übrig? Auch Reis-, Kartoffel- oder Brotdiät aus dieser oder jener Frauenzeitschrift haben nichts gebracht?

Was also tun, wenn Sie nicht zu den Menschen gehören, die in einer der zahllosen Talkshows lächelnd verkünden, dass sie zwar dick sind, sich aber unglaublich gut fühlen. Wenn Sie also eher unzufrieden damit sind, dass Sie mit Ihren Pfunden wuchern können, lassen Sie sich doch mal auf eine magische Diät ein. Sie müssen dafür weder Kalorien zählen noch bestimmte Nahrungsmittel in Massen oder gleich gar nichts mehr konsumieren. Und lustig ist es auch noch, zumindest meistens. Eines allerdings kann Ihnen auch die Hexendiät nicht abnehmen: Der Wille, wirklich ein paar Pfunde loszuwerden, kann nur von Ihnen kommen. Sie allein entscheiden darüber, wann und wie viel Sie abnehmen wollen.

Wenn Sie an diesem Punkt heftig mit dem Kopf nicken, weil Sie schon wissen, dass Sie loslegen wollen, dann haben Sie eine interessante und spannende Zeit vor sich. Klingt zu gut, um wahr zu sein, meinen Sie. Lassen Sie sich überraschen.

Die schlechte Nachricht zuerst: Wenn Sie jetzt hoffen, dass Ihnen hier der einmalige Anti-Fett-Zauberspruch des Monats vorgestellt wird, der mit einem Wink des Zauberstabs alle Pölsterchen über Nacht verschwinden lässt, und das, obwohl Sie sich auf Teufel komm raus mit Pralinen gemästet haben, dann haben Sie das falsche Buch erwischt – das würde auch kaum so viele Seiten füllen. Bevor Sie jetzt aber zum Buchladen eilen, um Ihr Geld zurückzuverlangen, lohnt es sich, einen Blick auf die »Zauberrezepte« der nächsten Seiten zu werfen. So sind Sie garantiert noch nie dünner geworden. Falls Ihr (Über-)Gewicht allerdings auf einer Erkrankung beruht, unternehmen Sie bitte nichts, was Ihr behandelnder Arzt nicht abgesegnet hat.

Am besten benutzen Sie das Buch als tägliche Lektüre während Ihrer Diätzeit. Kramen Sie es immer wieder hervor und suchen Sie sich die Dinge heraus, die Ihnen gut gefallen. Sie finden Vorschläge und Rezepte, die Sie mehrere Wochen lang beschäftigen. Als Minimum sind sechs Wochen vorgesehen, die Sie beliebig oft wiederholen können, da sie sich aus einzelnen Teilen zusammensetzen. Sie haben die Wahl: Entweder Sie beginnen mit zwei Vorbereitungswochen, in denen der Mond zwar zunimmt, aber Sie nicht; oder Sie gehen gleich aufs Ganze und fangen mit zwei Abnehmwochen an, die während der abnehmenden Mondphase stattfinden. Die zweite Variante empfiehlt sich allerdings nur, wenn Ihnen die Inhalte der ersten Kapitel so geläufig sind, dass es Sie geradezu langweilt.

Wie viel Sie übernehmen, wie Sie Ihren ganz persönlichen Plan daraus entwickeln, ob Sie täglich Ihrer Intuition folgen oder sich feste Vorgaben auswählen, bleibt Ihre Entscheidung. Probieren Sie aus, was Ihnen besser gefällt oder besser in Ihren Tagesablauf und zu Ihrer allgemeinen Verfassung passt. Es gibt kein Patentrezept. Sie sind die einzige Person, die über Ihren Erfolg oder Misserfolg entscheidet, je nachdem, wie Sie sich auf Ihre Hexendiät einstellen.

Das eigentliche Abnehmen beginnt mit zwei Wochen magischer Schlankheitskur, danach kommen die zwei Wochen des zunehmenden Mondes, da haben Sie Ruhe. Dann folgen noch mal zwei Wochen des abnehmenden Mondes. Da purzeln dann wieder die Pfunde.

Magische Diät heißt auf jeden Fall, weg von alten ausgetretenen Pfaden und auf zu neuen Genüssen.

Lassen Sie sich nicht dazu verleiten, die zwei »unproduktiven« Wochen des zunehmenden Mondes zu streichen, damit es schneller geht. Sie erreichen damit höchstens einen Jojo-Effekt, denn im höchst unmagischen Alltag können sich die alten Gewohnheiten klammheimlich wieder einschleichen. Die zwei Wochen Ausruhen zwischen den Abnehmwochen – sowie auch die zwei Wochen der Vorbereitung – machen es Ihnen leichter, durchzuhalten. Und wieso sollten Sie es sich nicht so einfach wie möglich machen? Schließlich sind Sie angetreten, Ihr Leben genussvoll zu gestalten.

Magische Diät heißt auf jeden Fall weg von alten ausgetretenen Pfaden und auf zu neuen Genüssen. Wie Sie das am besten machen, dazu finden Sie in den einzelnen Kapiteln Anleitungen für spezielle Rituale und eine Unmenge von praktischen Tipps, Zutaten und Anregungen für allerlei Zaubereien, die Sie bei Ihrem Vorhaben unterstützen.

Vielleicht entdecken Sie dabei so ganz nebenbei, dass Sie in Ihrem Leben nicht nur überflüssigen Ballast auf den Hüften herumtragen. Dabei kann es sich um ausgelatschte Beziehungen handeln, die einen neuen Kick brauchen oder vielleicht auch nicht mehr zu Ihnen passen. Oder Sie brauchen einen neuen Job, oder auch nur einen neuen Haarschnitt. Egal, in welchem Bereich Ihres Lebens Sie dringend abspecken möchten, auch da kann die Hexendiät brauchbare Anregungen geben, wie Sie auch dieses überflüssige Gepäck locker loswerden können.

Magische Welten

Wenn Sie mit diesem Buch arbeiten, bietet es sich an, auch auf die eine oder andere Weise einen Draht zu Ritualen, Energiearbeit und Magie zu haben. Sie müssen jetzt nicht bis zum Erreichen Ihres Wunschgewichts in wallenden Gewändern herumlaufen oder sich eine Hexenwarze wünschen. Leben Sie Ihr Leben im Prinzip so weiter, wie Sie es gewohnt sind, und gestalten Sie Veränderungen dort, wo Ihnen danach ist.
In einer magischen Welt ist alles ständig in Bewegung und alles ist möglich. Die einzigen Beschränkungen, die Sie dabei erfahren, sind diejenigen, die Sie sich selbst auferlegen. Spätestens bei diesem Satz wird nun der so wohl trainierte Verstand mit einem lauten »Moment mal!« dazwischenfahren. Schließlich könnte da ja jeder kommen und behaupten, er könne fliegen oder auf dem Wasser gehen.
Was Sie für den magischen Wandel in Ihrem Leben auf jeden Fall brauchen, ist der Optimismus, dass Sie zwar gelegentlich nicht selbst entscheiden, **was** in Ihrem Leben geschieht, aber ganz klar die Wahl haben, **wie** Sie jeweils damit umgehen. Glauben Sie an Ihre Fähigkeiten, Ihre Welt zu verändern. Schließlich geht es nicht darum, Tote zu erwecken, sondern um eine Lappalie, wie ein paar überflüssige Kilos loszuwerden. Falls Sie felsenfest davon überzeugt sind, dass die Dinge einfach so geschehen und Sie keinerlei Einfluss darauf haben, dann klappt auch diese Diät wieder nicht. Wenn Sie aber Spaß daran finden, Ihr Leben selbst zu gestalten, legen Sie los und werden Sie so, wie Sie es sich wünschen.

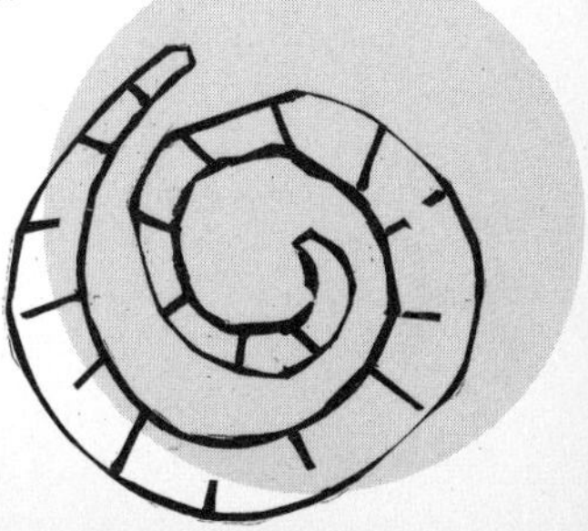

KUGELRUNDE ROUTINE

Können Sie sich noch erinnern, wann Sie das erste Mal in den Spiegel geblickt und diese Fettröllchen entdeckt haben, die Sie überhaupt nicht leiden konnten?

Und dabei hatten Sie doch kaum mehr als diesen einen Schokoriegel letzte Woche gegessen. Und die Einladung zum Essen beim Italiener konnten Sie auch schlecht ausschlagen. Es muss einfach am Essen liegen, vermutlich sind Sie eine gute Futterverwerterin, trösten liebe Freunde – gut gemeinte Ratschläge meist spindeldürrer Zeitgenossen. Das hilft aber auch nicht weiter, denn wie kommen Sie nur in die Designerjeans hinein? Oder wie retten Sie Ihre Kniegelenke, die bereits die weiße Fahne schwenken?

Wenn Sie wirklich entschlossen sind, Ihre überflüssigen Pfunde loszuwerden, können Sie es auch schaffen.

Die Pfunde auf Ihren Hüften, die Rundungen an Bauch und Po und die Pölsterchen an Oberschenkeln und -armen können ganz unterschiedliche Vorgeschichten haben. Ich schließe hier medizinische Gründe wie etwa Stoffwechselerkrankungen aus. Die gehören nicht in ein Diätbuch, sondern in eine vernünftige ärztliche Betreuung. Hier geht es ausschließlich um diese gemeinen Polster, die sich nach diversen Weihnachts-, Oster- oder Urlaubsexzessen angesammelt haben. Andere haben vielleicht weniger erfreuliche Vorgeschichten und sagen etwas über den letzten nervigen Chef oder den gerade verflossenen Liebsten aus. Doch egal, woher die überflüssigen Pfunde kommen, wenn Sie wirklich entschlossen sind, sie wieder loszuwerden, können Sie es auch schaffen.

Da hat die Autorin leicht reden, denken Sie, schließlich haben Sie schon alles ausprobiert. Außerdem sind Sie sich vielleicht noch nicht einmal ganz sicher, ob das mit der Magie nicht alles nur Unsinn ist. Was hat denn Magie mit Essen zu tun? Wozu das alles als Ritual bezeichnen?

Jedes Mal, wenn wir mit dem altvertrauten Geschirr den Tisch decken oder an unserer Lieblingsimbissbude mal schnell ein paar Pommes erstehen (und zwar immer weiß-rot), haben wir schon ein rituelles Mahl zu uns genommen. Jede ständig wiederkehrende Handlung hat etwas von einem Ritual. Bei ausgefallenen Ereignissen wie einem Candlelight-Dinner fällt es sofort auf, denn da wird Essen auf eine besondere Weise gefeiert. Aber wie sieht es aus, wenn ich mich einfach nur vor den Fernseher hocke und Fastfood verputze? Sobald daraus eine Gewohnheit wird, die immer wieder nach demselben Muster abläuft, entsteht eine rituelle Handlung. Der Unterschied zu einem »richtigen« Ritual ist dabei nur die Einstel-

lung. Rein theoretisch könnte jede alltägliche Handlung zu einem echten Ritual werden. Vorausgesetzt, jemand macht sich die Mühe, jede Kleinigkeit des Tages auch wirklich bewusst durchzuführen und auch noch mit Praktiken wie zum Beispiel einem magischen Kreis (siehe Seite 228 ff.) zu versehen. Doch wer schwenkt schon zu jedem Kräcker vor der Glotze ein Räucherstäbchen?
Rituale, die wir täglich durchführen und die doch so gar nichts Magisches mehr an sich haben, sind problematisch. Sobald wir etwas mehrfach tun, daraus also eine Gewohnheit wird, lässt unsere Aufmerksamkeit nach. Wir sind dann nicht mehr mit vollem Bewusstsein dabei: Wir sehen beim Essen fern oder lesen die Zeitung. Ja, selbst Gespräche bei Tisch lenken vom Eigentlichen, dem Essen, ab. Nun könnte man meinen, das sei gar nicht schlecht, denn dem Essen widmen wir ja ohnehin zu viel Aufmerksamkeit, wenn wir versuchen abzunehmen. Erstaunlicherweise wird aber genau anders herum ein Schuh daraus: Je aufmerksamer wir essen, desto weniger und gesünder essen wir. Probieren Sie es zum Beweis doch einmal mit einer ganz einfachen Übung, wenn Sie das nächste Mal irgendeine Mahlzeit zu sich nehmen.

- **Bevor Sie anfangen zu essen, konzentrieren Sie sich für einen Moment auf das Gericht: Sehen Sie sich die Farben an, betrachten Sie den aufsteigenden Dampf, falls Sie warm essen, schnuppern Sie nach dem Duft.**

- ***Nun beginnen Sie. Lassen Sie sich wirklich Zeit, hinzuspüren. Nehmen Sie wahr, wie warm oder kalt Ihr Essen ist. Tasten Sie mit Ihrer Zunge kurz ab, welche Konsistenz es hat, bevor Sie anfangen zu kauen. Kauen Sie ruhig und mindestens so lange, bevor Sie schlucken, bis Sie das Gefühl haben, alles wirklich gut zerkaut zu haben.***

- **Wenn Sie mit der Hälfte Ihrer Mahlzeit fertig sind, halten Sie einen Augenblick inne und fragen Sie sich, wie hungrig Sie in diesem Moment eigentlich noch sind und wie viel Sie noch essen wollen. Seien Sie ehrlich. Wenn Sie noch Hunger haben, essen Sie alles auf. Falls nicht, hören Sie auf, weil Sie offensichtlich satt sind.**

Sie merken schon, für diese Mahlzeit brauchen Sie etwas Zeit. Wenn Sie dazu im hektischen Familienleben oder Alltag keine Möglichkeit haben, können Sie das Ganze auch mit einem Snack probieren. Wichtig ist nur, dass Sie sich wirklich nicht ablenken lassen. Das klingt im ersten Moment einfacher, als es tatsächlich ist. Die Aufmerksamkeitsspanne eines erwachsenen Menschen ist im Zeitalter von MTV und Werbespots im 30-Sekunden-Takt auf wenige Minuten zusammengeschmolzen. Sich nur volle fünf Minuten auf eine Sache ganz zu konzentrieren, ist schon eine Meisterleistung.

Schönheitsideal und Körperkult

Wenn Sie sich dieses Buch gekauft haben, sehen Sie im Zweifelsfall leider nicht wie Claudia Schiffer oder Kate Moss aus. Und selbst wenn Sie das Buch geschenkt bekommen haben und nur darin blättern, gibt es sicher das eine oder andere, was Sie an Ihrer Figur auszusetzen haben. Niemand außer Ihnen kann beurteilen, ob Ihre Kritik an Ihren Rundungen und Formen pure Einbildung ist oder ob Sie wirklich ein mehr oder minder schwergewichtiges Figurproblem haben.
Über den Sinn und Unsinn spindeldürrer Models, die Klamotten vorführen, in die sowieso keine normale Frau hineinpasst, ist schon viel gesagt und geschrieben worden. Egal, mit wem Sie sich auch vergleichen, verschwenden Sie doch mal einige Augenblicke auf völlig andere Vorbilder. Suchen Sie in Ihrem Bücherschrank oder einer Leihbücherei nach Bildbänden mit antiken Statuen, Gemälden verschiedener Epochen und was Sie sonst noch an Darstellungen menschlicher Körper auftreiben können. Wenn Sie einen Internetanschluss haben, können Sie auch dieses Medium zur Recherche nutzen.
Machen Sie es sich an einem schönen Nachmittag bequem und fangen Sie an zu stöbern. Legen Sie sich ein Blatt Papier und einen Stift bereit und schreiben Sie auf, was Sie an den abgebildeten Menschen schön oder hässlich finden. Ignorieren Sie dabei Augenfar-

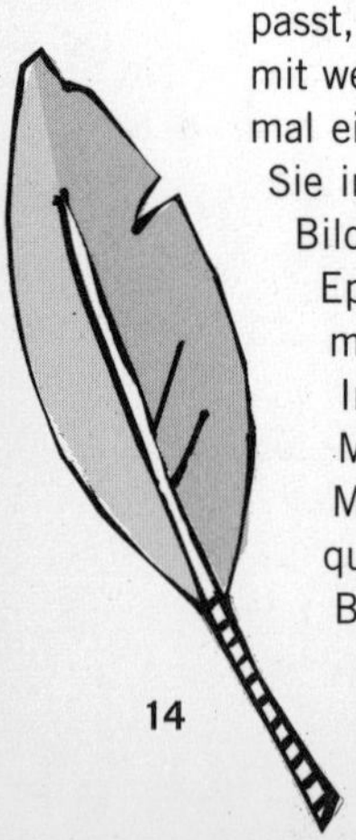

be oder Geschlecht. Achten Sie nur auf die Proportionen, legen Sie dabei ruhig mal eine Modewerbung neben ein Gemälde von Rubens und vergleichen Sie ganz direkt. Sie brauchen Ihre Notizen wirklich niemandem zu zeigen, das heißt, Sie können ganz ehrlich sein und ganz spontan über die Abgebildeten herziehen oder sie bewundern. Je ehrlicher Sie sind, desto besser.

Wenn Sie genug Bilder angesehen haben, lesen Sie mal durch, was Ihnen so an Gedanken durch den Kopf gegangen ist, während Sie die unterschiedlichen Körperformen betrachtet haben. Ob es uns gefällt oder nicht, unsere Wahrnehmung ist stark davon abhängig, was uns als schön und begehrenswert eingetrichtert wird. Wenn dem nicht so wäre, gäbe es haufenweise arbeitslose Werbefachleute.

Vermutlich wird es Ihnen ebenso gehen wie den meisten anderen Menschen: Sie werden die schönen, schlanken Menschen aus der Werbung, aus Zeitschriften, Film und Fernsehen viel ansehnlicher finden als die wallenden Vollweiber vergangener Epochen. Falls Sie selbst mit einer Walkürenfigur gesegnet sind oder sich ausgezeichnet als Rubens-Modell eignen würden, könnten Sie nun entweder hoffnungsvoll abwarten, bis jemand eine Zeitmaschine erfindet und Sie dem Körperdiktat unserer Tage entfliehen lässt, oder Sie machen sich daran, Ihr ganz persönliches Gefühl für Schönheit zu entwickeln. Wenn Sie sich dabei vor allem davon leiten lassen, was Ihnen gut tut und wie Sie sich wohl fühlen, ist das schon die halbe Miete. Stellen Sie Gesundheitsfragen in den Vordergrund und lassen Sie – wo immer Sie können – die gesellschaftlichen Normen außer Acht. Auch wenn sich dieser Satz schön einfach lesen lässt, ist es doch ungleich schwieriger, ihn umzusetzen – aber wirklich lohnend. Die Freiheit, die Sie dadurch gewinnen, ist grenzenlos. Vielleicht hilft es, wenn Sie sich klar machen, dass Rituale für eine Diät oder irgendein anderes Vorhaben auch nicht gerade zum genormten Verhalten zählen. Sie stehen demnach sowieso schon mit einem Bein außerhalb dessen, was man gemeinhin als richtig und erwiesen betrachtet. Denken Sie immer wieder daran: Es geht um Ihren Körper und um Ihr Leben. Entscheiden Sie zukünftig selbst, wie Ihre Traumfigur aussieht.

Entwickeln Sie Ihr ganz persönliches Gefühl für Schönheit. Lassen Sie sich dabei vor allem davon leiten, was Ihnen gut tut.

Geheiligt werde dein Körper

Heilige Körper sind in der westlichen Tradition der alten Griechen und ihrer Nachfolger kaum vorstellbar. Sogar ein angesehener Philosoph wie Aristoteles war der Überzeugung, dass beispielsweise Sex für den Menschen schlecht sei und Frauen deshalb niedere Wesen. Wie er das im Einzelnen begründet hat, würde hier zu weit führen, zur Not bitte selbst nachlesen.

Altchristliche Denker und Kirchenmänner wie Paulus oder Augustinus standen dieser altgriechischen Einstellung zum Thema Körperfeindlichkeit in nichts nach. Ohne an dieser Stelle in die unerfreulichen Einzelheiten zu gehen, lässt sich feststellen, dass unsere moderne abendländische Gesellschaft einerseits an Unmengen von nacktem Fleisch gewöhnt ist, andererseits jedoch kaum ein echtes Körperbewusstsein entwickelt hat. Wer nicht täglich Yoga oder Tai Chi macht beziehungsweise sich einer anderen exotischen Weisheit bedient, steht vor dem Dilemma, dass Körper, Geist und Seele zwar irgendwie zusammengehören sollen, die drei jedoch fröhlich nebeneinander herleben. Zumindest gilt das für Menschen, die ihre liebe Not mit ihrem Körpergewicht haben. Nur allzu oft ist da der Körper ein geliebter oder ungeliebter Feind oder doch zumindest ein Übel, das es zu beherrschen gilt. Wer sieht schon beim Thema Abnehmen den eigenen Körper als den ersten und wichtigsten Verbündeten und als Freund an?

Prüfen Sie an dieser Stelle selbst, inwieweit Sie Ihren Körper wirklich als heilig, das heißt als einmalig und wunderbar schätzen. Wenn Sie bereits bei dieser kurzen Beschreibung das Gefühl überkommt, dass die Autorin spinnen könnte, weil doch kein Mensch die vielen Fettschwabbel mögen, geschweige denn wunderbar finden kann, dann hat Ihr Körper wirklich etwas Besseres verdient.

Beginnen Sie mit einer einfachen und doch ungemein wirksamen kleinen Übung, die Ihnen vermutlich auch jedes Buch über positives Denken anbieten könnte. Wenn Sie ein solches Buch besitzen und Ihnen auf Anhieb eine passende Formulierung für eine Liebeserklärung an Ihren Körper einfällt, dann benutzen Sie diese.

• Stellen Sie sich morgens vor Ihren Spiegel und sehen Sie sich fest in die Augen. Fangen Sie auf keinen Fall an, Ihre Falten zu zählen oder sonst irgendwelche Nörgeleien über Ihr Aussehen zu verbreiten.

• *Machen Sie nichts, betrachten Sie sich nur! Probieren Sie es einmal aus. Es scheint so zu sein, dass es um vieles leichter fällt, schlechte Eigenschaften an uns wahrzunehmen, als die erfreulichen hervorzuheben.*

• Blicken Sie also freundlich und liebevoll und ohne kritische Gedanken in den Spiegel. Wenn Sie das zwei Minuten lang (benutzen Sie ruhig mal die Eieruhr) durchhalten, kann ich Ihnen nur gratulieren! Wenn Sie es nicht ganz so lange schaffen, auch kein Problem, üben Sie einfach die nächsten Tage fleißig weiter.

• *Um den inneren Kritiker ruhig zu stellen, sind positiv formulierte Sätze äußerst hilfreich. Beginnen Sie mit einfachen Formulierungen wie: Ich bin hier. Schon dieser einfache Satz kann eine echte Herausforderung mit erstaunlichen Folgen und Erfahrungen sein.*

• Gehen Sie dann nach und nach zu schwierigeren Sätzen über: Ich bin schön. Oder auch: Ich bin liebenswert. Spielen Sie mit diesen Aussagen über sich selbst. Sie können sich jeden Morgen für einen neuen Satz entscheiden oder auch über mehrere Tage oder sogar Wochen immer wieder neue ausprobieren. Wichtig ist dabei nur, dass Sie in Ihren Sätzen immer nur Positives ausdrücken und niemals etwas Schlechtes über sich selbst sagen.

• *Am Anfang wird Ihr innerer Kritiker noch Zeter und Mordio schreien und Ihnen erzählen, wie unsinnig doch Ihr Geplapper sei. Mit der Zeit werden Sie allerdings merken, dass nicht Sie Unsinn reden, sondern die Stimme, die Sie unbedingt davon überzeugen will, dass Sie nutzlos, hässlich oder doof sind.*

• Wenn Sie beginnen, sich daran zu gewöhnen, dass Sie gute Seiten haben, geht es weiter im Text. Sagen Sie sich jeden Morgen: Ich esse, was mir gut tut. Auch wenn es Ihnen vielleicht selbstverständlich erscheint, sagen Sie den Satz trotzdem.

• *Wenn Sie das ein paarmal ausprobiert haben, dann sagen Sie ihn vor jeder Mahlzeit, jedes Mal, wenn Sie irgendetwas zu sich nehmen, und wenn es nur ein Schluck Wasser ist. Sie werden vielleicht merken, dass Sie sich bei einigen Dingen gar nicht so sicher sind, ob sie wirklich gut für Sie sind oder nicht. Ändern Sie aber zunächst noch nichts, es sei denn, Sie wollen unbedingt. Beobachten Sie erst einmal, wie Sie sich dabei fühlen. Zu den weltbewegenden Veränderungen kommen wir später noch.*

Wenn Sie möchten, können Sie mit der Spiegelübung auch noch einen Schritt weitergehen. Falls Sie mal in einem Fitnessstudio waren oder auch nur im Schwimmbad, kennen Sie die schönen, durchtrainierten Menschen, die anscheinend mit sich und der Welt rundherum zufrieden sind. Häufig sieht das nur so aus. Im Extremfall schuften sich einige tagelang im Fitnessstudio ab, um den perfekt gestylten Körper zur stromlinienförmigen Partnerschaft oder zum ultimativen Job zu bekommen. Damit sind nicht die Menschen gemeint, die einfach Spaß am Sport haben und sich dabei in ihrem Körper wohl fühlen. Hier geht es um diejenigen, die ihren Körper wie ein Kleidungsstück behandeln, das eine bestimmte Funktion zu erfüllen hat und dafür zurechtgebogen wird. Egal um welchen Preis. Ob es sich dabei um Bodybuilder oder Models handelt, spielt keine Rolle. Beide haben wenig Achtung vor ihrem eigenen Körper. Allerdings lässt sich mit ziemlicher Sicherheit behaupten, dass das für eine beträchtliche Anzahl von Menschen der modernen Zeit zutrifft. Nicht nur aufgemotzte Muskeln sind ein Missbrauch des eigenen Körpers, auch achtlos angefutterte Kilos können durchaus von einem abschätzigen Gefühl zum eigenen Körper zeugen. Wer betrachtet denn heute noch seinen Körper als ein Gefäß kosmischer Kräfte, das es voller Ehrfurcht zu erhalten gilt? Wie weit wir von diesem Gefühl der Achtung entfernt sind, kann eine weitere Übung mithilfe eines Spiegels deutlich machen.

• Stellen Sie den Spiegel dieses Mal so an die Wand, dass Sie Ihren ganzen Körper sehen können. Falls Sie keinen Spiegel haben, in dem Sie sich von oben bis unten betrachten können, machen Sie sich klein genug, damit Sie voll im Bilde sind. Ziehen Sie sich vollständig aus und betrachten Sie sich ausgiebig und ohne einen einzigen Gedanken von Kritik. Falls negative Gedanken aufkommen, denken Sie ans Wetter oder zählen Sie rückwärts, bis der Kritikanfall vorbeigeht. Oder greifen Sie auf die Wohlfühlformeln von der ersten Übung zurück.

• Als Nächstes verneigen Sie sich vor Ihrem eigenen Spiegelbild. Wenn Ihre Stirn dabei den Boden berührt, umso besser. Falls Sie noch nicht die passende Figur für diese Verbeugung haben, machen Sie es so gut es eben geht. Während Sie sich verbeugen, bedanken Sie sich bei Ihrem Körper für seine unermüdliche Lebenskraft. Betrachten Sie achtungsvoll Ihr Gesicht, die Gliedmaßen – lassen Sie sich Zeit und wandern Sie mit Ihrem Blick über Ihren ganzen Körper. Achten Sie auf Kleinigkeiten, beobachten Sie nur, lassen Sie Bewertungen weg (falls das überhaupt geht!?!).

• Wenn Sie bei der Betrachtung Ihres eigenen Körpers Ihr Spiegelbild ganz wunderbar finden, dann ist dies eine blendende Gelegenheit, um dieses Buch schleunigst an jemand anderen weiterzugeben, der es wirklich brauchen kann. Ansonsten können Sie diese Ehrfurchtsübung auch während Ihrer Diät immer wieder durchführen und beobachten, ob und wie sich Ihre Einstellung verändert.

Immer schön locker bleiben

Mit den oben beschriebenen einfachen Übungen werden Sie eine ganze Reihe von Erfahrungen sammeln können, die Sie zwar schon immer irgendwie geahnt haben, die Ihnen jedoch noch nie so klar schienen. Und damit es nicht allzu »schwerwiegend« wird, gönnen Sie sich zum Auflockern ein paar Tage Pause. Stürmen Sie aber um Himmels willen nicht gleich in die nächste Konditorei, sondern versuchen Sie es doch einmal mit anderen Sinnesfreuden, zum Beispiel verschiedenen Bädern, Lotionen oder auch ätherischen Ölen. Damit können Sie sowohl Ihren Tast- als auch Geruchssinn aktivieren. Unser Geruchssinn ist besonders gut ausgebildet und spielt auch beim Essen eine große Rolle. Sie können daher nicht nur mit dem Duft von frisch gebratenen Hühnchen Ihren Appetit anregen, sondern ebenso mit anderen Düften Ihrem übergroßen Appetit eins auswischen. Diverse Blumendüfte wären hier eine gute Idee. Allein schon eine duftende Rose in Ihrem Zimmer zieht Ihre Aufmerksamkeit auf sich. Hoffentlich werden Sie an laue Sommerabende und lauschige Spaziergänge erinnert. Zitrusdüfte können Sie ebenfalls getrost verwenden, diese haben sogar den Vorteil, dass sie in der Flasche erstanden wesentlich preiswerter sind als die meisten Blütendüfte. Achten Sie beim Einkauf allerdings unbedingt auf echte Öle, das heißt aus dem natürlichen Produkt hergestellte. Synthetische Öle funktionieren nicht. Zum einen können sie Ihrer Haut schaden, weil Sie nicht genau wissen, was drin ist; zum anderen können sie zwar Ihre Nase überlisten, aber auf der feinstofflichen Ebene, die Ihre Gefühls- oder Gedankenwelt bewegt, kommen die synthetischen Stoffe nicht an. Wenn Sie natürliche ätherische Öle verwenden, sollten Sie ebenfalls vorsichtig damit umgehen, einige sollten überhaupt nicht direkt mit der Haut in Berührung kommen. Sie finden ab Seite 223 eine kleine Übersicht von Ölen und ihrer Wirkung. Lassen Sie sich im Fachhandel beraten und fragen Sie einen ausgebildeten Aromatherapeuten, wenn Sie nähere Informationen brauchen oder sich zusätzlich behandeln lassen möchten.

Tipp: Für Ihre Duftlampe zu Hause reichen preiswerte ätherische Öle aus, auch da gibt es eine gute Auswahl. Generell empfiehlt es sich, eher fruchtige Düfte zu verwenden, weil Sie bei Kräutergerüchen vielleicht noch eher ans Essen denken. So gilt der Duft des Basilikums als guter Appetitanreger und auch diverse andere Kräuterdüfte sollten Sie nicht übermäßig benutzen. Als einzige Ausnahme sei hier Salbei genannt. **Achtung:** Im unverdünnten Zustand führt das Öl zu Hautreizungen! Ob Sie damit nun räuchern oder das Öl in einer Duftlampe verbrennen, Salbei können Sie täglich anwenden. Besonders in den Phasen, in denen Sie noch unentschieden sind, ob Sie wirklich abnehmen wollen oder nicht. Salbei klärt und reinigt nicht nur Räume, sondern auch Ihre Gedanken. Falls Sie schwanger sind, sollten Sie auf den Gebrauch von ätherischen Ölen entweder ganz verzichten oder sich genau informieren, welche Öle etwa eine Frühgeburt auslösen könnten.

Ausprobieren macht klüger

Es ist Ihnen schon seit langem sehr ernst mit dem Abnehmen. Sie versuchen und versuchen es – und nichts hilft so richtig. Darin könnte das Problem liegen. Solange Sie versuchen, etwas zu tun, lassen Sie es im Grunde sein. Denken Sie mal an die zahlreichen Zeitgenossen, die Ihnen schon gesagt haben, dass sie »versuchen« wollten, pünktlich zu einer Verabredung zu kommen. Und, haben sie es wahr gemacht? Wohl kaum. Wenn wir hören, dass jemand »versucht, etwas zu tun«, wissen wir bereits, dass diese Person das Angekündigte nicht tun wird. Und genau mit diesem Prinzip hauen wir uns beim Abnehmen – wie bei der Magie übrigens auch – selbst übers Ohr. Versuchen Sie also nicht, abzunehmen oder ein Ritual durchzuführen. Tun Sie es oder lassen Sie es. Wenn Sie etwas unsicher sind, sagen Sie sich lieber, dass Sie etwas ausprobieren statt versuchen. Das garantiert zwar noch keinen Erfolg, aber damit sind Sie einfach und locker am Spielen. Fehler und Fehlversuche sind dann nur Teil des Ausprobierens. Und das konnten wir schließlich schon als Kleinkinder ganz lässig. Genau diese Lässigkeit und den Drang, es einfach noch mal und noch mal auszuprobieren, bis der Bauklotz da ist, wo er hingehört, diesen Spaß gilt es wieder zu entdecken.

Inventur

Mögen Sie Listen? Hoffentlich, denn jetzt benötigen Sie etwas Durchhaltevermögen. Nein, nicht beim Verzicht aufs Essen, sondern beim Auflisten. Machen Sie eine Liste aller Dinge, die Sie gern loswerden wollen. Seien Sie dabei witzig oder knapp, fies oder freundlich, aber seien Sie ehrlich.
Fangen Sie mit den Pfunden an, schließlich geht es um eine Diät! Schreiben Sie nicht nur: Ich will weniger wiegen! Seien Sie präziser und beschreiben Sie alles mit positiven Worten. Da könnte dann zum Beispiel stehen:

- Mein Bauch sieht aus wie ein Waschbrett.
- Alle Umzugskartons sind ausgepackt.
- Die Haut an meinen Oberschenkeln ist straff.

Nicht gerade ehrlich, finden Sie, denn schließlich bekommen Sie auch mit der besten Diät Ihre altvertraute Orangenhaut nicht los. Stimmt! Aber die Ehrlichkeit, die hier gemeint ist, bezieht sich auf **Ihre** Wünsche und nicht auf das, was so gemeinhin als Realität bezeichnet wird. Denn was ist schon Realität, außer dem, was wir dafür halten. Entscheiden Sie für sich selbst, was in Ihrem Leben Realität ausmacht.
Wenn Sie wirklich vorhaben, etwas für sich selbst zu tun und nicht nur jemanden suchen, der Ihnen Probleme und Entscheidungen abnimmt, dann schaffen Sie es auch – und zwar leicht und mit Vergnügen. Damit Sie sicher sein können, all die kleinen verborgenen Dinge, die Sie mit dem Essen verbinden, auch zu erfassen, machen Sie die erwähnte Liste. Sie werden schnell merken, welche Ihrer Themen tatsächlich etwas mit dem Futtern zu tun haben und welche nicht. Wenn Sie den Eindruck haben, wirklich genügend gesammelt zu haben, lassen Sie Ihre Liste ein paar Tage liegen. Nehmen Sie sie dann wieder zur Hand und gehen Sie sie in Ruhe durch. Unterscheiden Sie bei Ihren Aufzeichnungen deutlich Essensprobleme von Problemfuttern. Mit anderen Worten: Wenn Sie aus Frust essen, kommt das nicht auf die Nahrungsmittelseite. Wenn Sie aber gern viel Schokolade essen, weil sie einfach lecker schmeckt – Liebeskummer zählt hier nicht, ab auf die andere Seite damit –, dann nehmen Sie diese beim Thema Nahrung auf.
Sie werden vermutlich feststellen, dass Ihre Essensliste eher kurz ist. Das könnte Sie dazu veranlassen, tatsächlich mal zu überlegen, wozu Sie eigentlich überhaupt essen? Vielleicht werden Sie sich jetzt denken: Was für eine blöde Frage. Klar, der Mensch muss ja von irgendetwas leben, also essen und trinken. Auch wenn es ungeheuer spannend und auch sehr spirituell klingt, sich nur von Licht und Liebe zu ernähren – die meisten von uns sind einfach noch nicht so weit. Egal, ob es nun funktioniert oder nicht.
Gehen wir also davon aus, dass Sie essen, um zu leben, wenn Sie mit Freunden Spaß haben, wenn Sie hungrig sind. Schon mehr als ein guter Grund und Ihnen werden sicherlich noch ein Dutzend mehr oder weniger gute Gründe einfallen. Seien Sie auch hier bitte wieder ehrlich, Sie brauchen die Liste ja nicht gleich bei einer Talkshow vorzulesen. Es erfährt niemand außer Ihnen die kleinen dunklen Geheimnisse, die Sie zum Wurstbrot greifen lassen.

Wenn Sie der Ansicht sind, Ihre Liste sei nun allumfassend und auch sonst schon viel zu lang, legen Sie sie beiseite. Sie merken schon, magische Blitzdiät in drei Tagen ist nicht, aber dafür können Sie sich zwischendurch immer wieder so richtig belohnen und verwöhnen (aber nicht mit dem Inhalt des Kühlschranks!), damit das Durchhalten vergnüglich bleibt. Sollten Sie irgendwann doch feststellen, dass Sie eigentlich gar keine Lust zum Abnehmen haben, verschenken Sie das Buch stehenden Fußes an Ihre beste Freundin und leihen es sich erst wieder aus, wenn Sie richtig in Abnehmlaune sind. Wahlweise können Sie es auch einfach auf den Speicher bringen, man kann ja nie wissen ...
Zurück zu Ihrer Liste. Sehen Sie sich genau an, welche Gründe Sie zum Essen haben. Unter Umständen finden Sie dabei große Übereinstimmungen zwischen Ihren beiden Listen zu den Themen Essen und Wünsche. Nutzen Sie Ihre Listen im weiteren Verlauf, bewahren Sie die Blätter auf oder schreiben Sie am besten gleich eine Art Tagebuch. In dieses Tagebuch brauchen Sie auf keinen Fall täglich etwas reinzuschreiben, nur wenn Ihnen wirklich danach ist.
Was aber tun, wenn Sie nun so gar keine Lust auf Listen haben? Dann setzen Sie sich einfach nur hin und entspannen sich und lassen sich die hier erwähnten Themen durch den Kopf gehen, ganz ohne Hektik. Was auch immer an Gedanken kommt, können Sie sich merken, wenn sie Ihnen wichtig erscheinen. Falls Ihnen dabei immer wieder vermeintlich unwichtige Dinge begegnen, könnte es sich trotz Ihrer anders lautenden Einschätzung um sehr wichtige Themen handeln, die vielleicht auf größere Fragenkomplexe hindeuten. Halten Sie sie schriftlich fest, sonst gehen sie wieder unter, und Sie machen sich unter Umständen doppelte Mühe. Falls Sie mit dem Entspannen Schwierigkeiten haben, sehen Sie im Kapitel Hexeneinmaleins nach, dort finden Sie unter »Meditieren« Anregungen, wie Sie sich am besten entspannen und meditieren können.
Wenn Sie mögen, können Sie zum Beispiel zum Thema Hunger eine einfache Konzentrations- und Meditationsübung machen. Wenn Sie die Kunst einer schamanischen Reise (siehe Seite 257) beherrschen, können Sie diese Übung auch als Reise gestalten. Sie können statt Hunger jeden anderen Begriff, etwa Essen, Trinken oder Ähnliches, einsetzen. Am besten funktionieren Begriffe, die recht allgemein sind, also nicht unbedingt an Spaghetti oder Wurstbrot denken.

• Suchen Sie sich einen ruhigen Ort in Ihrem Domizil aus und machen Sie es sich bequem. Schließen Sie die Augen und beobachten Sie nur Ihre Atmung. Verändern Sie nichts, es sei denn, Sie sitzen unbequem oder werden von irgendetwas abgelenkt. Wenn Sie spüren, dass Sie ruhig, entspannt und aufnahmefähig sind, kann es losgehen.

• Rufen Sie sich den Begriff, den Sie ausgewählt haben, also zum Beispiel Hunger. Mit Rufen ist hier gemeint, ihn zu bitten, Gestalt anzunehmen und mit Ihnen zu sprechen. Es kann sein, dass Sie vor Ihrem geistigen Auge richtig eine Gestalt wahrnehmen oder auch eine Person sehen. Es kann auch sein, dass Sie erst einmal gar nichts spüren.

• Wenn Sie Fragen haben, stellen Sie diese und hören auf die Antwort. Vielleicht hören Sie deutlich Ihre innere Stimme antworten, vielleicht schießt Ihnen ein Gedanke durch den Kopf oder ein Gefühl durch den Körper. Seien Sie wach und aufmerksam, sodass Sie keine Antwortmöglichkeit verpassen, sei sie auch noch so ungewöhnlich oder unwahrscheinlich. Achten Sie auch hier wieder darauf, dass Ihr innerer Kritiker die Klappe hält. Falls das nicht möglich ist, brechen Sie die Meditation ab und probieren es einfach zu einem anderen Zeitpunkt noch einmal aus.

• Wenn alle Ihre Fragen beantwortet wurden oder Sie den Eindruck haben, dass alles erledigt ist, kommen Sie zurück. Bedanken Sie sich zuerst für die Auskünfte und kehren Sie dann langsam zu Ihren Körperempfindungen zurück. Bevor Sie die Augen aufschlagen, können Sie leise vor sich hin sagen: »Ich bin hier.« Zusätzlich hilft es auch, Hände und Füße zu bewegen. Beides bringt Sie wieder ins Hier und Jetzt und zu Ihrem Körper zurück.

Unter Umständen werden Sie die Antworten, die Sie bekommen haben, nicht nur inhaltlich überraschen, sondern auch von der Form her, wie Sie sie wahrgenommen haben. Manche Menschen sehen regelrecht Farbfilme vor ihrem geistigen Auge ablaufen, andere nehmen nur wahr, dass da etwas ist. Wieder andere spüren gar nichts, haben aber plötzliche Eingebungen, die genau zu ihren Fragen passen.

Wie auch immer Sie Ihre Meditationen erleben, es gibt keine richtige oder falsche Wahrnehmung. Was immer Sie für sich als Ergebnis erzielen, ist für Sie persönlich richtig. Merken Sie sich auch Kleinigkeiten, wenn Sie besonders deutlich waren. Schreiben Sie Dinge auf, bei denen Sie zwar im Augenblick nicht die geringste Ahnung haben, wieso »dieser Unsinn« nun gerade von Bedeutung sein sollte. Oft wird einem erst viel später klar, wie etwas in den Zusammenhang passt.

Elementare Weisheiten

Sie werden hier nicht mit Sokrates oder Descartes gelangweilt, sondern finden sich im magischen Reich der Sinne und Elemente wieder. Bevor Sie bei der Hexendiät in die Vollen gehen, ist es sinnvoll, sich mal anzusehen, wie gut Sie mit den vier Elementen stehen.

Stellen Sie sich mal vor, wie Ihre Nahrung ohne Wasser, Feuer, Erde und Luft aussehen würde. Es gäbe sie schlicht nicht. Egal, was Sie auch essen und wie viel, mit diesen vier Grundbausteinen der Magie haben Sie auch beim Essen zu tun – auch wenn Sie nicht mehr selbst die Möhren ernten und sie über einem duftenden Holzfeuer garen.

Eine der Erfahrungen im Umgang mit der Magie lautet, dass alles miteinander verbunden ist. So, wie Ihr Körper täglich aus der Nahrung alles herausholt, was er für Muskelbewegungen, Nervenreize oder Knochenstruktur braucht, genauso arbeiten Sie im Prinzip auch mit der Magie. In beiden Fällen wählen Sie bestimmte Bestandteile aus, die Sie unterstützen sollen. Und ebenso wie beim täglichen Essen geht es auch in der Magie um die richtige Mischung, damit das Süppchen, das Sie sich in Ihrem Leben brauen, auch wirklich schmackhaft ist.

Jedes der vier Elemente hat in der westlichen (europäischen) Tradition bestimmte Aufgaben und besondere Energien. In den folgenden Übungen und Ritualen werden Sie diese Energien neu kennen lernen oder vertiefen, je nachdem, ob Sie schon mit Ritualen gearbeitet haben oder nicht. Und Sie werden sich mit ihnen auf eine neue und vielleicht ungewohnte Weise verbinden. Für Ihre Rituale und Übungen brauchen Sie ein paar Zutaten (siehe auch Basisritual

Seite 228 ff.), die Sie ganz nach Gefühl erweitern können. Wenn Sie Spaß an ritueller Energiearbeit haben, können Sie sich Gegenstände zusammenstellen, die Sie nur für diese Gelegenheiten verwenden. Wenn Sie eher das Gefühl haben, nur mal ausprobieren zu wollen, und kein besonders großes Interesse an Ritualen und dergleichen haben, dann können Sie auch normale Küchenutensilien oder was Sie sonst so in der Schublade haben verwenden.

Sie brauchen zunächst ganz alltägliche Dinge:

- eine Feder, Räucherwerk oder etwas anderes, das Sie mit dem Element Luft in Verbindung bringen;

- eine Kerze für das Element Feuer. Sie können auch ein ewiges Licht verwenden, wenn Ihnen das nicht pietätlos erscheint. Sie haben dann den Vorteil, auch draußen damit arbeiten zu können, ohne dass Ihnen eine Windböe Ihre Kerze ausbläst;

- ein normales Trink- oder Weinglas für das Element Wasser;

- einen Stein, Sand, Erde oder was Sie ansonsten gern für das Element Erde verwenden möchten.

Mehr Informationen, welche Gegenstände Sie für Rituale verwenden können, finden Sie im Hexeneinmaleins (siehe Seite 221 ff.).
Zusätzlich zu diesen mehr oder wenig magisch scheinenden Gegenständen benötigen Sie noch eine Rassel. Nehmen Sie dazu keine Babyrassel, die ist nicht laut genug. Sie haben auch hier die Wahl, ob Sie etwas Einfaches wählen oder eine richtig schöne Rassel selbst herstellen. Auch hier hängt alles davon ab, was Ihnen gefällt und was in Ihrem Alltag praktisch durchführbar ist. Eine der besten Rasseln, die ich je verwendet habe, war ein Werbegeschenk. Oder Sie können sich beispielsweise aus zwei Kokosnusshälften eine Rassel basteln. Andere Früchte mit einer harten Schale sind ebenso geeignet. Experimentieren Sie, so viel Sie möchten.
Eine Rassel wird es Ihnen ermöglichen, sich in eine bestimmte Stimmung zu versetzen, die Ihnen einen Übergang

in eine andere Bewusstseinsebene erleichtert. Sie bekommen dann so eine Art instinktive Reaktion, sobald Sie Ihre Rassel schütteln. Physiologisch gesehen, beeinflusst das Geräusch zunächst Ihr vegetatives Nervensystem, ähnlich wie auch das Schlagen einer Trommel oder der Beat Ihrer Lieblingsband. Aber keine Angst, Sie werden jetzt nicht unkontrolliert durch die Gegend hüpfen. Wenn Sie Ihre Rassel verwenden, stellt sich Ihr Körper einfach auf eine andere Art von Energie um. Es kann sein, dass Sie das anfänglich gar nicht wahrnehmen, mit der Zeit jedoch wird sich Ihr Organismus automatisch auf eine bestimmte Geisteshaltung einlassen, sobald Sie rasseln, und Sie werden dann den Unterschied auch wahrnehmen.

Sobald Sie Ihr »Musikinstrument« haben, probieren Sie am besten aus, wie es klingt. Wichtig ist, dass Sie sich von Anfang an darauf konzentrieren, dass Sie nicht nur zum Spaß Krach machen. Ihre Rassel ist ein heiliger Gegenstand, den Sie für eine heilige und heilende Handlung erworben oder hergestellt haben. Es geht hier nicht um eine bestimmte und festgelegte religiöse Heiligkeit, sondern um etwas, das von innen kommt und ganz unterschiedliche Formen annehmen kann.

Fangen wir mit dem Element an, das den meisten Menschen das nächste ist: Wenn es das Element Erde in Ihrer Nahrung nicht gäbe, würde sie weder eine Substanz sein noch irgendwo wachsen. Das gilt auch für tierische Nahrung, denn auch diese Tiere – wie der Mensch – ernähren sich von Gewächsen, die aus der Erde kommen. Jede tierische Nahrung ist demnach auf einem kleinen Umweg ebenfalls aus der Erde gekommen.

Beim Feuer ist die Verbindung genauso einleuchtend: Ohne die Sonne gäbe es auf unserem Planeten überhaupt kein Leben und damit auch keine Nahrung. Neben dieser höchst eindeutigen Verbindung lässt sich jedoch auch der moderne Herd als Nachfolger der traditionellen Feuerstelle und als Stellvertreter für die Feuerenergie betrachten. Hitze und damit auch eine Veränderung der Substanz sind immer zu spüren und nicht erst, wenn wir uns mal wieder die Zunge verbrannt haben. Gewürze wie Pfeffer oder Chili beispielsweise unterstützen die Feuerenergie noch zusätzlich.

Das Element Wasser ist ebenfalls selbstredend, schließlich besteht der menschliche Körper überwiegend aus diesem nassen Element. Nahrungsmittel verwelken, verschrumpeln

oder werden in der Pfanne kleiner, wenn sie ihren Wassergehalt auf die eine oder andere Weise einbüßen. Einen großen Teil unseres täglichen Flüssigkeitsbedarfs nehmen wir über die Nahrung auf.
Das letzte Element im Bunde, die Luft, ist eher auf Umwegen an der Nahrung beteiligt. Fände durch Winde oder auf dem Wind getragene Insekten keine Bestäubung statt, wäre es um unser Nahrungsangebot sehr viel ärmer bestellt. Gleichzeitig leben Menschen und Pflanzen in einer ständigen Wechselbeziehung der luftigen Gase: Pflanzen nutzen, was wir ausatmen, und wir können nicht ohne den Sauerstoff auskommen, den die Pflanzen im Gegenzug produzieren. Wenn ich einmal die Luft zum Atmen ebenfalls als Lebensmittel betrachte, dann ist auch dieses Element ganz direkt daran beteiligt, uns am Leben zu erhalten. Klammere ich dieses Phänomen aus, trägt die Luft immer noch zu einem sehr wichtigen Teil unserer Nahrung bei: dem Duft. Wenn ein Mensch nicht mehr riechen kann, entgehen ihm nicht nur warnende Gerüche wie Brand- oder Gasgeruch, sondern auch Köstlichkeiten wie Basmatireis, Jasmintee oder Eisbein (am besten, das Wasser, das Ihnen jetzt im Mund zusammengelaufen ist, wieder runterschlucken. Im Kühlschrank befindet sich sowieso nichts Passendes).
Mithilfe von kleinen Ritualen können Sie herausbekommen, wie Ihre Verbindung zu den vier Lebenselementen aussieht. Sie können sie in der traditionellen Reihenfolge in einem magischen Kreis (Seite 230 ff.) – Luft, Feuer, Wasser, Erde – ansehen und als Erstes mit der Luft beginnen. Oder Sie wählen das Element aus, das Sie besonders interessiert, abschreckt, langweilt oder sonst irgendwie beeindruckt. Die vorgeschlagenen Übungen und Rituale sind jeweils für mehrere Tage ausgelegt, Sie können das Ganze aber wie immer va-

riieren und selbst bestimmen, ob Sie nun lieber einen Tag »Luft machen« oder eine ganze Woche. Jede der Übungen können Sie beliebig oft wiederholen.

Leben im Sausewind

Ihre Lufttage beginnen Sie am besten morgens. Da die Himmelsrichtung Osten zum Element Luft gehört, bietet es sich an, auch gleich die aufgehende Sonne als Symbol des neuen Anfangs, der neuen Verbindung mit einzubeziehen. Wenn Sie im Sommer mit der Hexendiät beginnen, könnte es Ihnen vielleicht zu früh sein, wirklich mit dem Sonnenaufgang aufzustehen. Es bleibt natürlich Ihnen überlassen, welche Uhrzeit Sie mit dem Morgen verbinden. Wenn Sie es jedoch schaffen sollten, doch zu so früher Stunde aus den Federn zu kriechen, lohnt es sich auf jeden Fall, einmal einen Sonnenaufgang bewusst zu erleben und mit einem Ritual zu begrüßen.
Ziehen Sie sich auf jeden Fall etwas Bequemes an. Achten Sie außerdem auf warme Kleidung, falls Sie diese Übung draußen machen wollen. Kurz vor Sonnenaufgang ist es normalerweise ziemlich frisch und eine magische Erkältung ist genauso unangenehm wie eine ganz gewöhnliche.

- **Suchen Sie sich einen ruhigen Ort und setzen Sie sich gemütlich hin. Denken Sie an eine isolierende Unterlage, wenn Sie ins Freie gehen. Unterleibsentzündungen sind dem magischen Geschäft alles andere als zuträglich. Wenn Sie Ihre Übung drinnen machen, öffnen Sie auf jeden Fall ein Fenster, sodass Sie eine Verbindung zur sich bewegenden Luft haben, selbst wenn Sie unmittelbar keinen Luftzug spüren.**

- ***Entspannen Sie sich und schließen Sie die Augen. Beobachten Sie für einige Sekunden ganz ruhig Ihre Atmung, ohne irgendetwas zu verändern. Wenn Sie jetzt oder später feststellen, dass es Sie juckt oder Ihnen ein Bein einschläft, bewegen Sie sich. Nichts nervt mehr und lenkt schneller ab als das Denken an den Juckreiz hinter dem linken Ohr oder gar der Versuch, ein Husten wegzuräuspern.***

- Wenn Sie das Gefühl haben, dass Sie so weit sind, beginnen Sie mit folgender Visualisierung (was genau eine Visualisierung ist, steht im Kapitel Hexeneinmaleins): Sie sehen sich selbst auf einer schönen bunten Wiese stehen. Genießen Sie in Ruhe den Anblick und nehmen Sie das warme Sonnenlicht, einen Windhauch und die Farben der Blumen wahr. Wenn Sie hochblicken, sehen Sie gegenüber am Himmel den Anfang eines Regenbogens. Sie gehen langsam auf den Regenbogen zu.

- *Wenn Sie dort angekommen sind, treten Sie zuerst in die Farbe Rot ein. Spüren Sie die Farbe Rot auf Ihrer Haut, in Ihrem Körper so intensiv, wie es sich für Sie gut anfühlt.*

- Wenn Sie so weit sind, treten Sie in die nächste Farbe ein, in das Orange. Dort verfahren Sie ebenso wie beim Rot. Danach folgen Gelb, Grün, Blau, Indigo und Violett.

- *Wenn Sie aus dem Violett heraustreten, steht der Geist der Luft vor Ihnen und Sie bitten ihn, mit Ihnen die Welt der Luft zu besuchen und Ihnen zu zeigen, wie Sie persönlich mit diesem Element verbunden sind. Lassen Sie sich von Ihrem Luftgeist entführen. Fragen Sie ihn etwas, wenn Sie möchten, oder beobachten Sie einfach nur. Wenn Sie genug erfahren haben, bedanken Sie sich bei ihm für seine Unterstützung und kehren zum Anfang des Regenbogens zurück.*

- Beim Rückweg durch die Farben kommt es nicht so sehr darauf an, dass Sie jede einzelne Farbe genau durchlaufen, es könnte sogar sein, dass Sie Farben wie einen bunten Schleier erfahren, durch den Sie mit einem Schritt hindurchtreten.

- *Wenn Sie wieder auf der Blumenwiese angekommen sind, kehren Sie langsam in Ihren Körper zurück. Lassen Sie sich genügend Zeit, bevor Sie Ihre Augen öffnen, und bewegen Sie ausgiebig Ihre Hände und Füße, strecken und räkeln Sie sich, wenn Ihnen danach ist. Falls Sie zu schnell aufstehen, könnte Ihnen schwindelig werden, also Vorsicht.*

Nach dieser Meditation (es ist eine Vorstufe zu einer schamanischen Reise, auch dazu mehr im Hexeneinmaleins) lohnt es sich, die mitgebrachten Eindrücke möglichst schnell aufzuschreiben. Es könnte sonst passieren, dass Sie wichtige Erfahrungen und Informationen gleich wieder vergessen, ähnlich wie bei einem Traum.
Diese Grundübung können Sie noch erweitern, sobald Sie einmal Kontakt zum Element Luft aufgenommen haben. Sie können zum Beispiel den Luftgeist nach ganz bestimmten Erlebnissen in Ihrem Leben, die mit dem Element Luft zusammenhingen, fragen. Oder Sie erkundigen sich, wie Sie Ihre Verbindung zu diesem Element stärken könnten. Wählen Sie auf jeden Fall Themen, die Ihnen wirklich am Herzen liegen. Generell gilt, je persönlicher eine Anfrage ist, desto klarer sind die Antworten.
Wenn Sie über diese Übung hinaus Ihre Verbindung zum Element Luft noch weiter erforschen und vertiefen möchten, dann können Sie zum Beispiel ein paar Zaubersprüche dichten. Oder Sie könnten sich ein paar Tage lang einmal genauer betrachten, wie Sie mit anderen Menschen in Kontakt sind: Drücken Sie sich wirklich klar aus, hören Sie wirklich zu und Ähnliches. Die Luft ist das Element des Austauschs und damit auch für diesen Bereich »zuständig«. Lassen Sie Ihre Fantasie und Ihre Kreativität bestimmen, was Sie für sich aus dem Element Luft entwickeln.

Mithilfe von kleinen Ritualen können Sie herausfinden, wie Ihre Verbindung zu den vier Lebenselementen aussieht.

Feuer und Flamme

Im magischen Kreis folgt auf das Element Luft das Element Feuer. Nun können Sie sich vermutlich nicht einfach an ein Lagerfeuer setzen. Aber eine ganze Anzahl der verschiedensten Wärmequellen finden sich auch in Ihrer nächsten Umgebung.
Wenn Sie die Möglichkeit haben, ein Feuer in Ihrem Kamin anzuzünden, haben Sie schon die beste Voraussetzung für eine Feuermeditation. Sollten Sie eher mit Gasherd und Heizung gesegnet sein, können Sie doch zumindest einige Kerzen anzünden und sich so die Feuerenergie in ihrer Urform ins Haus holen.

• Machen Sie es sich wieder bequem. Und sollten Sie doch die Möglichkeit haben, an einem Lagerfeuer zu sitzen, achten Sie besonders darauf, dass Ihnen von hinten nicht kalt wird. Wenn Sie Kerzen verwenden, stellen Sie sicher, dass diese nichts in Brand setzen können, während Sie mit Ihren Gedanken woanders sind.

• *Schließen Sie kurz die Augen und beobachten Sie Ihre Atmung. Genau wie bei der Luftübung brauchen Sie nichts zu verändern, es sei denn, Sie fühlen sich unwohl. Holen Sie einige Male tief Luft und lassen Sie Ihren Atem leicht und mühelos wieder aus Ihrem Körper hinausfließen.*

• Nun öffnen Sie wieder die Augen und blicken in die Flammen. Diesmal visualisieren Sie nicht, sondern öffnen sich einfach für die Energie des Feuers. Lassen Sie die Muster der flackernden Flammen auf sich wirken und lassen Sie sich treiben. Achten Sie dabei nur darauf, dass Ihre Gedanken nicht völlig abdriften und Sie möglicherweise über den Abwasch nachdenken. Wenn solche ablenkenden Gedanken kommen, betrachten Sie sie einfach nur freundlich, aber unbeteiligt und lassen sie vorüberziehen. Nach einer Weile werden Sie merken, dass Sie ruhiger werden oder dass immer mehr Gedanken auf Sie einstürmen und Ihnen keine Ruhe lassen. Sollte diese zweite Möglichkeit eintreten, schließen Sie wieder kurz Ihre Augen und kehren bewusst in Ihren Körper zurück. Bewegen Sie Hände und Füße und probieren Sie es ein andermal.

• *Wenn Sie langsam ruhiger werden, rufen Sie den Geist des Feuers und bitten Sie ihn, Ihnen zu zeigen, wie Sie mit dem Feuer verbunden sind. Bleiben Sie bei den ersten Eindrücken, die Sie empfangen, denken Sie nicht darüber nach, ob sich etwas sinnvoll oder nach Blödsinn anfühlt. Bewerten Sie Ihre Wahrnehmungen am besten überhaupt nicht (das bedarf vermutlich einiger Übung). Sie können klar oder verschwommen sein, kommen oft sehr schnell, da Feuer nicht gerade eine langsame Energie besitzt. Wenn Sie wollen, fragen Sie nach, was mit den Bildern oder Eindrücken gemeint sein könnte. Wenn Sie allerdings nicht sofort eine Antwort bekommen, macht das nichts. Wie schon erwähnt, passiert es oft, dass Sie Informationen bekommen, die erst viel später einen Sinn ergeben.*

• Wenn Sie genug erfahren haben, bedanken Sie sich bei Ihrem Feuergeist und kommen Sie langsam in Ihren Körper zurück. Bewegen Sie ausgiebig Hände und Füße und räkeln und strecken Sie sich. Mit dem einfachen Satz »Ich bin hier« kommen Sie sofort wieder ganz im Hier und Jetzt an.

Schreiben Sie wieder auf, was Sie erlebt haben. Abgesehen von einem magischen Tagebuch als Gedächtnisstütze, kann es ganz interessant sein, nach ein paar Jahren einmal nachzulesen, wie man eigentlich mit Ritualen und Meditationen angefangen hat. Vorausgesetzt natürlich, das Ganze macht Ihnen Spaß und Sie bleiben dabei.
Falls Sie keine Möglichkeit haben, diese Meditation vor einem großen Feuer zu gestalten, nehmen Sie stattdessen wie erwähnt eine oder mehrere Kerzen zur Hand. Sie können es auch mal mit den Gasflammen am Herd oder einem Campingkocher probieren. Alternativ können Sie sich dem Element Feuer auch in ganz anderen Ausformungen nähern: Setzen Sie sich beispielsweise vor einen Heizkörper oder nach draußen in die Sonne oder auch in die Nähe jeder anderen Wärmequelle.
Jede Art von Hitze hat Verbindung zum Element Feuer. Für den Anfang kann es jedoch günstig sein, sich auf das »reine« Element, das heißt die Flamme zu konzentrieren, da Sie sonst leicht mit gemischten Energien in Berührung kommen (bei der Heizung beispielsweise mit Wasser, das darin erwärmt wird).

Es wallet und brauset, es siedet und zischet

Das Element Wasser ist uns allen sehr vertraut, die meisten Menschen gehen gern zum Schwimmen oder halten sich zumindest gern in der Nähe von Wasser auf. Vielleicht liegt es daran, dass es das erste Element ist, in dem wir uns wirklich zu Hause gefühlt haben, bevor wir geboren wurden. Es ist möglich, mehrere Wochen ohne jede Nahrung auszukommen, ohne Flüssigkeit geht es uns aber schon nach wenigen Tagen an den Kragen.

Wasser ist gleichzeitig ein kleines physikalisches Wunder: Nehmen andere Substanzen weniger Raum ein, sobald sie kälter werden, dehnt sich Wasser beim Frieren aus. Neuere physikalische Untersuchungen haben außerdem gezeigt, dass Wasser sogar eine Art Gedächtnis besitzt. Werden Stoffe ins Wasser gegeben, die sich mit den Wassermolekülen verbinden, behält die Flüssigkeit die Eigenschaften der fremden Substanzen teilweise bei, obwohl diese bereits herausgefiltert wurden.

Mit diesem Wunderstoff des Lebens Verbindung aufzunehmen, bereitet keine Schwierigkeiten, da wir in jedem Haushalt vielfach Wasser verwenden. Eine der angenehmsten Möglichkeiten ist eine schöne warme Dusche – zu magischen Bädern kommen wir später noch. Lassen Sie sich wie immer Zeit. Wenn Sie sich besonders auf Ihre Zauberdusche vorbereiten wollen, trinken Sie tagsüber nur Wasser, keine anderen Getränke. Sie können sogar auf feste Nahrung verzichten, wenn sich das in Ihrem Tagesablauf unterbringen lässt. Ansonsten essen Sie nur leichte Kost, möglichst keinen schweren Braten oder dergleichen. Wenn Sie möchten, können Sie ja schon mal in der Liste der Lebensmittel ab Seite 145 nachschauen, welche Nahrungsmittel besonders mit dem Element Wasser verbunden sind.

Machen Sie Ihre Zauberdusche am besten vor dem Schlafengehen. Sie waschen somit gleich den Staub des Tages ab.

Besonders gut lässt sich diese Übung vor dem Schlafengehen durchführen. Sie waschen somit auch gleich den Staub des Tages ab. Günstig ist es, wenn Sie die Haare gleich mit waschen, damit Sie wirklich von Kopf bis Fuß nass sind und sich voll und ganz auf das Wasser konzentrieren können. Eine Duschhaube oder gar den Kopf aus dem Wasserstrahl herauszuhalten, lenkt nur unnötig ab.

Nehmen Sie sich etwas Räucherwerk oder eine Duftlampe mit ins Bad. Diese Dinge gehören zwar zum Element Luft, helfen jedoch, sich von der alltäglichen Situation des Duschens auf diese eher besondere Variante des Wasserkontakts einzulassen.

- *Duschen Sie zunächst ganz normal, das heißt, um sauber zu werden. Wenn Sie so weit sind, stehen Sie einen Augenblick ganz still unter dem Wasserstrahl. Lassen Sie das Wasser vom Kopf über den ganzen Körper rieseln und spüren Sie die Energie des nassen Elements. Nehmen Sie ganz bewusst wahr, wie die Wassertropfen an Ihnen herunterrinnen. Atmen Sie dabei ruhig ein und aus und schließen Sie die Augen. Falls Ihnen vor lauter wirbelnder Wasserenergie schwindelig wird, setzen Sie sich in die Wanne. Achten Sie dabei darauf, dass Sie nach wie vor unter dem Wasserstrahl bleiben und Ihnen das Wasser vom Kopf herunter am Körper entlangläuft.*

- Bitten Sie nun den Geist des Wassers, Ihnen zu zeigen, wie Ihre Verbindung zum feuchten Element aussieht. Lassen Sie sich seine Welt zeigen. Genießen Sie den Kontakt, bis Sie das Gefühl haben, alles erfahren zu haben, was gerade wichtig für Sie ist, oder bis Sie merken, dass Sie sich körperlich nicht mehr wohl fühlen. Gehen Sie nie über diese Grenze hinaus. Wenn Ihnen Ihr Körper während einer magischen Meditation oder eines Rituals zu irgendeinem Zeitpunkt signalisiert, dass es ihm ungemütlich wird, beenden Sie die Übung sanft. Ihr Körper weiß sehr genau, was gut für Sie ist. Es könnte sein, dass Sie für bestimmte Erfahrungen noch nicht bereit sind.

- *Kommen Sie aus Ihrer Meditation zurück, indem Sie sich zunächst auf die Tropfen konzentrieren, die an Ihrer Haut hinunterlaufen. Von da ist es nur noch ein kleiner Schritt, bis Sie sich wieder voll Ihres Körpers bewusst werden. Bewegen Sie Hände und Zehen und öffnen Sie langsam die Augen. Stellen Sie das Wasser ab und reiben Sie sich mit einem Handtuch trocken. Wenn Sie möchten, cremen oder ölen Sie sich gut ein, bevor Sie sich anziehen. Ihre Haut hat Ihnen gerade einen unschätzbaren Dienst erwiesen – wie eigentlich immer – und freut sich, wenn Sie sich mit etwas Anerkennung und pfleglicher Behandlung bedanken.*

Festgemauert in der Erde

Erde ist ebenso lebenswichtig wie alle anderen Elemente, leider gehen wir nicht gerade pfleglich damit um. Man mag von der päpstlichen Angewohnheit, den Boden zu küssen, sobald er ein fremdes Land betritt, zwar etwas befremdet sein, doch ein wenig mehr Ehrfurcht vor der Erdkruste kann uns allen nicht schaden. Nun müssen Sie es nicht gleich dem Papst nachtun und den Boden küssen, auf dem Sie täglich gehen. Das fänden die Kollegen im Büro vermutlich etwas seltsam. Zu Hause können Sie diese Übung aber ruhig einmal machen. Es ist erstaunlich, wie komisch uns eine ganz normale ehrfürchtige Verneigung vorkommt, die doch in anderen Kulturkreisen so völlig selbstverständlich ist. Probieren Sie mal aus, was sich so in Ihrem Kopf tut, wenn Sie sich vor der Erde verneigen.

Wenn Sie intensiv Kontakt zu diesem Element bekommen wollen, bleibt Ihnen nichts anderes übrig, als sich die Hände schmutzig zu machen. Nehmen Sie beispielsweise einfach Erde vom Feld oder aus dem Wald, füllen Sie diese in eine große Tonschale und vergraben während der Meditation mindestens Ihre Hände darin. Sie können sich davon auch etwas unter die Fußsohlen und ins Gesicht reiben. Nehmen Sie aber keine abgepackte Erde, sondern wirklich welche aus der Natur. Wenn Sie einen Garten haben, können Sie diese Übung selbstverständlich auch draußen machen. Wenn Sie die Möglichkeit haben – und Lust dazu –, können Sie Ihren Körper für diese Übung mit Schlamm bedecken. Nehmen Sie regennassen Wald-, Ackerboden oder Ähnliches. Eine besonders spannende Variante ist übrigens der Schlick an der deutschen Nordseeküste. Vor allem haben Sie da den Vorteil, dass Sie alles gleich wieder abwaschen können. Allerdings benötigen Sie dafür schon richtig warmes Sonnenwetter und jemanden, der während Ihrer Meditation aufpasst, dass Sie wirklich ungestört bleiben. Eine »saubere« Variante ist, sich mit Sand bedecken zu lassen, wie Kinder das am Strand gern machen. Auch da sollten Sie eine Freundin oder einen Freund dabeihaben, nicht nur, damit jemand zum Schippen da ist, sondern auch, um Neugierige fernzuhalten.

- Machen Sie es sich nun an Ihrem gewählten Ort bequem und entspannen Sie sich. Schließen Sie die Augen und beobachten Sie Ihre Atmung. Wenn Sie ruhig und entspannt sind, kann es losgehen.

- *Wandern Sie mit Ihrer Aufmerksamkeit in Ihre Hände, in Ihre Fingerspitzen und spüren Sie den Schlamm oder die Erde daran. Nehmen Sie wahr, ob das Material bröselig, fest, matschig oder welcher Beschaffenheit auch immer ist. Lassen Sie Ihre Aufmerksamkeit in die Erde gehen. Lassen Sie sich von dem Element, das Sie umgibt, tragen und sinken Sie mit Ihrer Aufmerksamkeit immer weiter in die Erde hinein. Wenn Sie so ganz »erdverbunden« sind, rufen Sie den Geist der Erde und bitten um Hinweise, was Sie mit dieser Energie verbindet. Lassen Sie sich zeigen, wie die Welt der Erdgeister aussieht. Haben Sie dabei Geduld, denn diese Energie kann zunächst wie festgewurzelt sein, bewegungslos wirken. Wenn Sie allerdings Geduld mitbringen, stellen Sie fest, dass es einfach nur um längere Zeiträume geht. Schließlich wachsen Berge nicht in Minuten, sondern in Jahrtausenden heran.*

- Wenn Sie den Eindruck haben, es sei alles gesagt und getan, kommen Sie aus Ihrer Meditation zurück. Spüren Sie dabei genau die Erdkrumen auf Ihrer Haut, spüren Sie Ihre Haut selbst und bewegen Sie langsam Hände und Füße, räkeln und strecken Sie sich. Dann öffnen Sie langsam die Augen. Auch hier ist es ratsam, sich für ein paar Augenblicke nicht zu schnell zu bewegen, da Ihnen sonst leicht schwindelig werden kann.

Die Übungen zu den vier Elementen können Sie beliebig oft wiederholen. Betrachten Sie die beschriebenen Meditationen lediglich als ein Gerüst, an dem Sie sich entlanghangeln können. Wenn Sie andere und eigene Vorstellungen zu den einzelnen Themen haben, nur zu. Je stärker Sie sich selbst mit dem verbunden fühlen, was Sie machen, desto größer ist auch Ihr Erfolg.

Wenn Sie richtig Kontakt zu den Elementen gefunden haben, werden Ihnen die Rituale sehr viel leichter von der Hand gehen und großen Spaß machen. Zusätzlich wissen Sie außerdem, welche Verbindung Sie ganz persönlich zu den vier Grundelementen haben. Darauf können Sie während der ganzen Hexendiät aufbauen, auch wenn sich Ihre Beziehung zu den einzelnen Elementen vielleicht stark verändern wird.

Ich nenne hier nur ein kleines Beispiel. Während ich die Rezepte fürs Buch ausprobierte, purzelten nicht nur Pfunde, sondern mein Verhältnis zum Element Wasser veränderte sich völlig. Auch wenn ich schon immer eine gute Verbindung zu Wasser hatte, trank ich es nicht gern. Während der ersten zwei Wochen (die folgen ab Seite 73) stellte ich mich auf die Elemente ein, und an Wassertagen trank ich – Wunder über Wunder – plötzlich Wasser, ohne dabei wie sonst das Gesicht zu verziehen. Hatte ich vorher lieber Durst gehabt, als Wasser zu trinken, fand ich es jetzt richtig angenehm. Und so ganz nebenbei erinnerte ich mich ohne große Probleme daran, rechtzeitig meine Pflanzen zu gießen. Es könnte sein, dass Ihnen derartige kleine Veränderungen ebenfalls passieren, vielleicht nur zeitweilig oder für einen Tag, vielleicht auch langfristig und regelrecht revolutionär. Entscheidend ist nur, für diese Energien offen zu sein und die Veränderung zuzulassen. Wenn Sie bereit sind, Veränderungen wirklich an sich heranzulassen, haben Sie schon das erste Pfund abgenommen. Und zwar verlässt dieses Pfund Ihren Kopf und trägt folgenden negativen Satz mit sich fort: »Es hat keinen Zweck, weil sich nichts ändert!« Freuen Sie sich, wenn Sie dieses Pfund los sind.

Als Geheimagentin unterwegs

Was hat Geheimhaltung mit Abnehmen zu tun, werden Sie fragen. 007 hatte es schließlich nicht nötig. Wieso also ein Staatsgeheimnis daraus machen. Die Antwort liegt nicht unbedingt nahe, ist aber einfach. Wenn Sie gleich jedem verraten, was Sie Großartiges vorhaben, dann ziehen Sie sich selbst Energie für Ihren Plan ab. Sie sind dann immer wieder damit beschäftigt, anderen zu erklären, was Sie warum tun, anstatt sich auf Ihre Diät zu konzentrieren. Wenn nur Sie allein Bescheid wissen, reagieren Ihre Mitmenschen ganz unbefangen auf Sie, und Sie wiederum müssen sich keinen Augenblick Gedanken darüber machen, was die anderen gerade von Ihnen denken. Alles ist wie immer – bis auf Ihre innere Einstellung, und die behalten Sie getrost für sich.

Außerdem stellen Sie sich selbst unter einen gewissen Erfolgsdruck, wenn alle über Ihre Diätabsichten Bescheid wissen, da Sie sich möglicherweise als Versagerin betrachten könnten, falls es (mal wieder?) nicht geklappt hat. Dabei geht es nicht darum, dass es klappt, sondern dass Sie das tun, was Ihnen gut tut – auch wenn das bedeuten sollte, dass Sie Ihre Diät noch etwas hinausschieben.

Auch wenn Sie das alles im ersten Moment gar nicht logisch finden, verraten Sie zunächst nichts. Einzige Ausnahme: wenn Sie mit jemandem zusammenleben, der sich vielleicht über Ihre merkwürdigen neuen Gewohnheiten wundern könnte. Oder es gibt jemanden, der Sie bei Ihrer Diät wirklich unterstützen will. Da können Sie es ruhig erzählen, aber auch nur in groben Zügen. Zerreden Sie sich Ihre Energie nicht.

Hinterher können Sie so viel damit angeben, wie Sie möchten. Aber wenn Sie mit Ihrer magischen Diät anfangen, bewahren Sie Ihr Geheimnis: Erfinden Sie Ausreden, seien Sie so kreativ, wie Sie es sonst nur beim Naschen sind. Haben Sie nicht schon hundertmal sich und anderen versichert, dass Sie zum letzten Mal eine ganze Tafel Schokolade verputzt haben oder dass Sie die drei Löffel Zucker im Kaffee einfach brauchen, um sich wohl zu fühlen? Eben. Sie schwindeln hervorragend! Machen Sie sich dieses Talent am Beginn Ihrer Hexendiät redlich zunutze.

Zaubern Sie zunächst einmal nur für sich selbst und lassen Sie die anderen herumrätseln, falls Sie sich stark verändern sollten. Es scheint Ihnen vielleicht ein Widerspruch zu sein: Auf der einen Seite sollen Sie ganz ehrlich zu sich selbst sein, auf der anderen Seite sollen Sie andere Menschen im Unklaren lassen. Richtig, es ist ein Widerspruch! Aber eine Art Widerspruch, mit dem Sie schon lange leben. Nur andersherum. Bisher haben Sie immer so getan, als könnten Sie gar nichts für Ihr Gewicht, und damit haben Sie mehr als nur ein bisschen geschwindelt. Bisher haben Sie alles verheimlicht, was mit Ihren Essproblemen zu tun hatte. Sie haben vielleicht laut über Ihr Gewicht lamentiert, haben auch schon mal erwähnt, dass Sie sich nur von Wasser und Brot ernähren könnten und trotzdem immer dicker werden würden. Dabei ist es ganz unwichtig, ob die anderen Ihnen geglaubt haben.

Zaubern Sie zunächst einmal nur für sich selbst und lassen Sie die anderen herumrätseln, falls Sie sich stark verändern sollten.

Einige werden Ihr Gerede für bare Münze genommen haben, andere haben es gleich durchschaut, aber vielleicht dazu geschwiegen. Und es wird, wenn Sie Glück haben, einige Freunde gegeben haben, die ab und zu mal vorsichtig anzumerken wagten, dass es so ja nun doch nicht sei. Denn schließlich hätten Sie sich neulich mal wieder das Mascarpone-Dessert bestellt, obwohl Sie doch lauthals behauptet hatten, eigentlich schon satt zu sein. Sie sehen also, im Lügen sind Sie große Klasse. Und damit Sie nicht ganz aus der Übung kommen, schwindeln Sie ruhig ein bisschen weiter. So können Sie Ihre Erfolge erst einmal ganz allein auskosten und werden durch nichts und niemanden in Ihrer Selbstwahrnehmung gehemmt – es sei denn, durch Sie selbst.
Denken Sie zunächst einmal ganz in Ruhe darüber nach, was sich bei Ihnen so tut. Lassen Sie die Vorschläge dieser Kapitel erst einmal sacken und entwickeln Sie Ihren ganz eigenen Weg, Ihre Pfunde loszuwerden. Wenn Sie so weit sind, vielleicht auch erst am Ende der Diät, wenn Sie erfolgreich waren und Ihr Ziel erreicht haben, haben Sie immer noch ausreichend Möglichkeiten, alle anderen einzuweihen. Schließlich haben Sie alle Zeit der Welt, denn Sie werden für den Rest Ihres Lebens Ihr Wunschgewicht haben.

Verschwörung mit der Anderswelt

Wenn Sie bereit sind, Ihren Weg zu weniger Gewicht zu gehen, dann beginnen Sie mit einem Ritual, das Ihnen Verbündete beschert. Dazu nutzen Sie die Erfahrungen des ersten Kapitels, um in einem Ritual Kontakt zu denen herzustellen, die Sie auf jeden Fall unterstützen werden.

Sie arbeiten in einem magischen Kreis. Falls Sie das noch nie gemacht haben, lohnt es sich, zunächst an kleineren Themen zu üben, sonst laufen Sie Gefahr, dass Sie zu sehr mit den »technischen Umständen« beschäftigt sind, als sich auf die Energie zu konzentrieren, die Sie in Ihrem Ritual aussenden wollen (Basisritual, siehe Seite 228 ff.).

Wenn Sie ein Ritual durchführen, nehmen Sie Kontakt mit Bewusstseinsebenen auf, die traditionell als »Anderswelt« bezeichnet werden. Sie können dafür auch eher psychologische Bezeichnungen finden, die allerdings nicht ausdrücken, dass es ein Gegenüber gibt, dessen Energie Sie mit der Ihren verbinden können. Die Menschen haben dieser Energie Götternamen gegeben, da es uns leichter fällt, eine personifizierte Gegenwart anzusprechen, als uns einfach ganz allgemein ans Universum zu wenden. Wählen Sie aus, was Ihnen persönlich mehr liegt. Ob Sie sich einen Schutzengel oder eine Gottheit herbeiwünschen oder ob Sie einfach nur das Universum an sich ansprechen, bleibt Ihnen überlassen. Wirkung zeigt Ihr Ritual auf jeden Fall, egal, welche der Varianten Ihnen am angenehmsten ist.

Wenn Sie ständig über den Effekt eines magischen Rituals nachdenken, holen Sie die ausgesandte Energie immer wieder zurück.

Am besten ist es, wenn Sie Ihr Ritual durchführen und es dann schnellstmöglich wieder vergessen. Sonst ergeht es Ihnen wie den Heinzelmännchen von Köln: Wer ständig neugierig beobachtet wird, kommt zu nichts mehr und verkrümelt sich beizeiten. Wenn Sie also dauernd über den Effekt des einen oder anderen magischen Rituals nachdenken, holen Sie die ausgesandte Energie immer wieder zurück und verhindern so, dass sich überhaupt etwas tut. Das Gleiche kann passieren, wenn Sie Ihr Ritual mit anderen diskutieren. Vielleicht haben Sie es selbst schon mal bemerkt: Energie lässt sich leicht zerreden. Ihre Hexendiät ist etwas sehr Persönliches und es ist besser, nichts an die große Glocke zu hängen. Es reicht schon, wenn Sie sich mit Ihrer inneren Stimme abplagen müssen, die Ihnen permanent einreden will, dass Sie sowieso alles falsch machen und mal wieder auf dem Holzweg sind.

Anders sieht es aus, wenn Sie in Ihrer Umgebung jemanden haben, der Sie bei Ihrem Vorhaben unterstützt oder sogar mit Ihnen zusammen die Diät durchführt. Dann können Sie das folgende Ritual auch gemeinsam machen. Das heißt, diese Person begleitet Sie, indem sie einfach anwesend ist und Ihnen Energie schickt (siehe am Schluss des Rituals). Sie können auch zusammen einen geschlossenen magischen Kreis aufbauen und benutzen. Tauschen Sie sich vorher aus, damit Sie dann im Kreis selbst nicht mehr viel zu besprechen haben und sich ganz auf Ihren Wunsch konzentrieren können.

Watson, was schließen Sie daraus?

Nachdem Sie schon als Geheimagentin unterwegs waren, geht es nun an die detektivische Arbeit. Mittlerweile wissen Sie vielleicht schon, was in Ihnen vorgeht, wenn Sie mal eben dieses Törtchen oder jene Bratwurst verputzen. Wenn nicht oder falls Sie noch ein bisschen mehr Klarheit und Ehrlichkeit brauchen können, helfen Ihnen die zwei Vorbereitungswochen ab Seite 73 auf die Sprünge.

Bestimmte Gewohnheiten, kleine Selbstbetrügereien oder auch geliebte Vorurteile veranlassen Sie, die Verantwortung für Ihren Körper zu vermeiden.

Jetzt gilt es, noch die liebe Familie, Verwandtschaft, Freunde und Arbeitskollegen unter die Lupe zu nehmen. Denn genauso wie Sie selbst bestimmte Gewohnheiten, kleine Selbstbetrügereien und dergleichen über die Jahre gehegt und gepflegt haben, so tun das die Menschen in Ihrer Umgebung ebenfalls. Jedes dieser vertrauten und geliebten Vorurteile, das Sie sich wie selbstverständlich von anderen abgucken, veranlasst Sie, die Verantwortung für Ihren eigenen Körper zu vermeiden und sich zum Beispiel damit herauszureden, dass Sie beim Staatsbankett einfach mitessen mussten, schließlich waren Sie ja der Ehrengast. Oder es musste ein Gläschen mehr sein, weil Michael doch seinen Ausstand feierte. Klingt vermutlich recht bekannt, denn so oder so ähnlich haben wir alle schon argumentiert. Hier geht es darum, herauszubekommen, bei wem Sie sich immer mal wieder gern abstützen, das heißt, an wen Sie Verantwortung abgeben.

Der Haken bei der Verantwortung ist, dass Sie bei magischen Ritualen allein die volle Verantwortung tragen, ob es Ihnen passt oder nicht. Auch die freundlichen Helfer, die Sie um Unterstützung bitten, tun nur das eine: Sie helfen. Das Handeln fällt allein in Ihren Bereich. Bevor Sie jetzt aber vor lauter Last zusammenbrechen, hier noch die gute Nachricht: Da alles in Ihrer Verantwortung liegt, haben Sie es auch in der Hand, alles zu jeder Zeit zu verändern.

Möglicherweise klingt das wie eine oberflächliche, geradezu banale Feststellung. Und genau das ist sie auch – aber eine, die es in sich hat. Beginnen wir mal: Sie persönlich haben sich jeden Bissen in den Mund geschoben, den Sie seit dem Babyalter zu sich genommen haben. Als Sie das erste Mal mit den Fingern die Kirschen aus dem Kuchen gepult haben oder mit Ihrer Minigabel konzentriert Brotquadrate mit Leberwurst aufgespießt haben, hat niemand außer Ihnen entschieden, was und wie viel Sie essen wollen. Vielleicht erinnern Sie sich noch an die niedlichen Kindergeschichten, die in etwa so lauten: Weißt du noch, als unsere Süße noch ganz klein war. Tante Clara kam zu Besuch und fütterte das Kind. Unglücklicherweise fiel das gerade in die Zeit, als unsere Kleine ihre Abneigung gegen Möhrenbrei entwickelt hatte. Und Tante Clara bemerkte beim Füttern einfach nicht, dass das Kind gar nichts runtergeschluckt, sondern alles nur wie ein Hamster in den Backen verstaut hatte. Tja, und dann war es zu viel. Das Ende vom Lied war, dass sich der ungeliebte Möhrenbrei zwar aus Tante Claras Haaren wieder rauswaschen ließ, bloß nicht mehr aus der Tapete.
Sie sehen, schon damals hatten Sie eine sehr klare Vorstellung, was Ihnen gut tut und was nicht, egal, ob nun Möhren prinzipiell gesund sind oder nicht.

Wie also kam es zwischenzeitlich zu einer Situation, in der Sie ohne Probleme eine Tüte Chips nach der nächsten verputzen oder einen Hamburger mit Pommes verdrücken und noch einen großen Eisbecher hinterherschieben? Sie können hier auch wahlweise Ihren Lieblingscocktail oder das Schlemmermenü von Bocuse einsetzen. Das Prinzip ist das Gleiche. Irgendwo zwischen zweieinhalb Jahren und der Möhrenerfahrung und der gestrigen Tüte Chips ist etwas verloren gegangen. Es könnten schwerwiegende Bestandteile Ihrer Persönlichkeit wie zum Beispiel Ihr Selbstwertgefühl sein. Daraus kann sich Selbstmitleid entwickeln, etwa nach dem Motto: Ich armes kleines Ding, nur mein Pudding ist mein Freund.
Eine andere Möglichkeit ist, dass Sie Ihre Pfunde als Schutzpanzer mit sich herumtragen. Wer das sprichwörtliche dicke Fell hat, braucht sich keine Sorgen mehr zu machen. Feindliche Pfeile bleiben einfach in der Fettschicht stecken. Falls Sie zu den Menschen gehören, die ihre Pölsterchen zu diesem Zweck hegen und pflegen, werden Sie schon beim Lesen dieser Sätze spüren, dass es nicht funktioniert. Ihre Speckschicht schützt Sie nicht etwa vor Angriffen, sondern macht Sie noch angreifbarer. Falls Sie jemals in der Schule gehänselt wurden, weil Sie eben nicht gertenschlank waren, wissen Sie genau, wovon hier die Rede ist. Sie haben trotz vieler Pfunde niemals das Gefühl, dass Sie sich sicher und überlegen fühlen, ganz im Gegenteil. Zu den üblichen Dingen, mit denen sich der Mensch sowieso schon im Laufe eines Lebens auseinander setzt, kommen jetzt auch noch abfällige Bemerkungen oder Blicke, die Sie als unangenehm und abschätzig wahrnehmen. Selbst wenn die Frau am Kiosk

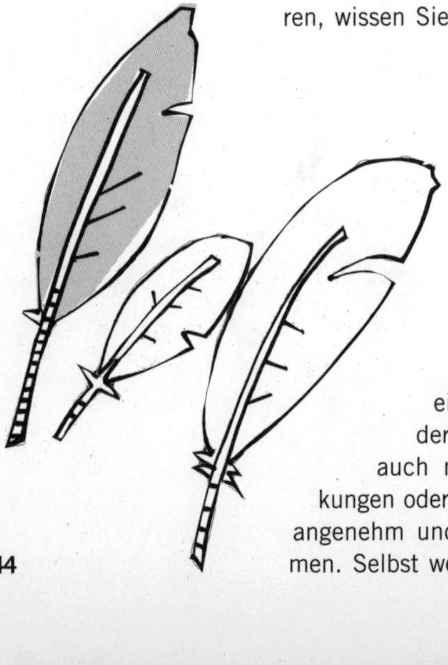

eigentlich mehr an Ihren tollen Ohrringen als an Ihrem Doppelkinn interessiert war. Das konnten Sie gar nicht mehr wahrnehmen.
Womit wir beim wichtigsten Werkzeug eines Detektivs wären, der Wahrnehmung. Das ist so eine Sache, denn wer glaubt schon, dass mit der eigenen Sichtweise grundsätzlich was nicht stimmen würde. Es sei in diesem Zusammenhang nur erwähnt, dass eben niemand so gut lügt wie ein Augenzeuge. Im Klartext heißt das, wenn zwei Menschen ein und dieselbe Situation beschreiben sollen, könnte man manchmal vermuten, dass sie gar nicht demselben Ereignis beigewohnt haben. Das heißt nichts anderes, als dass wir uns unsere Realität selbst erschaffen (auch dazu noch ausführlichere Betrachtungen in den zwei Vorbereitungswochen ab Seite 73).

Ihre Speckschicht schützt Sie nicht etwa vor Angriffen, sondern eher das Gegenteil trifft zu: Sie macht Sie noch verwundbarer.

Gehen wir mal davon aus, dass Sie tatsächlich Ihre eigene Wirklichkeit bestimmen. Unter dieser Voraussetzung ist es sehr spannend, einmal genau hinzusehen, welche anderen Meinungen Sie als sinnvoll erachten. Wie empfinden Sie beispielsweise die Anschauung Ihrer Eltern bei Ernährungsfragen? Da kann es sein, dass für Ihren Geschmack immer zu viel oder zu wenig auf dem Tisch stand oder vielleicht die Dinge, die Sie nicht mochten. Ganz beliebt auch immer wieder das Thema »leerer Teller«! Als ob mein Gemüserest dafür sorgen würde, wie sich morgen das Wetter verhält. Und welche Enttäuschung, wenn der eklige Spinat ganz und gar hinuntergewürgt worden war und es am nächsten Tag dann doch regnete ... So ganz nebenbei haben wir da eine kleine und scheinbar harmlose Lüge aus Ihrem Kinderleben aufgedeckt. Denn spätestens im Erwachsenenleben glaubt niemand mehr daran, dass Essensreste etwas mit Meteorologie zu tun haben. Da stellt sich doch heftig die Frage, wie viele Lügen Sie in Bezug auf das Essen noch so mitbekommen haben.
Denken Sie dabei am besten nicht nur an Ihr Elternhaus, sondern vor allem an die Werbung oder den Kantinenaushang. Burger-Hersteller versprechen per Bild und Text, dass sie richtig gutes Futter unter die Leute bringen. Und welche Enttäuschung sich dann vor Ihnen offenbart, wenn Sie sich genau ansehen, was sich da so auf Ihrem Teller tummelt: ein weiches Brötchen, eine Frikadelle, bei der Sie vor lauter

Geschmacksverstärkern nur hoffen können, dass sie auch Fleisch enthält. Dazu kommen dann noch ein paar Gürkchenscheiben und ein mehr oder minder knackiges Salatblatt als Deko. Die Soßen und Sößchen seien hier nur am Rande erwähnt. Wie? Das soll nahrhaftes Essen sein? Veralbern können Sie sich auch allein. Wer nun sagt, auf Burger stehe ich eh nicht, meine Ernährung ist viel gesünder, der schaue noch mal genau hin. Fällt es Ihnen vielleicht schwer, dem süßen Nachtisch zu widerstehen oder auf das halbe Fläschchen Wein zu verzichten? Oder wie sieht es mit dem pompösen Restaurantessen, dem kleinen Snack zwischendurch, dem Schokoriegel, den Chips oder der Eiscreme aus? Wenn Sie sich genau beobachten, werden Sie garantiert etwas entdecken. Und vielleicht fällt Ihnen dazu auch gleich ein, wer oder was daran schuld sein könnte. Da käme Stress oder Liebeskummer infrage, wahlweise auch Ärger über den Partner oder Chef, die Kinder oder das Fernsehprogramm. Irgendeinen Grund werden Sie schon finden, mit dem Sie die Nervennahrung entschuldigen können.

Wenn Nahrungsmittel etwas so Besonderes sind wie andere magische Zutaten, dann lohnt es sich, ihnen die angemessene Aufmerksamkeit zu widmen.

Nehmen wir doch mal einen der beliebtesten Schuldigen überhaupt: den Stress. Klar, Sie haben es morgens eilig und wer schmiert sich da schon eine gesunde Stulle für die Mittagspause. Das ist doch nun wirklich out. Da greife ich doch lieber zwischendurch mal zum Vollkornriegel mit Schokostückchen. Ist schließlich gesund – sagt die Werbung. Aber auch nur solange ich nicht auf das Etikett sehe und feststelle, was da eigentlich genau drin ist. Die Liste reicht von Stabilisatoren über Farbstoffe bis zu naturidentischen Aromastoffen (soll heißen künstlichen). Und das halten Sie wirklich für eine für Sie angemessene Nahrung? Wenn Sie magisch arbeiten, achten Sie doch auch auf besonders gute Zutaten. Sie wählen ätherische Öle aus, die garantiert naturbelassen sind, sehen genau hin, was in Ihrem Räucherwerk drin ist – zumindest wäre das eine gute Idee. Und Sie kaufen vermutlich auch nicht gleich das erstbeste Gefäß oder begnügen sich mit einem Plastikbecher für Ihr heiliges Wasser. Denn die Energie, mit der Sie da zaubern, verdient Respekt. Schade, dass Ihr eigener Körper diesen Respekt offenbar nicht verdient. Ein böser Satz, bei dem Sie vermutlich zum wiederholten Male das Buch gern in die Ecke schmeißen möchten.

Sollte es in einer Küchenecke gelandet sein, sehen Sie sich diese mal genauer an. Die Frage lautet, ob Sie sich vorstellen können, an diesem Platz eine heilige Handlung durchzuführen, denn nichts anderes ist die Zubereitung von Nahrungsmitteln. Glauben Sie jetzt nicht, dass nicht auch jede andere Alltäglichkeit heilig sein kann, das wäre ein Irrtum. Alles, was Sie tun, können Sie zu einer heiligen Handlung machen.

Was haben Sie zum Beispiel für eine Vorratswirtschaft? Da gibt es zum einen die große Familie der Hamster. Wenn Sie bei denen die Tür eines Küchenschranks aufmachen, entdecken Sie Nudeln in Hülle und Fülle, Reis, Dosen, Müsli, Brühwürfel, 217 Teesorten, 43 verschiedene Gewürzsorten und noch das eine oder andere Schnellgericht aus der Tüte. Da wird so schnell niemand verhungern. Nehmen wir auf der anderen Seite die Minimalisten. Nachdem der eifrige Innenarchitekt zur Küchentür hinaus ist, werden garantiert niemals mehr als eine Packung Nudeln und Cornflakes die flotten Regale überfrachten. In keiner der beiden Küchen lässt sich so einfach ein Altar aufbauen, auf dem mit der entsprechenden Einstellung ein magisches Gericht zubereitet werden kann. Es geht nicht darum, dass Sie in Ihrer Küche jetzt dauernd ehrfürchtig ommmm murmeln, nur weil Sie sich mal ein Marmeladenbrot machen oder den Kindern einen Saft holen. Es geht erst einmal nur um die Vorstellung. Wenn Nahrungsmittel ebenso etwas Besonderes sind wie andere magische Zutaten, dann lohnt es sich, ihnen die angemessene Aufmerksamkeit zukommen zu lassen: beim Einkauf, bei der Lagerung, bei der Verarbeitung.

Auch wenn Sie nicht zur extremen Gattung einer der beiden oben erwähnten gehören, irgendwo dazwischen werden Sie sich vermutlich wiedererkennen. Oder Sie haben gar kein Problem mit Ihrem Gewicht!

AM ANFANG STEHT DIE SUPPENTASSE

Sie erinnern sich sicher noch an den Suppenkasper.
»Nein, meine Suppe ess ich nicht!«
– und er wurde dünner und dünner.

Leider, leider geht es nicht ohne dieses »Nein«. Bevor Sie jetzt das Buch endgültig zuschlagen, weil auch diese Autorin offensichtlich keine bessere Idee als Friss-die-Hälfte zu bieten hat, etwas Geduld bitte. Sie sagen nämlich nicht nur Nein zu Sahnetörtchen oder Schokocreme. Sie sagen vor allem ein lautes Nein zu den Dingen, die Sie zu viel essen. Und dass Sie zu viel essen, das wissen Sie vermutlich schon seit langem. Oder sind es einfach nur die falschen Dinge? Auch wenn Ihre Freundin dieselben Lebensmittel isst und trotzdem so schön schlank bleibt, wie Sie es noch werden. Und Sie werden, darauf können Sie Ihre Diätpillen verwetten.
Mal ehrlich, wenn es nur darum ginge, die Hälfte zu essen, hätten Sie es auch schon mit all den Diäten vorher geschafft. Jedes noch so leckere Diätrezept bringt gar nichts, wenn Sie normalerweise doppelte Mengen und die falschen Dinge essen. Hier geht es nicht um Mengen, Kalorien oder Kohlehydrate, sondern um Ihren Verstand, Ihr Herz – und magische Hilfestellung. Deshalb geht es bei der Hexendiät auch nicht darum, wie viele Kalorien ein Gericht hat. Diese Angaben werden Sie in den Kochrezepten für die sechs magischen Diätwochen vergeblich suchen.
Es geht erst mal um alles andere als ums Essen. Wie, Sie können sich nicht vorstellen, während einer Diät nicht dauernd daran zu denken, wie viel und was Sie heute schon gegessen haben oder noch essen dürfen? Schließlich wollen Sie ernsthaft abnehmen, das ist eben kein Zuckerschlecken, sondern harte Arbeit. Ganz im Gegenteil: Abnehmen ist ganz einfach. Vergessen Sie nicht, sich diesen Satz täglich mehrmals zu sagen, auch wenn diese kleine hämische innere Stimme versucht, Ihnen weiszumachen, dass Sie Unrecht haben. Ignorieren Sie das Biest einfach.

Gönnen Sie sich was

Was denn gönnen, wenn Sahnetörtchen oder Schokocreme verboten sind? Vielleicht könnten Sie stattdessen schön einkaufen gehen ... Halt, denn dann schwillt womöglich Ihr Kleiderschrank statt Ihres Bauches an, auch nicht der wahre Jakob! Vielleicht haben Sie nach einem befriedigenden Einkauf erst einmal Ruhe – kennen Sie das nicht schon von der

Schokolade? –, aber dafür belasten Sie dann Ihre Kontoauszüge, oder der Rausch hält nicht lange an und Sie müssen los, um der nächsten Tüte Chips wieder mit einem Einkauf zu entfliehen. Vergessen Sie es. Nur wenn Sie sich wirklich von Ihrem Esszwang befreien und nichts anderes an die Stelle Ihrer Futterorgien stellen wollen, werden Sie Erfolg haben.

Denn eines ist auch klar: Wenn Sie nicht wollen, wird Ihnen kein Diätbuch der Welt helfen, auch kein magisches. Was Ihnen allerdings eine magische Diät bietet, geht weit über das hinaus, was übliche Diäten versprechen. Mit ein bisschen Zauber im Alltag verlieren Sie nicht nur Pfunde, sondern betrachten auch das Leben anders, nämlich aus einem freudvolleren Blickwinkel, fernab jeglicher Chipsorgien.

Sie brauchen jetzt kein Zaubercape zu kaufen. Beginnen Sie im Alltag: Wählen Sie jeden Tag Kleidung, Schminke und Schmuck aus, die Ihnen wirklich gefallen. Kommen Sie mir jetzt ja nicht mit dem Argument, Sie hätten nichts Vernünftiges im Kleiderschrank. Entwickeln Sie Fantasie und probieren Sie neue verrückte Kombinationen aus. Tragen Sie das Schlabberkleid, in dem Sie sich rundherum wohl fühlen, und dazu Ihre Stöckelschuhe, auch wenn der Mini vielleicht kesser wäre und Ihr Freund sie so lieber sähe. Hier geht es nicht um seine Libido, sondern um Ihr Wohlbefinden.

Laden Sie Ihre Kleidung mit einem kleinen Zauber auf, den Sie auch schon am Abend vorher durchführen können, falls Sie es morgens eilig haben.

- **Legen Sie sich alle Dinge bereit, die Sie anziehen wollen, und besorgen Sie sich dazu Rosmarin. Sie können das Gewürz aus der Küche verwenden.**

- ***Nehmen Sie einige Nadeln Rosmarin und »nähen« Sie mit ihnen lauter Dinge in Ihre Sachen, die Sie gern erleben wollen: freundliche Kollegen, gutes Wetter, eine neue Bekanntschaft am Arbeitsplatz oder was Sie sich sonst noch wünschen. Wenn Sie mögen, können Sie den Rosmarin tatsächlich in die Kleidung stecken, zum Beispiel in eine Tasche oder in eine Naht, oder in einen kleinen Beutel einnähen und bei sich tragen.***

Diese simple Übung können Sie täglich durchführen oder nur nach Lust und Laune. Auf jeden Fall wirkt sie besser, je häufiger Sie sie anwenden.

Es kommt zunächst nicht auf das Ergebnis an. Wenn Sie also nicht gleich am ersten Tag den Nobelpreis verliehen bekommen, macht das nichts. Wichtig ist erst einmal nur, dass Sie das Wünschen wieder lernen. Ihnen stehen nämlich mehr als nur Brotkrumen zu. Sie dürfen sich von der Lebenstorte ruhig ein großes Stück herausschneiden.

Mit Ihren Wünschen fängt es an. Denken Sie bei dieser Übung unbedingt groß. Erinnern Sie sich, wie es war, als Sie noch klein waren. Da wollten Sie vom Weihnachtsmann unbedingt ein Pferd haben, schon das Wünschen allein war klasse, auch wenn es mit dem Pferd nicht geklappt hatte. Wünschen Sie sich trotzdem große Dinge. Sie wissen doch, wenn Sie losgehen und mit dem selbstverständlichsten Lächeln der Welt etwas fordern, haben Sie sofort bessere Karten. Also seien Sie zur Abwechslung einmal maßlos und nur insofern realistisch, als Sie sich das wünschen, was Sie wirklich gern hätten. Wenn Sie diese Übung noch unterstützen wollen, schreiben Sie abends vor dem Schlafengehen auf eine Liste, was Sie möchten. Sie können sich dabei mit nur drei Wünschen am Abend zufrieden geben oder eine lange Latte zusammenstellen, ganz wie es Ihnen gefällt. Schreiben Sie in ein besonders schönes Buch, denn schließlich geht es um Ihre Herzenswünsche.

Schon bald werden Sie merken, dass Ihnen bestimmte Dinge gar nicht mehr so wichtig sind. Vielleicht stellen Sie fest, dass Sie furchtbar gern auf einer Alm leben würden, dafür brauchen Sie keine Villa in Monaco. Vielleicht bemerken Sie auch nur, dass Ihnen plötzlich das Wetter schnurz wird und Sie auch bei Regen lächeln können. Wenn Sie auf einen Ihrer Wünsche verzichten, tun Sie es nur dann, wenn Sie etwas gefunden haben, was Sie ehrlich lieber möchten, oder wenn

Ihnen der ehemalige Wunsch wirklich egal geworden ist. Fangen Sie erst gar nicht wieder an, sich zu bescheiden. Sie sind schließlich nicht zum Mauerblümchen, sondern zur Diva geboren. Verhalten Sie sich auch so – die Allüren können Sie weglassen, wenn Sie Ihre Freunde nicht vergraulen wollen.
Wenn Ihnen das Wünschen so richtig leicht fällt, dann geht es weiter zum nächsten Thema. Jetzt gilt es, Ihre Wünsche auch in die Tat umzusetzen. Höre ich da einen leichten Seufzer, der da lautet: Naja, ist ja ganz nett, aber das funktioniert ja doch nicht? Falls das der Fall ist, machen Sie mit dem Wünschen weiter, bis Sie davon überzeugt sind, dass Sie Ihr Leben in der Hand haben. Lassen Sie sich dabei Zeit und haben Sie Geduld mit sich. Sich etwas zu wünschen und dann auch noch von der Umsetzung überzeugt zu sein, das sind zwei verschiedene Paar Schuhe. Zumindest für die meisten von uns.
Falls Sie zu den Menschen gehören, bei denen eher Hindernisse als Chancen im Gedächtnis bleiben, gönnen Sie sich ruhig mehrere Wochen des Wünschens, bevor Sie drangehen, sich ernsthaft Ihre Pfunde wegzuwünschen. Machen Sie erst weiter, wenn Sie daran glauben, dass Sie es schaffen werden.

Sie wissen doch, wenn Sie losgehen und mit dem selbstverständlichsten Lächeln der Welt etwas fordern, haben Sie sofort bessere Karten.

Eine kleine Frage zwischendurch: Haben Sie in den letzten fünf Minuten an leckere Rezepte oder Schokolade gedacht? Nicht, na also! Bleiben Sie dabei. Ihr wahres Selbst wird in den nächsten Wochen die Pfunde verdrängen, die ihm jetzt noch im Weg stehen.

Wünsch dir was

Um das Wünschen so richtig zu beherrschen, bietet sich wieder ein Ritual an. Sie brauchen dafür viele bunte Zettel, Stifte in den Farben Blau, Rot, Grün und Gelb, einen kleinen Bergkristall, Weihrauch (entweder Räucherstäbchen oder loses Räucherwerk). Sorgen Sie beim Räucherwerk für eine feuerfeste Unterlage, zum Beispiel eine Schale mit Sand. Zuletzt besorgen Sie sich noch eine grüne Kerze – die Farbe Grün steht für die Erdkräfte und alles Materielle – und ein schönes grünes Band. Schön deshalb, weil es für Sie schließlich um etwas Besonderes geht: Ihre Wünsche.

Wählen Sie für dieses Ritual die Glücksgöttin Fortuna als Ihre Begleiterin (siehe auch Basisritual für Götter und Göttinnen, Seite 228 ff.). Am besten führen Sie dieses Ritual bei Vollmond oder zur Zeit des zunehmenden Mondes durch. Lassen Sie sich von der Mondenergie unterstützen, aber halten Sie sich nicht sklavisch daran. Wenn der Mond gerade abnimmt und Sie dennoch unbedingt etwas wünschen wollen, dann machen Sie das Ritual trotzdem. Entscheiden Sie nach Ihrem Gusto. Niemand weiß besser als Sie selbst, ob heute ein guter Tag zum Zaubern – und Wünschen – ist.

Suchen Sie sich einen ruhigen Ort aus, wo Sie möglichst viel Platz um sich herum haben, sodass Sie sich in Ihren magischen Kreis hineinsetzen können. Legen Sie in der Mitte Ihre Zettel und die Stifte sowie das grüne Band, das Räucherwerk und Ihre grüne Kerze bereit. Im Kreis drumherum ordnen Sie die Ritualgegenstände für die Himmelsrichtungen an (siehe Basisritual, Seite 230 f.). Achten Sie darauf, dass Sie sich innerhalb Ihres Kreises gut bewegen können. Wenn Sie einen Ihrer Wohnräume nutzen, lüften Sie ihn vor dem Ritual noch einmal gründlich durch oder räuchern Sie ihn mit Salbei aus. So fällt es Ihnen leichter, den alltäglichen Raum als etwas Besonderes wahrzunehmen.

Stellen oder setzen Sie sich nun in die Mitte Ihres Kreises und schließen Sie die Augen. Gehen Sie in die Ruhe, beobachten Sie Ihre Atmung. Wenn Sie ganz entspannt sind, schließen Sie den magischen Kreis und setzen sich dann in die Mitte.

Zünden Sie die Kerze an und stellen Sie sich erst einmal nur vor, wie es sich anfühlt, wenn Sie wünschen. Wenn Sie merken, dass Sie jetzt so richtig loslegen könnten, visualisieren Sie etwas zum Auffangen der Wünsche. Ein gutes Bild dafür ist Sterntaler, die ihr Hemdchen aufhält, um die Sterne vom Himmel zu holen.

Nehmen Sie nun das Papier und die bunten Stifte zur Hand und beginnen Sie zu zeichnen und zu malen, wie Sie Ihr Leben bereichern möchten. Dabei stellen Sie sicher, dass Ihr Herz sich zwar an diesen Wünschen erfreut, nicht aber an ihnen hängt. Sobald Sie spüren, dass einer der Wünsche etwas sehr (Be-)Drängendes hat, legen Sie diese Zeichnung beiseite (sie kann Ihnen später noch dazu nutzen, sich mit Ihren verborgenen Wünschen zu beschäftigen, und Ihnen zeigen, wo Sie sich selbst mit Stress schaden).

Wünschen Sie sich auch völlig verrückte Dinge, zum Beispiel, dass es während Ihrer Ferienreisen in Zukunft nur noch gutes Wetter gibt oder dass Sie nie mehr Ihren Regenschirm liegen lassen oder dass Ihre Geranien zukünftig von Schneckenfraß verschont bleiben. Lachen ist übrigens auch während eines Rituals erlaubt ...

Wenn Sie fertig sind, beginnen Sie alle Wünsche, die Sie voller Freude gemalt haben, zu zerknüllen und miteinander in einem dicken Papierball zu verbinden. Nun kommt Ihr grünes Band zum Einsatz. Binden Sie es um Ihr Knäuel, damit es zusammenhält. Achten Sie dabei nur darauf, dass Sie ein langes Ende für eine schöne große Schlaufe übrig behalten. Träufeln Sie auf jeden Knoten, den Sie machen, ein bisschen heißes Wachs von der Kerze (feuerfeste Unterlage beachten). Visualisieren Sie dabei weiter Ihre Wünsche. Zum Schluss nehmen Sie Ihre Papierkugel zwischen die Hände und machen sich noch einmal ganz klar, was Sie da »gebastelt« haben. Dann schicken Sie das Wünschen auf die Reise. Es ist wichtig, dass Sie nicht die Wünsche selbst losschicken, sondern nur das Wünschen.
Nun öffnen Sie den magischen Kreis wie üblich gegen den Uhrzeigersinn.

Nehmen Sie die Papierkugel und hängen Sie sie in Ihrer Wohnung irgendwohin, wo viel los ist. Gut eignet sich da zum Beispiel der Pfosten der Eingangstür. Sie können sie nachträglich auch noch mit Federn oder anderen Dingen schmücken, ganz wie Sie möchten. Platzieren Sie die Kugel nur nicht in einer stillen Ecke, denn sie braucht bewegte Energie.

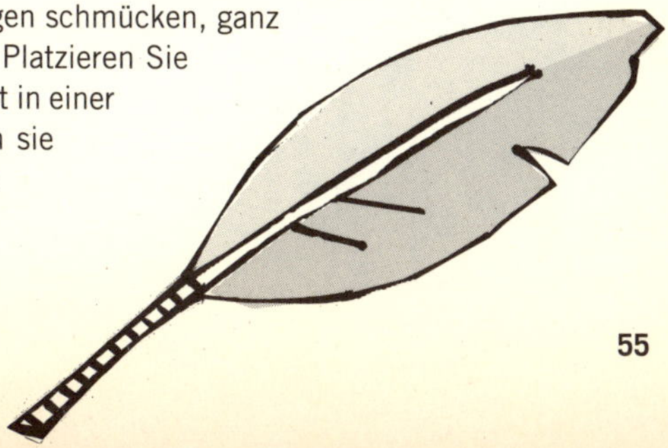

Nun zu den Zetteln mit den ganz drängenden Wünschen. Hier sollten Sie erst einmal ein Ritual machen, um den inneren Krampf wegzubekommen. Solange Sie sich an eine ganz bestimmte Vorstellung klammern, bleibt sie ganz dicht bei Ihnen. Damit fehlt Ihrem Wunsch jede Entfaltungsmöglichkeit. Denken Sie nur mal an Hans im Glück: Anstatt sich mit dem schweren Goldklumpen abzuschleppen, hat er ihn lieber hergegeben, um leichter zu werden. Am Ende war er ganz bei sich. Vielleicht denken Sie, dass dieser Volltrottel sich für das Gold doch lieber ein paar Träger gemietet hätte, aber das hätte nicht geklappt. Oder kennen Sie jemanden, der für Sie freiwillig die Verantwortung Ihres Lebens trägt?

Klammern Sie sich nicht an eine bestimmte Vorstellung, das nimmt Ihrem Wunsch die Möglichkeit, sich zu entfalten.

Für dieses Ritual brauchen Sie, abgesehen von den üblichen Ritualbestandteilen, siehe Seite 228 f., viele kleine Steine und einen Bleistift. Führen Sie dieses Ritual, wenn möglich, in den Abendstunden und in einer abnehmenden Mondphase aus. Das gilt vor allem für die Menschen, die die Gezeiten des Mondes sehr intensiv empfinden. Falls Sie dazugehören, spüren Sie ohnehin, ob der Mond für Sie gerade stimmig ist oder nicht. Wenn Sie es nicht merken, steht Ihnen die Energie auch nicht auf Anhieb im Weg.

• Legen Sie sich alles zurecht und gehen Sie in die Ruhe. Schließen Sie dann wie gewohnt den magischen Kreis und gehen Sie in die Mitte.

• *Nehmen Sie einen Stein und malen Sie darauf mit dem Bleistift eine sich öffnende Spirale – auch wenn sie nur klein und krakelig wird. Visualisieren Sie dabei, wie Sie eines Ihrer Lieblingsthemen loslassen. Vielleicht sind Sie gerade unglücklich verliebt und üben auf diese Weise, IHN gehen zu lassen, aufrichtig und von ganzem Herzen. Oder Sie lassen Ihren Ärger über diese nervtötende Kollegin los oder Ihre Wut auf die dusseligen Autofahrer, das Wetter oder die Politiker im Allgemeinen und im Besonderen. Das entscheidende Wort heißt hier »aufrichtig«. Spüren Sie beim Loslassen nach, was das wirklich bedeutet. Wenn Sie Ihren Ex ziehen lassen, dann ohne Groll. Den heißen Wunsch nach intelligenten Autofahrern, liebenswerten Kollegen, wohlerzogenen Kindern oder einem neuen Heim können Sie hier auch unterbringen. Geben Sie dabei nicht den Wunsch an sich auf, sondern nur den krampfhaften Wunsch. Sie können das ganze Ritual so oft wiederholen, bis Sie es können.*

• Wenn Sie alle Steine verbraucht haben oder das Gefühl haben, fertig zu sein, bleiben Sie noch einen Augenblick ruhig sitzen. Dann öffnen Sie wie gewohnt Ihren magischen Kreis.

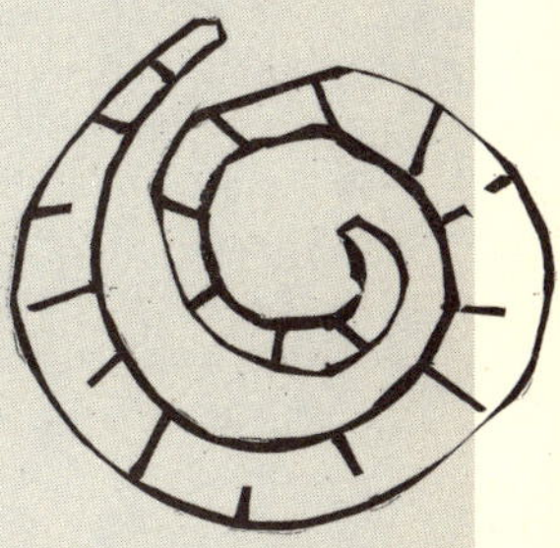

• *Die Steine werfen Sie am besten in ein fließendes Gewässer. Achten Sie jedoch darauf, dass Sie die Steine und damit die Energie Ihres Rituals nicht zu lange in der Wohnung behalten, sonst hängen Sie schnell wieder an den vermeintlich abgeschobenen Themen fest. Visualisieren Sie sich, während Sie die Steine ins Wasser werfen, noch einmal kurz als Mensch, der von allem befreit ist, was beschweren könnte. Genau diese Leichtigkeit steht Ihnen gut zu Gesicht. Vergessen Sie sie nicht, besonders wenn Sie die schweren Pfunde loswerden wollen, die an Ihnen kleben wie Ihre schwerwiegenden Wünsche.*

Der Schalter im Kopf

Wer schon einmal probiert hat abzunehmen, hat sich sicherlich schon so manches Mal gewünscht, diesen Schalter im Kopf zu haben, der auf »schlank« zu stellen ist. Es wird Sie vermutlich überraschen zu hören, dass Sie den tatsächlich haben. Schon die einfache Entscheidung, dass Sie es ernst meinen, legt diesen Schalter um. Die Frage ist so simpel wie die binäre Schaltung eines Computers: Entweder Sie wollen abnehmen oder Sie wollen es nicht.

In diesem Zusammenhang ist wieder das bereits erwähnte, überaus wichtige kleine Wort zu nennen, das Sie noch lieben lernen werden. Kein Problem, denken Sie, Ihren Kindern erklären Sie schließlich den lieben langen Tag, was sie alles nicht machen sollen (Nein, Jule, du kannst den Videorecorder nicht mit deinen Lieblingskeksen füttern. Auch wenn du das Gefühl hast, dass er richtig hungrig aussieht und sonst immer nur Plastikfilme bekommt ...). Aber wie lange ist es her, dass Sie tatsächlich ein deutliches Nein zu etwas gesagt haben, was Ihnen nicht gut tut. Dabei geht es nicht um so alltägliche Fragen wie, ob Sie lieber ins Kino oder ins Theater gehen möchten, wenngleich auch diese Themen schon Welten bewegt haben sollen. Es geht um viel verstecktere Frage- und Antwortspiele: Esse ich jetzt dieses Stück Schokolade oder nicht? Trinke ich noch ein Glas Wein zum Essen oder nicht? Nehme ich noch einen Nachschlag, bestelle ich noch ein Dessert? Meistens treffen wir Entscheidungen wie diese so ganz nebenbei. Und meistens entscheiden wir falsch, sonst gäbe es ja diese ungeliebten Nebenwirkungen nicht. Falsch oder richtig hat hier nichts mit moralischen Ansichten zu tun. Schließlich war Rubens von ausladenden Rundungen ganz hingerissen und hätte uns unbedingt zum Tiramisu mit Sahne geraten. Falsch heißt in diesem Zusammenhang, dass wir keine klare und bewusste Entscheidung treffen. Zu anstrengend, meinen Sie, jedes Mal über dieses kleine Stück Kuchen nachzudenken oder jene Dose Cola abzuwägen? Sicher ist das am Anfang anstrengend, aber ist es nicht noch viel mühsamer, jeden Tag soundso viele Kilos Extragewicht mit sich herumzuschleppen? Oder wie steht es mit dem ständigen Gefühl, nicht ansehnlich genug zu sein, dick zu sein oder dass alle einen anstarren? Dagegen wirkt eine kurze Überlegung, ein kurzes Innehalten, ob es nun ein Viertelchen mehr oder weniger sein darf, schon

eher annehmbar und regelrecht einfach. Vor allem, wenn Sie daraus eine liebe Gewohnheit gemacht haben.
Die wichtigste Regel beim Neinsagen lautet, keine falschen Versprechen zu machen. Jedes Mal, wenn Sie Nein sagen und es dann doch wieder nicht einhalten, untergraben Sie das Vertrauen in Ihre Fähigkeit, sich wirklich auf etwas einzulassen. Sie tun dann so, als ob es nicht so wichtig wäre, ob Sie etwas tun oder lassen. Dabei ist nichts wichtiger als Ihre Integrität sich selbst gegenüber. Wenn Sie also Nein zum Sahnetörtchen sagen, dann halten Sie nur sich selbst zuliebe dieses Versprechen. Es weiß ja niemand anderes davon. Wenn Sie das Gefühl haben, Sie sind noch nicht an diesem Punkt, dann essen Sie weiter fröhlich drauflos und machen erst einmal die folgenden Rituale und Übungen, um ein Gefühl dafür zu bekommen, was Sie brauchen. Während Sie erforschen, wo es für Sie hingeht, erzählen Sie am besten immer noch niemandem, was Sie vorhaben. Es kommt eine Reihe neuer und ungewohnter Erfahrungen auf Sie zu, und es fällt Ihnen leichter, diese in Ihren Alltag und Ihre Empfindungen zu integrieren, wenn Sie nicht durch Kommentare oder Bewertungen von außen abgelenkt werden. Wenn Sie neugierige Fragen gestellt bekommen, bitten Sie um Geduld. Oder wenn sich ganz Hartnäckige gar nicht abschütteln lassen, dann wechseln Sie das Thema oder flunkern ein bisschen. Es ist im Übrigen erlaubt, jemandem zu sagen, dass Sie über dieses Thema im Augenblick nicht sprechen möchten (wie Sie sehen, kommt das mit dem Neinsagen so richtig in Fahrt). Falls Sie das nicht – oder besser, noch nicht – fertig bekommen, hilft Ihnen eine kleine Notlüge aus der Patsche.

Elementare Weisheiten zum Zweiten

Nach den ersten Gehversuchen mit den vier Elementen und ihren Verbündeten sind Sie mittlerweile ja schon ein alter Hase. Verschiedene Rituale und Übungen zu diesen Elementen kommen auch in den folgenden Kapiteln vor, allerdings jedes Mal mit anderen Schwerpunkten und unterschiedlichen Ergänzungen. Am besten ist es, wenn Sie innerhalb der Gruppen die einzelnen Rituale zu den Elementen nicht sofort austauschen oder abändern, auch wenn Sie das eine oder andere zunächst für sich nicht passend finden. Schauen Sie sich die Übungen, die Sie nicht so gern machen möchten, genauer an. Es könnte sein, dass dort Ihre kleinen Fallen lauern, also Themen, denen Sie lieber noch ausweichen möchten. Wenn Sie allerdings irgendwo den Eindruck haben, dass Sie mit einer Übung überhaupt nichts anfangen können, dann lassen Sie sie weg und ersetzen sie durch ein anderes Ritual.

Luftzauber

Auch dieses Mal beginnen Sie wieder mit dem Element Luft, mit dem Sie üblicherweise anfangen, wenn Sie den magischen Kreis schließen. Suchen Sie sich für diese Übung drei Federn aus, die die Verbindung mit dem Element Luft herstellen. Wählen Sie in diesem Fall keine gekauften, auch wenn es ein bisschen Mühe macht, welche aufzutreiben. Nehmen Sie Federn, die Sie in der Natur gefunden haben; auch Geschenke sind erlaubt, allerdings sollten es unbedingt natürliche Federn sein.
Hier ein paar Tipps, wo Sie Federn herbekommen können: Schauen Sie sich in Ihrer Umgebung mal um, wo denn üblicherweise Gefiederte herumsitzen oder -hüpfen. Selbst in der Stadt finden Sie garantiert Tauben- oder Möwenfedern. Wenn nicht, dann überlegen Sie, ob Sie nicht Freunde haben, die Federvieh jedweder Art besitzen. Dann haben Sie schon mal sehr gute Karten, denn jeder Vogel kommt irgendwann mal in die Mauser. Vogelliebhaber bewahren die abgefallenen Federn ihrer Lieblinge oft auf und lassen sich bestimmt überreden, sich zumindest von einer zu trennen. Abzuraten ist von Federn aus Zoohandlungen, Zoos oder Geflügelfarmen. Sie hätten dann das Tierleid sozusagen in der Feder, wenn Sie ein Ritual durchführen. Da müssten Sie vorher gründlich reinigen und räuchern. Greifen Sie deshalb gleich zu Federn von glücklichem Viehzeug.
Nehmen Sie Ihre drei Federn und begeben Sie sich auf eine imaginäre Reise. Drei Tage lang werden Sie mit je einer dieser Federn meditieren. Es geht dabei um Ihre Wünsche, ganz speziell den Wunsch, im richtigen Augenblick aufzuhören. Essen Sie nur noch, bis Sie satt sind, keine Ersatzbefriedigung mehr. Und damit gleich zur Feder des ersten Tages.

• Reservieren Sie für diese Übung eine gute Stunde Zeit, um sich wirklich auf das zu konzentrieren, was Sie vorhaben. Nehmen Sie zu Beginn die erste der Federn in die Hand und machen Sie es sich bequem. Am besten eignet sich ein gemütlicher Sessel oder dergleichen. Wenn Sie einen Kraftplatz in der Wohnung haben, gehen Sie dorthin.

• *Schließen Sie die Augen und gehen Sie in die Ruhe, indem Sie gleichmäßig atmen. Verändern Sie dabei möglichst wenig an Ihrem augenblicklichen Atemrhythmus. Beobachten Sie vielmehr, wie Sie ein- und ausatmen. Wenn Sie entspannt sind und wirklich bequem sitzen, nehmen Sie behutsam die Feder zwischen die Hände.*

• Lassen Sie Ihre Aufmerksamkeit in die Feder sinken und spüren Sie die Mischung aus Leichtigkeit und Kraft, die einen Vogel fliegen lässt. Wenn Sie sich sehr intensiv auf diese Meditation einlassen, kann es sein, dass Ihnen leicht schwindelig wird oder Sie das Gefühl bekommen, zu fliegen. Lassen Sie diese Gefühle zu, ohne sie zu bewerten. Stärken Sie Ihre Verbindung zum Element Luft, indem Sie sich ein Lebewesen rufen, das in diesem Element lebt. Vielleicht ist es der Vogel, dessen Federn Sie in Händen halten, es kann aber auch ein ganz anderes Tier sein. Bitten Sie einfach um Unterstützung.

• *Es lohnt sich, in den folgenden Tagen sehr aufmerksam zu sein, denn es könnte passieren, dass Ihnen besonders viele Krähen, Tauben oder auch nur Bienen über den Weg fliegen. Wenn Sie bemerken, dass in Ihrer Umgebung plötzlich mehrere Tiere einer bestimmten Art auftauchen, machen Sie eine kurze Meditation (siehe Hexeneinmaleins) und fragen Sie nach, ob sich das Fliegentier, der Pelikan oder das andere jeweilige Flügeltier als Helfer zur Verfügung stellt. Denken Sie sich nichts dabei, wenn nicht gleich ein ganzer Zoo mit Ihnen kommuniziert. Es geht in erster Linie um Ihre Wahrnehmung und da sollten Sie nicht zu sehr durch Massenkundgebungen abgelenkt werden. Sonst würden Sie unter Umständen gar nicht mehr darauf achten, was Sie eigentlich vorhatten.*

• Wenn Sie genügend »geflogen« sind, kommen Sie zurück und stellen Sie sicher, dass Sie wieder ganz in Ihrem Körper ankommen.

- ***An den folgenden Tagen können Sie diese Erfahrung vertiefen, indem Sie in sich selbst Kraft und Leichtigkeit ausbalancieren. Gehen Sie mit Ihrer Aufmerksamkeit in bestimmte Situationen, in denen Sie sich belastet oder auch erleichtert fühlen oder gefühlt haben. Achten Sie darauf, dass Sie nur beobachten, aber nichts verändern oder bewerten. Eine Bewertung könnte vom inneren Kritiker kommen. Falls er sich meldet, deuten Sie ihm höflich an, dass er sich vom Hof machen soll.***

Feuertage

Nach dem Element Luft folgt wieder das Element Feuer. Beginnen Sie mit diesem Teil erst, wenn Sie das Gefühl haben, dass Sie mit der Luft sozusagen im Reinen sind. Für diese Übung benötigen Sie so viele Kerzen, dass Sie diese in einem Kreis um sich herum aufstellen können. Nichts sollte in gefährlicher Nähe zu den Flammen sein. Überlegen Sie vorher, ob Sie sich besser im Sitzen oder Liegen konzentrieren können, und vergrößern Sie den Kerzenkreis entsprechend. Sie brauchen keine teuren Kerzen zu kaufen, Teelichter reichen aus. Achten Sie darauf, dass die metallenen Schälchen beim Heißwerden kein Unheil auf dem Fußboden anrichten können. Auch diese Übung können Sie an verschiedenen Tagen durchführen, wenn Sie eben die Inspiration packt. Diesmal brauchen Sie unbedingt etwas zum Schreiben, um sich zu notieren, was die Kerzen »sagen«.

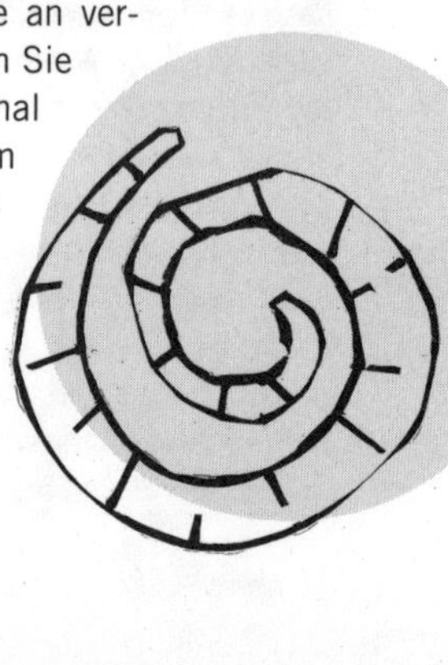

• Stellen Sie die Kerzen im Kreis auf und legen Sie sich zur Sicherheit noch ein paar mehr zurecht. – Machen Sie es sich bequem und entspannen Sie sich. Schließen Sie die Augen und rufen Sie sich Flammen vor Ihr geistiges Auge. Lassen Sie sich ganz auf die Energie des Feuers ein. Nun öffnen Sie Ihre Augen und zünden die erste Kerze an.

• *Sehen Sie in die Flamme und lassen Sie Ihre Gedanken spielen, stellen Sie sich vor, was Sie alles vorhaben, fabulieren Sie. Egal, wie profan es ist, was Ihnen in den Sinn kommt, schreiben Sie es auf.*

• Entzünden Sie nun die zweite Kerze und beginnen Sie wieder, Ideen zu produzieren. Seien Sie verrückt, unrealistisch – spinnen Sie herum. Erinnern Sie sich an all die Dinge, die Sie schon immer mal machen wollten. Ob sie durchführbar wären, spielt dabei keine Rolle. Schreiben Sie jede Ihrer Ideen auf.

• *Gehen Sie auf diese Weise von Kerze zu Kerze, bis Sie alle angezündet haben. Falls Sie mehr Ideen als Kerzen haben, zünden Sie diese von Ihrem Vorrat an und stellen Sie sie zwischen die anderen. Wenn Sie fertig sind, haben Sie um sich herum einen feurigen Ideenkreis und in Ihrem Notizbuch eine ganze Liste von Dingen, die Sie mehr oder weniger realistisch in die Tat umsetzen könnten.*

• Legen Sie Ihre lange Liste erst einmal beiseite und setzen/legen Sie sich in den Feuerkreis. Lassen Sie die Fülle Ihrer Inspiration und Kreativität auf sich wirken. Machen Sie sich klar, dass wirklich Sie selbst diejenige sind, die sich all diese Dinge hat einfallen lassen. Bewerten Sie zunächst Ihre Ideen nicht, Sie kommen sonst schnell in Versuchung, vieles als angeblich unrealistisch abzutun. Wer sagt eigentlich, dass Sie Fallschirmspringen nicht zu Ihrem Hobby machen können?

• *Wenn Sie so weit sind, kommen Sie wieder ganz in Ihren Körper zurück und löschen Sie nacheinander alle Kerzen. Traditionell werden alle Kerzen, die mit Ritualen oder Ähnlichem zu tun haben, mit den Fingerspitzen ausgedrückt oder mit einem Kerzenhütchen erstickt. Auspusten gilt als Tabu. Wählen Sie selbst, was Ihnen lieber ist.*

• Bedanken Sie sich bei den Feuergeistern für ihre Unterstützung.

Diese Feuerübung lohnt sich im Übrigen nicht nur, wenn Sie Ihre Kreativität erforschen möchten. Wenn Sie an einem Projekt arbeiten, nach einer Veränderung in Ihrem Leben suchen oder irgendwie feststecken, hilft die Kraft des Feuers weiter. Wichtig ist dabei, dass Sie Ihre Gedanken nicht zielgenau auf das Problem richten, sondern Ihre Ideen weitschweifig laufen lassen. Aus diesem Feuerwerk können Sie dann später das herausfiltern, was Sie im Moment am besten brauchen können. Sie werden schnell merken, dass die besten Ideen immer dann entstehen, wenn Sie keine genaue Zielvorgabe haben. Denken Sie daran: Es geht um Möglichkeiten, lassen Sie deshalb alle Hindernisse weg.

Lassen Sie Ihren Gedanken freien Lauf. Entwickeln Sie keine genauen Zielvorgaben, denn es geht um die Vielfalt der Möglichkeiten.

Wasserkraft

Im magischen Kreis folgt auf das Feuer im Süden das Wasser im Westen. Dieses Element verbindet Sie nicht nur mit Ihren Gefühlen, sondern bringt Sie auch Ihren Erinnerungen, Ihren Vorfahren und dem Leben als fortlaufendem Strom näher. Beim Abnehmen spielt es nicht nur physisch eine wichtige Rolle – auch bei der Hexendiät sollten Sie möglichst literweise Wasser trinken. Wasser bedeutet Bewegung, und während der Diät bewegt sich bei Ihnen so manches – nicht zuletzt Ihre Kilos.
Bei der folgenden Übung geht es nicht so sehr um den reinigenden Anteil des Wassers, sondern um seine Beweglichkeit und die Verbindung, die es zwischen ganz unterschiedlichen Medien herstellt.
Wasser bildet im flüssigen Zustand Tropfen, Bäche, Seen oder Ozeane. Wenn es gasförmig vorkommt, können Sie es beispielsweise als Dampfbad genießen, eine Erkältung damit bekämpfen, oder Sie bekommen durch die Dampfschwaden

über Ihrem Kochtopf leckere Wohlgerüche zugefächelt. In festem Zustand kühlt Wasser Ihre Drinks, sorgt für ein gemäßigtes Weltklima oder rettet Fische vor eifrigen Anglern. Wasser bedeutet Vielfalt, und diese Vielfalt können Sie brauchen, um sich besser Ihren ganz eigenen Weg zu weniger Pfunden zu ebnen.

Sie können auch diese Übung wieder als Ritual durchführen – und dabei fleißig den magischen Kreis üben – oder Sie setzen sich einfach nur entspannt in Ihre Meditationsecke. Neben den üblichen Bestandteilen für den magischen Kreis benötigen Sie noch einige Eiswürfel, die Sie erst kurz vorher in Ihren Kreis oder an Ihren Meditationsort legen. Dazu noch eine kleine Schale für das Wasser.

- **Machen Sie es sich bequem und gehen Sie in die Ruhe. Wenn Sie mit dem magischen Kreis arbeiten, schließen Sie ihn wie gewohnt an dieser Stelle.**

- ***Setzen Sie sich in die Mitte und nehmen Sie einen der Eiswürfel in die Hand. Schließen Sie die Augen und lassen Sie sich auf die Stärke ein, die dieses sanfte Element in sich trägt. Sehen Sie vor Ihrem inneren Auge, wie gefrierendes Wasser sogar Felsen sprengt. Nehmen Sie dann wahr, wie es sich verwandelt und von starrem Eis zu flüssigem Wasser wird, Ihnen zwischen den Fingern hindurchrinnt, bis nur noch Flüssigkeit vorhanden ist.***

- **Bleiben Sie mit Ihrer Aufmerksamkeit bei der Verwandlung von Eis zu Wasser, bis alles geschmolzen ist. Legen Sie Ihre nassen Hände in den Schoß und lassen Sie sich darauf ein, wie das Wasser auf Ihren Händen langsam verdunstet. Als Erstes spüren Sie nur Kälte, wenn das Wasser dann verschwunden ist, werden sie wieder warm. Heben Sie nun die Hände hoch und lassen Sie sie mit langsamen Bewegungen durch die Luft gleiten. Visualisieren Sie dabei, wie Sie mit Ihren Händen die winzigen Wasseratome in der Luft bewegen.**

- ***Eine andere Variante ist, die Wassermoleküle mit Ihrer Atemluft bewusst an die Umgebung abzugeben. Spüren Sie auch hier die Verwandlung, den Übergang von einem zum anderen Zustand, und schreiben Sie ebenfalls Ihre Erfahrungen wieder auf.***

All das braucht seine Zeit, diese Übung lässt sich nicht en passant machen. Eine der wichtigsten Lektionen des Wassers ist Geduld, wenn Sie etwas erreichen wollen. Das Sprichwort vom steten Tropfen, der den Stein höhlt, trifft hier genau ins Schwarze. Auch wenn Sie vielleicht nicht den Eindruck haben, dass nach außen hin viel passiert, wenn Sie die Lektion des Wassers wirklich beherrschen, erkennen Sie zu jeder Zeit, welcher Strom in Ihrem Leben Sie gerade bremst, weiterbringt oder gar Chaos verursachen könnte. Sie können auf diese Weise eine tiefe innere Gelassenheit erfahren, die Ihnen höchstens noch das Element Erde vermitteln kann, allerdings ohne die Beweglichkeit des Wassers.
Die Wandelbarkeit des Wassers lehrt, dass so etwas Simples wie Ihre Körperwärme scheinbar festes Material zum Schmelzen bringt. Ebenso simpel – wenn man weiß wie – geht es an Ihre Pfunde.

Erdenfülle

Das Element Erde beschließt den magischen Kreis. Sie finden hier alles, was fest ist, was Materie ist, und dazu gehört Ihr ganzer Körper – lassen wir hier einmal außer Acht, dass dieser zum größten Teil aus beweglichem Wasser besteht. Was damit alles machbar ist, wissen Sie schon aus Ihren Wassertagen.
Vermutlich wird Ihnen das erdige Element besonders vertraut sein, wenn Sie das Gefühl haben, an zu viel Erdenschwere, sprich Gewicht zu leiden. Wie sich das anfühlt, wissen Sie demnach bereits. Es ist an der Zeit, das Ganze einmal umgekehrt zu betrachten, Gewicht und Materie einmal von einer anderen Seite und nicht nur als lästigen Ballast anzusehen. Bei dieser Übung geht es darum, die Fülle Ihres Lebens in Augenschein zu nehmen. Sie kennen sicherlich die Redewendung »einen Stein im Brett haben« – und um Steine geht es hier auch. Sammeln Sie mindestens zwei bis drei Dutzend zusammen. Einfache Kieselsteine oder was Sie sonst so finden können, reichen aus.
Legen Sie die Steine in greifbare Nähe Ihres Kraftplatzes (siehe auch Hexeneinmaleins) oder in die Mitte Ihres Kreises.

- Machen Sie es sich bequem und gehen Sie in die Ruhe. Falls Sie hier den magischen Kreis verwenden, können Sie ihn an dieser Stelle schließen.

- *Gehen Sie zu Ihren Steinen und lassen Sie diese erst einmal ein paar Augenblicke durch Ihre Finger laufen, um sich an das Gefühl von Erde zu gewöhnen. Dann nehmen Sie den ersten zwischen Ihre beiden Handflächen und schließen die Augen. Stellen Sie sich etwas vor, von dem Sie reichlich haben: Bücher, Arbeit, Pfunde, Klamotten, Lebensmittel oder schlechtes Wetter. Nehmen Sie das Erstbeste, das Ihnen einfällt.*

- Denken Sie nun, wie es wäre, wenn Sie davon zu wenig hätten: nichts zu lesen oder keine Arbeit etwa. Spüren Sie diesen Mangel und kehren Sie dann zum Überfluss zurück.

- *Geben Sie nun Ihre Dankbarkeit für die Fülle in den Stein. Spüren Sie einmal in das Gefühl hinein, was diese Fülle tatsächlich bedeutet. Gönnen Sie sich das Bewusstsein, im Überfluss zu leben. Und machen Sie sich nichts daraus, wenn es mit der Dankbarkeit beim ersten Stein noch nicht so recht klappt. Machen Sie einfach mit dem nächsten Stein und dem nächsten Thema tapfer weiter. Je länger Sie dabei sind, desto leichter wird es Ihnen fallen.*

- Wenn Ihnen nichts mehr einfällt, woran Sie sich erfreuen könnten, oder Ihnen die Steine ausgegangen sind, hören Sie auf und kommen in Ihren Körper zurück.

- *Falls Sie im magischen Kreis arbeiten, öffnen Sie den an dieser Stelle.*

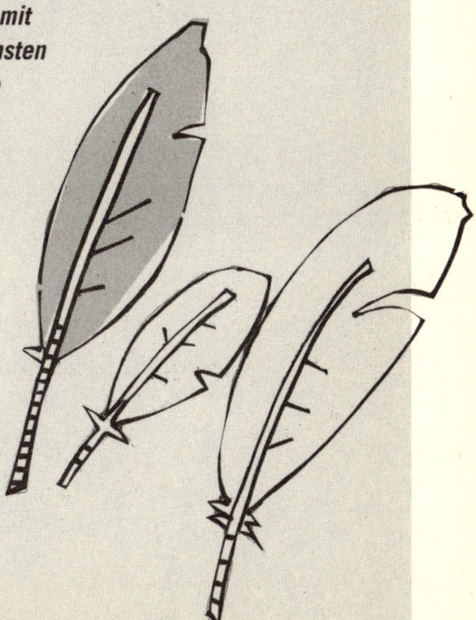

Seltsamerweise geht es uns allen sehr gut, ohne dass wir das wirklich bewusst zur Kenntnis nehmen. Die meisten Menschen klagen viel häufiger und ausgiebiger, als sie loben oder das Leben genießen. Es ist genug von allem für alle da – und Sie brauchen sich keine Fettpolster für schlechte Zeiten aufzuheben. Sie werden nicht verhungern, in keiner Beziehung. Trotz dieser Erkenntnis kann es Ihnen bei dieser Erdübung passieren, dass Sie wieder in das Gefühl des Mangels geraten (»Das Geld reicht nicht für den Urlaub«, »Ich kann mir kein neues Auto leisten« und so weiter). Wenn Ihnen Derartiges immer wieder durch den Kopf geht, dann leben Sie einmal einen Tag lang mit dem Mangel. Essen Sie zum Beispiel nur eine Mahlzeit, gehen Sie zu Fuß und sprechen Sie mit keinem Ihrer Freunde (wenn Sie angesprochen werden, ist das natürlich etwas anderes). Stellen Sie sich vor, wie es Ihnen gehen würde, wenn jeder Tag so aussähe. Überlegen Sie sich dann noch, wie Sie sich fühlten, wenn Sie draußen auf der Straße leben müssten, ohne Dach über dem Kopf. Es geht dabei nicht darum, pauschal festzustellen, dass es uns allen viel zu gut geht und wir den Mund halten sollten. Es geht vielmehr darum, dass Fülle relativ ist. Ihre Situation betrachten andere als Luxus oder auch als Mangel – und was denken Sie?

Das fünfte Element

Die vorausgegangenen Rituale und Übungen bereichern und erweitern Ihre Wahrnehmung und Ihre Erfahrungen mit den vier Elementen. Zuletzt kommt noch ein Element hinzu, für das es im Deutschen keine richtig passende Bezeichnung gibt. Das Wort *Spirit* aus dem Englischen wird mit *Geist* oder etwas Ähnlichem übersetzt, was jedoch der Bandbreite des Begriffs nicht gerecht wird. Deshalb verzichte ich auf die Übersetzung und bleibe beim Original.
Spirit verbindet die vier Elemente, beim Pentagramm (siehe Seite 253 f.) ist es eine der Spitzen neben Luft, Feuer, Wasser und Erde. Bevor es im nächsten Kapitel ernst wird, ist es hilfreich, wenn Sie Ihre bisher gesammelten Erkenntnisse und neuen Fähigkeiten miteinander verbinden. Dabei hilft *Spirit.*
Für dieses Ritual brauchen Sie nur die Gegenstände für Ihren magischen Kreis und eine besonders schöne, lang brennende Kerze. Wählen Sie für die Durchführung des Rituals am besten einen Tag, an dem niemand in der Nähe ist. Wenn Sie ein sehr lebhaftes Familienleben haben, bitten Sie den Rest der Bagage, sich für den Tag was Nettes vorzunehmen. Falls Sie zum Beispiel allein erziehend sind, bitten Sie einen guten Freund oder eine Freundin, Ihnen für einen Tag die Kinder abzunehmen. Auch diese Kleinigkeit ist ein wichtiger Schritt hin zu Ihrer ganz persönlichen Freiheit, die Sie letztlich dazu befähigt, Ihren Körper so anzunehmen und/oder zu gestalten, wie Sie es sich vorstellen und wie es Ihnen entspricht.

• Legen Sie sich alles bereit und gehen Sie in die Ruhe. Schließen Sie dann wie gewohnt Ihren magischen Kreis und stellen Sie sich in die Mitte.

• *Wenn Sie in einem magischen Kreis arbeiten, der durch die vier Elemente bestimmt ist, dann zählt die Mitte als Bereich des fünften Elements. Wenn Sie bereits viel mit Ritualen gearbeitet haben, steht es Ihnen natürlich frei, ein Ritual im Pentagramm durchzuführen. Für Anfänger ist das jedoch ein wenig zu kompliziert und würde zu sehr von dem ablenken, was Sie eigentlich vorhaben.*
Würdigen Sie zunächst einmal die Elemente und die Kraft, die sie miteinander verbindet, indem Sie sich im Uhrzeigersinn in alle vier Himmelsrichtungen verneigen.

• Dann richten Sie Ihre Aufmerksamkeit nach oben und bezeugen den Wesen der oberen Welten Ihre Anerkennung – ob Sie sich da Engel, Licht oder Götter vorstellen, liegt ganz bei Ihnen. Nun folgen die Wesen der unteren Welt – auch hier können Sie wieder Krafttiere, Elementarwesen oder spirituelle Lehrer sehen, ganz wie es Ihrer persönlichen Überzeugung entspricht.

• *Zuletzt richten Sie Ihre Aufmerksamkeit nach innen und verneigen sich vor dem Anteil dieser Kräfte, den Sie selbst in sich tragen. Nennen Sie ihn Lebenskraft, Seele oder wie es Ihnen gefällt.*

• Nun können Sie sich hinsetzen und nacheinander die Kräfte der Elemente zu sich einladen. Wählen Sie die Reihenfolge, die Ihnen am liebsten ist, doch bleiben Sie, wenn irgend möglich, beim Uhrzeigersinn. Halten Sie die Augen geschlossen und verweben Sie die Kräfte der Elemente mithilfe des Wissens über ihre Wirkung, das Sie bisher schon gesammelt haben, zu einem leuchtenden Energiebündel. Folgen Sie dabei Ihrem Instinkt. Es kommt nicht darauf an, dass Sie ein bestimmtes Ergebnis oder eine bestimmte Zeit erreichen müssen. Machen Sie sich nur die ungeheure Fülle von Energie und Erkenntnis klar, die Ihnen zur Verfügung steht und die Sie für Ihr Vorhaben nutzen können.

Es könnte gut sein, dass Sie sich in diesem starken Energiefluss eine Weile aufhalten, ohne sich bewusst zu sein, wie die Zeit vergeht.

- *Wenn Sie so weit sind, lassen Sie den Energiefluss abebben und bedanken sich bei den Elementen, allen Engeln, Göttern, Krafttieren oder wen Sie noch dazugebeten hatten. Bleiben Sie unbedingt noch einen Augenblick ruhig sitzen und spüren Sie nach. Erden Sie sich dann, um zu verhindern, dass Sie zu aufgeladen in den Alltag zurückkehren.*

- Öffnen Sie nun den magischen Kreis und kehren Sie ganz und gar in Ihr alltägliches Bewusstsein zurück. Lassen Sie sich unbedingt Zeit, bevor Sie aufstehen oder irgendeine Tätigkeit verrichten. Spitze Werkzeuge und längere Autofahrten sollten Sie für den Rest des Tages besser meiden, da Sie möglicherweise ein wenig unaufmerksam sein könnten.

VORBEREITUNGS-WOCHEN FÜR DIE HEXENDIÄT

Vielleicht wundern Sie sich ein wenig, dass es bisher noch mit keiner Zeile um Rezepte und Kalorien ging.

Auch in den ersten zwei »offiziellen« Wochen Ihrer Hexendiät geht es noch nicht direkt ums Essen. Keine Sorge, Sie machen ja keine normale Diät. Dass Sie sich in dieser ersten Zeit zwischen einem Neumond und Vollmond erst einmal »nur« vorbereiten, heißt im Übrigen nicht, dass Sie nicht schon ein paar Pfund verlieren dürfen. Wenn Sie während dieser Zeit von selbst Gewicht verlieren, indem Sie eigentlich nur darüber nachdenken, wie Sie die Kilos abschütteln können, wie wird es dann erst sein, wenn Sie ab dem Vollmond richtig loslegen?

Mit den Übungen und Ritualen in diesem Buch können Sie sich Lust aufs Abnehmen, aufs Leben und auf Ihr Wunschgewicht holen.

Nun wird es spannend, denn jetzt geht es ums eigentliche Abnehmen – und damit ist schließlich nicht zu spaßen. Zumindest glaubt man das beim Lesen einschlägiger Diätwälzer und -klassiker.

Die Hexendiät ist auch hier etwas anders zu verstehen. Wenn Sie wie der berühmte Trauerkloß in der Ecke sitzen, kann es mit der gewünschten Gewichtsabnahme nichts werden. Bleiben Sie lieber dick und einigermaßen glücklich, wenn Sie nicht wirklich nach einer neuen Körpererfahrung suchen und/oder Ihre Gewohnheiten ändern möchten.

Auch alle psychologischen Tricks eines lecker angemachten Imbisses helfen nicht weiter, wenn Sie nur der Mode folgen oder für einen Partner Pfunde verlieren möchten. Auch das leckerste Magerquarkschnittchen verliert sofort an Attraktivität, wenn Sie keine Lust auf Diät haben. Mit den Übungen und Ritualen in diesem Buch können Sie sich Lust aufs Abnehmen, aufs Leben und auf Ihr Wunschgewicht holen.

Sie beginnen mit Ihrer Vorbereitung bei Neumond. Diese Zeit im Monat ist besonders gut geeignet, um einen neuen Anfang zu machen. Jeder Neuanfang beginnt damit, das Alte gehen zu lassen. Sie werden dann in der folgenden Phase des zunehmenden Mondes nur an einem zunehmen: an Entschlusskraft. Machen Sie deshalb so viele oder wenige von den vorgeschlagenen Ritualen, wie Sie selbst es gern möchten. Entscheiden Sie selbst, ob Sie den Abläufen genau folgen wollen oder ob Sie etwas verändern möchten. Achten Sie dabei nur darauf, dass Sie nicht einfach den Weg des geringsten Widerstandes wählen und sich selbst etwas in die Tasche lügen. Schließlich haben Sie für sich ganz allein entschieden, dass es Ihren Pfunden an den Kragen geht – Sie erin-

nern sich, noch weiß niemand davon oder zumindest nur einige wenige. In der zweiten Phase werden Sie dann wirklich abnehmen, das passiert in den zwei Wochen zwischen Vollmond und Neumond, also in der Zeit des abnehmenden Mondes. Nimmt der Mond dann wieder zu, halten Sie einfach nur Ihr Gewicht. Entweder Sie haben in den zwei Wochen nach dem Vollmond schon die gewünschten Kilos verloren, oder wenn nicht, dann machen Sie einfach beim nächsten Vollmond weiter.
Auf diese Weise liegen keine unendlichen »Hungerzeiten« vor Ihnen. Der Rhythmus von zwei Wochen abnehmen und zwei Wochen Pause macht das Ganze sehr viel leichter und überschaubarer. Auf jeden Fall sollten Sie in den ersten beiden Wochen, wenn der Mond wieder zunimmt, eine Diätpause einhalten. Gönnen Sie sich die entspannenden und motivierenden Übungen und Rituale, schließlich haben Sie etwas geschafft. Auch wenn Sie nur Ihr Gewicht halten, ist das schon ein Erfolg, schließlich passiert es oft genug, dass man vor lauter Diätwahn sogar noch an Gewicht zulegt, statt Pfunde zu verlieren.

Loslassen üben

Wenn es Ihnen mit dem Abnehmen wirklich ernst ist, dann heißt das loslassen: Gewicht, liebe Gewohnheiten, schlechte Einflüsse und was Ihnen ansonsten noch vertraut, aber im Wege ist. Das ist unter Umständen nicht ganz einfach, weil es sich dabei um alte Strukturen handeln kann, die vielleicht noch aus Ihrer Kindheit stammen. Die sind einerseits nicht nur relativ schwierig zu erkennen, sondern auch nicht ganz einfach abzuschütteln. Es könnte sein, dass Sie da an richtigen Überzeugungssystemen herumrütteln. Falls Sie sich zu irgendeinem Zeitpunkt einmal überfordert fühlen sollten, legen Sie auf jeden Fall eine Pause ein und setzen nach ein paar Tagen oder Wochen noch einmal an. Wenn Sie das Gefühl haben, so richtig festzustecken, scheuen Sie sich nicht, professionelle Hilfe in Anspruch zu nehmen. Ob Sie dafür eine spirituelle Beratung wählen, zu Ihrem Hausarzt gehen oder eine andere Therapieform aussuchen, spielt keine Rolle. Wichtig ist nur, dass Sie wissen, dass Sie mit Ihrem Problem nicht allein dastehen und dass es ein Zeichen von verantwortlichem Handeln ist, wenn Sie um Hilfe bitten. Nur Kleinkinder im Alter von etwa drei Jahren glauben, dass sie allmächtig sind. Danach verwächst sich das zum Glück bei den meisten von uns wieder.

Sicher haben Sie schon mal festgestellt, wie hartnäckig alte Gewohnheiten sein können. Die Biester scheinen geradezu ein Eigenleben zu führen. Kennen Sie vielleicht dieses Gefühl, dass Ihre Hand wie unter Zwang nach der zweiten und völlig überflüssigen Portion Ihres Hauptgerichts greift, obwohl Sie doch bereits satt sind? Oder diese Finger – sind das wirklich Ihre? –, die beim Fernsehen ständig Chips in Ihren Mund schieben? Das Ganze eventuell noch kombiniert mit einem trotzigen Gefühl, das besagt: Ich gönne mir ja schließlich sonst kaum was. Genau, Sie haben es verdient, sich selbst so richtig gut zu behandeln. Vor allem haben Sie es jedoch verdient, sich selbst gegenüber mal wieder ehrlich zu sein. Nicht schon wieder, werden Sie vielleicht denken, aber nur Mut, mit der Zeit wird es Ihnen sehr normal vorkommen, ehrlich zu sich zu sein.

Wenn Sie mithilfe von Ritualen an Ihren Pfunden arbeiten, gibt es keine Grenze für das, was Sie erreichen können.

Hungern für die Linie

Bei diversen Diäten wird einem vorgegaukelt, Hunger gehöre nicht zur Diät. Mein Heißhunger auf Süßes oder wahlweise andere Delikatessen ließ sich von diesen Ankündigungen allerdings noch nie beeindrucken. Dagegen habe ich beim Ausprobieren der magischen Rezepte und Rituale festgestellt, dass ich angefangen habe, auch meinen Hunger anders zu betrachten. Auch wenn ich nicht gleich unter die Masochisten gegangen bin, etwas hungrig zu sein war mit einem Mal ganz in Ordnung. Auch andere Gefühle, wie zum Beispiel müde zu sein, habe ich mit Interesse zur Kenntnis genommen. Sie können dabei spannende Erfahrungen machen. Vielleicht erkennen Sie auf diese Weise, dass Sie essen, wenn Sie doch eigentlich müde und keineswegs hungrig sind. Gleichgültig, welche Essgewohnheiten Sie auch entdecken, Sie werden einige Erkenntnisse über sich selbst gewinnen,

die Sie vielleicht sehr mögen, andere, die Sie lieber nicht so genau wissen möchten. Wenn Sie gar über Dinge stolpern, die traumatischen Ursprungs sind, vertrauen Sie sich unbedingt einer Therapeutin oder einem Berater an. Holen Sie sich so viel Unterstützung, wie Sie brauchen. Die meisten von uns sind einfach nicht daran gewöhnt, ihr Leben eigenständig und selbstverantwortlich zu gestalten. Eigenverantwortlich zu handeln würde nämlich bedeuten, die eigenen Grenzen anzuerkennen und sich im richtigen Augenblick Hilfe zu holen. Ob Sie dafür eine Freundin wählen oder lieber auf professionelle Hilfe zurückgreifen, liegt ganz bei Ihnen.
Eines haben Sie aber in Bezug auf Ihren Heißhunger auf jeden Fall in der Hand: Verabschieden Sie sich an dieser Stelle von dem Gedanken, dass eine Diät keinen Spaß macht – obwohl Sie sicher Hunger haben werden. Und nicht nur das, Sie werden sich sogar darüber freuen. Klingt verrückt?! Ist aber magisch. Wenn Sie mithilfe von Ritualen an Ihren Pfunden arbeiten, gibt es keine Grenze für das, was Sie erreichen können. Wenn Sie möchten, können Sie diesen Satz gleich mehrmals täglich wiederholen: Ich kann alles erreichen.

Die ersten drei Tage nach Neumond

Genug der Vorreden und des dunklen Gemunkels, fangen Sie einfach mit Ihrer Hexendiät am Tag des Neumondes an. Gehen Sie vorher nicht groß einkaufen, sondern benutzen Sie das, was Sie im Haus haben. Nehmen Sie sich eine halbe Stunde mehr Zeit als gewöhnlich, wenn Sie morgens aufstehen. Gehen Sie in die Küche und entscheiden Sie, was Sie heute Morgen essen wollen. Klingt ganz simpel, könnte aber komplizierter sein, als Sie denken. Das Zauberwort heißt in diesem Falle »wollen«.

Denn beim Frühstück geht es schon los: Da schaufelt man sich das Müsli in den Hals, stürzt den Kaffee hinterher und mampft noch einen Marmeladentoast dazu – das Ganze eventuell auch noch in Begleitung des Frühstücksfernsehens. Nichts gegen die Mitarbeiter vom TV, die machen so früh am Morgen ihre Sache schon richtig klasse und sind trotz der ungastlichen Stunde richtig gut drauf. Aber wollen Sie wirklich Ihren Tag mit einer Portion trendy Klamotten oder der Flugzeugkatastrophe des Tages beginnen? Haben Sie eigentlich eine Ahnung, was in Ihrem Müsli drin ist? Oder haben Sie vor lauter Informationsflut nicht so genau aufgepasst, was da in Ihrem Magen gelandet ist? Irgendwie fühlen Sie sich zwar satt, wissen aber nicht genau wie. Kommt Ihnen bekannt vor? Dann lohnt es sich für Sie doppelt, bei Ihrem Frühstück (und nicht nur da) mal genauer hinzusehen: Zum einen erfahren Sie tatsächlich, was und wie viel Sie wirklich essen; und zum anderen werden Sie – ohne Ablenkung – automatisch bewusster, langsamer und deshalb weniger essen.

Falls Sie sich bewusst ernähren, haben Sie vielleicht Biomüsli gegessen und ein dynamisches Scheibchen Roggenbrot verdrückt, dazu ein Tässchen Kamillen- oder Roibostee getrunken. Lecker! Aber sind Sie sich sicher, dass Sie mit vollem Genuss gegessen haben? Auch wenn Sie gerade nicht dem Fernsehmoderator gelauscht, sondern »nur« die Verkehrsnachrichten verfolgt haben. Vielleicht haben Sie ja auch noch schnell mit Ihrem Partner geklärt, wer das Geschenk für Tante Käthe besorgt, oder haben sich darum gekümmert, dass die Kinder ihr Pausenbrot nicht schon wieder vergessen. Kann auch sein, dass Sie daran gedacht haben, was am heutigen Tag alles erledigt werden müsste oder was gestern so alles los war. Auf jeden Fall sind Sie im Zweifelsfalle mit allem Möglichen beschäftigt, nur nicht mit Ihrem Frühstück. Tatsächlich nehmen wir viel zu selten wahr, was wir essen und wie wir essen. Sonst gäbe es kaum so viele gut gehende Imbissbuden oder Schnellrestaurants. Deshalb geht es an dieser Stelle darum, dass Sie zu Anfang mal wirklich **nur** das Zerkauen und Schlucken üben – selbst wenn Sie das schon seit mehreren Jahrzehnten relativ fehlerfrei beherrschen. Mampfen Sie also nicht einfach drauflos, wenn Sie sich entschieden haben, was Sie essen wollen. Super, werden Sie jetzt sagen, dann esse ich nur noch Schokolade, die ist ungeheuer nahrhaft für mich. Der Haken an dieser Überlegung ist, dass Sie damit vielleicht die Autorin überlistet haben, aber auch sich selbst. Sie wissen besser als jeder andere, ob Sie sich nach bestimmten Nahrungsmitteln rundherum wohl fühlen oder nicht. Ich will Ihnen nicht einreden, dass Schokolade schlecht für Sie sei. Wenn Sie wirklich in Ihrem tiefsten Innern davon überzeugt sind, dass es das Beste für Sie ist, sich von Schokolade zu ernähren, dann haben Sie Recht. Die Frage ist nur, ob Sie diesen Glauben tagtäglich aufrechterhalten können. Wenn nicht, funktioniert Ihre Überzeugung, von drei Schokoriegeln am Tag leben zu können, nicht mehr. Dann sollten Sie genauer hinsehen, wozu die Schokolade Ihnen dient.

Nun haben Sie sich also entschieden, dass Sie nach Ihren echten Bedürfnissen essen wollen. Welche Gemüse- oder Obstsorten sollen es denn sein? Bevorzugen Sie Fleisch oder Fisch? Darf das eine Bier am Abend noch sein? Fragen über Fragen und keine eindeutige Antwort. Bei den folgenden Übungen, Ritualen und Rezepten geht es nicht darum, dass Sie ein vorgeschriebenes Gemüse richtig verarbeiten, sondern darum, Ihr persönlich richtiges Gemüse zu finden. Beginnen Sie mit einer ganz einfachen Übung am Morgen:

Mampfen Sie nicht einfach drauflos, sondern konzentrieren Sie sich zunächst einmal auf das Zerkauen und Schlucken Ihrer Nahrung.

- Überlegen Sie genau, was Sie in diesem Moment essen wollen. Wenn Sie eine Scheibe Brot möchten, legen Sie diese auf einen Teller, wollen Sie dazu Butter, schneiden Sie ein Stück ab und legen es daneben.

- *Verfahren Sie mit Marmelade oder Honig ebenso. Bevor Sie anfangen zu essen, sehen Sie sich an, wie viel und was Sie zusammengetragen haben. Entspricht diese Menge dem, was Sie heute Morgen brauchen? Sind es die Lebensmittel, die Sie essen möchten, oder wären Ihnen andere, die Sie im Augenblick nicht dahaben, lieber? Seien Sie ehrlich, denn Sie haben nichts zu verlieren – außer den besagten Pfunden.*

- Setzen Sie sich in Ruhe hin und stellen Sie Ihr Frühstück vor sich auf den Tisch. Wenn es um Sie herum beim Frühstück grundsätzlich hektisch zugeht, weil Sie Kinder, Ehemänner oder Haustiere nun mal nicht auf Eis legen können, dann beginnen Sie bei einer anderen Mahlzeit. Wenn Sie etwas Übung haben, können Sie diese Überlegungen locker auch während eines hektischen Familienmahls erledigen.

Sie können die folgende Meditation auch schon vor dem Frühstück machen. Zur Not verschwinden Sie auf das stille Örtchen, falls das der einzige Platz im Haus sein sollte, wo Ruhe herrscht.

- *Schließen Sie die Augen und hören Sie Ihren inneren Stimmen zu. Da könnte es eine Stimme geben, die Ihnen erklärt, was Sie sich zum Essen ausgewählt haben, sei zu wenig: Du bekommst zu schnell wieder Hunger, das reicht doch hinten und vorne nicht. Kannst du denn nie etwas richtig machen, und so weiter. Vielleicht sagt die Stimme auch etwas ganz anderes: Du hast ja mal wieder ordentlich zugelangt, so kann das mit dem Abnehmen ja nichts werden. Kriegst du eigentlich jemals etwas richtig hin? Vielleicht sind die Stimmen auch nur ganz leise, ein schüchternes kleines Unbehagen: So kann doch keine Diät funktionieren. Bist du eigentlich blöd, für so ein Buch auch noch Geld auszugeben! Du fällst aber auch auf jeden Blödsinn rein und baust nur Mist. Lass es lieber gleich sein! Diese Stimmen bestehen meist immer wieder darauf, dass Sie nicht wissen, was Sie da eigentlich tun, und außerdem auch keinen Erfolg haben. Wenn Sie sehr an diese Art des inneren Kritikers gewöhnt sind, kann es passieren, dass Sie diese Stimmen gar nicht mehr deutlich wahrnehmen, sondern bereits als eigene innere Überzeugung sehen. Stimmen und Gefühle dieser Art lassen sich leider nur sehr schwer einfach so abschalten wie ein Radio. Probieren Sie es trotzdem tapfer weiter. Es lohnt sich, denn mit dieser Übung wird es immer leichter. Was am Ende übrig bleibt, ist die Stimme Ihres Verstandes, die durchaus einen wichtigen Stellenwert in Ihrem Leben hat, warnt sie doch vor allzu großen Dummheiten.*

- Wenn Sie mit Ihrer Meditation fertig sind, wäre es sinnvoll, Ihre Erlebnisse und Erkenntnisse aufzuschreiben. Da Sie sich mehrere Wochen mit Ihrer Diät beschäftigen werden, vergessen Sie schnell wieder, wie es mal angefangen hat. Und schließlich ist es eine gute Idee, sich für die eigenen Fortschritte zu loben – das klappt natürlich nur, wenn Sie auch wissen, welche Sie eigentlich gemacht haben.

Bei der ersten Meditation zu diesem Thema geht es nur darum, dass Sie einen Eindruck von dem bekommen, was Ihnen so tagtäglich im Weg steht – im Kopf wie im Kühlschrank. Wenn das alles kalter Kaffee für Sie ist und Sie schon lange wissen, wo bei Ihnen die Knackpunkte sitzen, dann lassen Sie diese erste Meditation einfach weg und machen gleich mit den Elementetagen (Seite 84 ff.) weiter.
Doch zurück zum ersten Frühstück Ihres neuen Lebens. Sie haben ja nun wohlwollend über Müsli und Marmelade meditiert und höchst interessante Erkenntnisse gewonnen. Sie können das bei so vielen Mahlzeiten machen, wie Sie möchten. Empfehlenswert ist es, zu Anfang möglichst bei allen so zu verfahren, aber der Alltag kann da schon kräftig dazwischenfunken. Machen Sie sich keinen Stress. Je öfter Sie dazu kommen, desto kürzer werden Ihre Wahrnehmungszeiten, desto schneller wissen Sie, was Sie gern essen möchten. Hier lauern allerdings noch einige Fallen, die im Kapitel über Familie, Freunde und andere Fallen (Seite 201 f.) noch näher beleuchtet und entschärft werden.
Falls es mit dem Meditieren so gar nicht klappt und Sie nun ganz frustriert vor Ihrem Brötchen sitzen, weil Ihre Gedanken mehr bei der Arbeit oder dem nächsten Date sind, sind auch Sie kein hoffnungsloser Fall. Lassen Sie sich einfach mehr Zeit. Vielleicht ist es an diesem Neumond noch zu früh für eine Wandlung, und Sie fühlen sich viel besser, wenn Sie in den folgenden vier Wochen alles ganz locker angehen und nur ab und zu mal eine kleine Meditation einschieben. Das können Sie schon als Vorübung betrachten und beim nächsten Neumond sind Sie dann voll dabei. Gönnen Sie sich auf jeden Fall mindestens drei Tage für diese Übungen, denn je mehr Erfahrungen Sie sammeln, desto besser können Sie später darauf zurückgreifen.

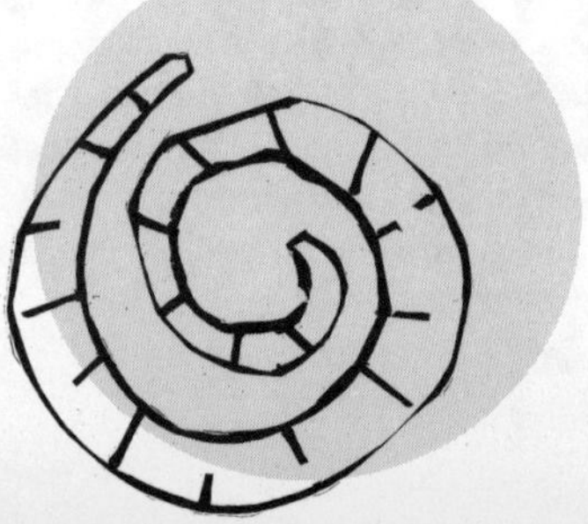

Die nächsten vier Tage

Nach diesen ersten drei Tagen, an denen Sie sich sehr intensiv mit Ihrem täglichen Essen beschäftigt haben, entsteht in Ihnen vielleicht das Gefühl, dass noch nicht viel passiert sei. Oder was immer Sie ausprobiert haben, hat noch nicht so richtig gut geklappt. Sie haben sich zum Beispiel noch nicht vollständig auf das konzentrieren können, was Sie in den nächsten Wochen in Sachen Gewichtsabnahme vorhaben. Keine Panik! Versuchen Sie es heute gleich noch einmal. Vielleicht sind Ihre Erwartungen an sich selbst sehr hoch. Lassen Sie sich Zeit und haben Sie Geduld mit sich. Schließlich tragen Sie Ihr Gewicht nicht erst seit ein paar Tagen mit sich herum, also gönnen Sie sich die Muße, es auch langsam wieder loszuwerden. Wenn Sie den Eindruck haben, dass Sie noch mehr Zeit brauchen, verschieben Sie die Übungen für den vierten bis siebten Tag ruhig etwas nach hinten. Schließlich haben Sie insgesamt 14 Tage Zeit.

Lassen Sie sich Zeit und haben Sie Geduld mit Ihrem Gewicht. Gönnen Sie sich die Muße, es langsam wieder loszuwerden.

Wenn Sie jedoch schon bereit sind, können Sie heute eine kleine Übung bei der Beobachtung Ihrer Mahlzeiten hinzunehmen. Für diese Übung entscheiden Sie morgens beim Aufstehen, welches der vier Elemente heute für Sie am interessantesten ist. Sie brauchen dafür keinen besonderen Grund zu haben, es reicht, wenn Sie fühlen, dass heute ein Wassertag sein könnte. Verlassen Sie sich einfach auf Ihr Gefühl. Vielleicht stellen Sie fest, dass Sie ein Element besonders bevorzugen oder eines eher schwierig finden. Beobachten Sie nur Ihre Einstellung, ohne sie zu bewerten. Erfahrungen sind in erster Linie Informationen, die Sie weiterbringen.

Sie finden im Folgenden Anleitungen, wie Sie sich – je nachdem, welches Element Sie sich ausgesucht haben – für ein oder zwei Tage damit beschäftigen können. Auch wenn Sie im Augenblick das Gefühl haben, am liebsten alles auf einmal ausprobieren zu wollen, lassen Sie sich Zeit. Nichts läuft Ihnen davon. Sie haben eine große Aufgabe vor sich, Sie haben begonnen, Ihr Leben von Grund auf umzukrempeln. Ihre Pfunde sind dabei fast schon eine Nebensache. Seien Sie behutsam und aufmerksam, Sie werden überrascht sein, welche spannenden Entdeckungen Sie machen werden.

Lufttag

Lufttage eignen sich für alles, was mit Kommunikation zu tun hat. Sehen Sie dabei einmal genauer hin, wie Sie zum Beispiel Ihre Bedürfnisse ausdrücken. Dazu gehören so ganz banale Dinge wie Hunger und Durst. Lassen Sie sich beispielsweise von Kollegen rumkriegen, doch lieber früher in die Kantine zu gehen, auch wenn Ihr Hungergefühl noch gar nicht so groß ist? Oder verschieben Sie vielleicht ein Telefonat, das Ihnen wichtig ist, weil der Chef unbedingt dieses oder jenes braucht? Achten Sie darauf, wie Sie abwägen – nicht umsonst ist das Tierkreiszeichen Waage ein Luftzeichen – und welche Gründe selbst bei ganz einfachen Entscheidungen eine Rolle spielen.

Eine wunderbare Übung für einen Lufttag ist, nicht ein einziges Mal schlecht über sich selbst zu reden oder zu denken. Dazu gehören auch so simple Dinge wie: Ich Idiot, das hätte ich doch schon ... Eine solche Beleidigung würden Sie niemandem sonst an den Kopf werfen, nur sich selbst. Eine Übung für Fortgeschrittene ist dann, einen Tag lang nichts Schlechtes über andere zu denken oder zu sagen. Und wenn Sie auch das schon perfekt beherrschen sollten, dann machen Sie daraus eine Woche, einen Monat, ein Jahr... Aber wir wollen den Futterkorb ja nicht zu hoch hängen. Wenn Sie das einen ganzen Tag lang durchhalten, können Sie sich ruhig mal gratulieren, das ist schon eine ziemliche Leistung.

Wenn Sie an einem Lufttag etwas Zeit haben, machen Sie doch mal ein Ritual für die Leichtigkeit. Sie brauchen dafür die üblichen Utensilien für Ihren magischen Kreis und außerdem noch eine Hand voll kleiner Federn, ein Stück Stoff von etwa 15 Zentimetern im Quadrat und einen gelben Faden oder ein Band.

- Legen Sie sich alles zurecht, gehen Sie in die Ruhe und schließen Sie Ihren magischen Kreis.

- *Setzen Sie sich in die Mitte und nehmen Sie die Federn in die Hand. Halten Sie beide Handflächen nach oben, nachdem Sie die Federn dort hineingelegt haben. Es spielt keine Rolle, ob es nur eine ist oder gleich mehrere sind.*
  Schließen Sie die Augen und gehen Sie mit Ihrer Aufmerksamkeit in die Feder(n) hinein, spüren Sie die schwebende Leichtigkeit auf Ihrer Handfläche, das Gewicht, das keines ist. Visualisieren Sie, wie die Federn ohne jede Anstrengung mit dem Wind davonsegeln, tanzend. Wenn Sie diese Energie bis in die Knochen spüren können, legen Sie die Federn vor sich auf das Tuch, das Sie sich bereitgelegt haben.

- Verfahren Sie auf diese Weise mit allen Federn, die Sie mit in den Kreis genommen haben. Auch wenn Sie nicht jede Feder einzeln nehmen wollen, teilen Sie sie doch auf und nehmen Sie nicht alle auf einmal. Je häufiger Sie diese Visualisierung durchführen, desto leichter fällt sie Ihnen.

- *Wenn Sie mit allen Federn fertig sind, nehmen Sie das Tuch behutsam an den Ecken hoch und binden es mit dem gelben Faden zu einem Beutel.*
  Dazu sprechen Sie folgende Worte – Sie können sich aber auch selbst etwas ausdenken:
  Luft und Feuer, Wasser, Erde,
  wirksam nun mein Zauber werde.

- Wenn Sie fertig sind, öffnen Sie wie gewohnt den magischen Kreis und räumen auf.

Ihren Federbeutel können Sie an einen Haken an Ihrem Kraftplatz hängen oder anderweitig aufbewahren. Wichtig ist, dass Sie die Federn nicht drücken, sondern dass sie locker im Beutel liegen. Wenn Sie eine Möglichkeit haben, den Federbeutel in der Nähe eines Fensters aufzuhängen – umso besser – denn dann bekommt er immer, wenn Sie das Fenster öffnen, eine gute Portion Windenergie ab.
Sie können die Federn so als Dekoration nutzen oder auch weiterverwenden. Wenn Sie zum Beispiel spüren, dass Sie an einer Sache dran sind und sich festgebissen haben, können

Ihnen die Federn helfen. Nehmen Sie eine aus dem Beutel und halten Sie sie locker zwischen Ihren beiden Händen. Konzentrieren Sie sich und schließen Sie die Augen, wenn Sie so leichter bei der Sache bleiben können. Nun schicken Sie die gesamte Energie Ihres »Problems« in die Feder, befreien sich davon und lassen es los, lassen es so leicht wie die Feder werden und bitten um den bestmöglichen Ausgang für alle. Wenn Sie so weit sind, gehen Sie mit der Feder in den Händen – Augen natürlich wieder öffnen – zum Fenster oder in den Garten. Lassen Sie draußen die Feder fliegen und visualisieren Sie dabei, wie sich Ihr »Problem« auflöst. Wenden Sie sich ab und blicken Sie nicht zurück.

Feuertag

Feuer ist das Element des ersten Lebensfunkens, der Wärme, der Kreativität und der Lebensfreude. Und ohne die Feuerenergie bliebe Ihre Küche kalt. Für Ihre Diät können Sie alle Eigenschaften der Feuerenergie gut gebrauchen, zum Beispiel kreative Ideen, um die gefährlichen Klippen der süßen Berge zu umschiffen. Und wie sieht es mit Ihrer Lebensfreude aus, wenn Sie einen knurrenden Magen haben und nur drei einsame Salatblätter auf dem Teller liegen? Auch da kann Ihre Fantasie wahre Wunder wirken. Stärken Sie also Ihre kreativen Kräfte.

Sie haben eine große Aufgabe vor sich, denn Sie haben begonnen, Ihr Leben umzukrempeln. Ihre Pfunde sind dabei schon Nebensache.

Außer den üblichen Gegenständen für Ihren magischen Kreis brauchen Sie ein großes Blatt Papier und bunte Stifte, Tusche, Wachsmalkreiden oder womit Sie sonst gern malen möchten. Wenn hier »malen« steht, dann geht es nicht um kunstvolle Gemälde à la Dürer, sondern um ein Bild, das das ausdrückt, was Sie sich vorstellen.

An dieser Stelle ein Wort des Bedenkens: Machen Sie sich vor diesem Ritual ganz klar, was Sie wirklich wollen. Wenn Sie in diesem Augenblick jemand fragen würde, ob Sie fünf Millionen im Lotto gewinnen wollten, würden Sie vermutlich begeistert zustimmen. Gleiches gilt wahrscheinlich, wenn Ihnen jemand anbieten würde, dass Sie über Nacht reich und berühmt werden könnten, auch das fänden Sie sicher sehr erstrebenswert – bis zu dem Moment, wo Sie keinen Schritt mehr ohne Kamera machen, keine Straße mehr über-

queren könnten, ohne dass es jemand kommentiert, filmt oder irgendwie begleitet. Spätestens wenn Sie selbst auf der Toilette einen Leibwächter bräuchten, wäre es vorbei mit dem Vergnügen. Also wünschen Sie sich lieber, nur ein bisschen berühmt oder nur ein bisschen reich zu sein. Aber wie viel ist denn »ein bisschen« und was ist genug? Sie sehen, es lohnt sich, ein paar Gedanken daran zu verschwenden, was Sie tatsächlich in Ihrem Leben haben wollen.
Wenn es schon bei Kinkerlitzchen wie reich und berühmt zu sein keine ganz einfache Antwort gibt, wie sieht es da erst mit Ihrem Gewicht aus? Schließlich ist dieses Problem erheblich realistischer und wahrscheinlich auch vielschichtiger als so ein lächerlicher Lottogewinn. Wenn Sie nicht ganz genau wissen, wie viele Kilos Sie abnehmen wollen, dann lassen Sie das Erbsenzählen lieber gleich. Stellen Sie sich dann besser keine genaue Zahl vor. Wie wäre es stattdessen mit dem Gefühl, dass Sie sich leicht fühlen und vor Lebensfreude strotzen, egal, was die Waage anzeigt? Fügen Sie noch eine Prise Attraktivität und etwas Deko – schicke Klamotten, fröhliche Partys oder was Sie sonst gern mit Ihrem neuen schlanken Ich genießen möchten – hinzu und schon haben Sie einen Wunsch, bei dessen Erfüllung Ihnen der Rest des Universums gern behilflich ist. Falls Ihnen nichts Konkretes einfällt, rufen Sie sich das Gefühl, wie Sie wieder locker in Ihre Lieblingshose passen oder ohne zu schnaufen eine Treppe hochlaufen, ins Gedächtnis. Sie verhindern auf diese Weise, dass Sie womöglich Ergebnisse am Hals haben, die Sie hinterher bereuen. Halten Sie es einfach, und es kann mit dem Feuerritual losgehen.

• *Legen Sie sich alles bereit, Ihr Malmaterial kommt in die Mitte des Kreises. Gehen Sie in die Ruhe und schließen Sie den magischen Kreis.*

• Gehen Sie in die Mitte und fangen Sie an, ein Bild zu komponieren. Visualisieren Sie dabei das Ergebnis, das Sie sich ausgesucht haben: nette Leute, Glück in der Liebe, eine passende Hose ... Es kommt nicht darauf an, dass Sie sich im schönsten Tizianrot ausmalen, wie Sie in der bewussten Lieblingshose aussehen, sondern nur darauf, dass Sie mit den Farben und Linien auf Ihrem Bild dieses Gefühl verbinden. Was andere damit verbinden, spielt überhaupt keine Rolle. Im Gegenteil, es kann hilfreich sein, wenn nur Sie – sozusagen geheim – die Kraft des Bildes kennen und andere das gar nicht so genau mitbekommen.

• *Malen, zeichnen, pinseln Sie drauflos, bis Sie spüren, dass Ihr Gemälde fertig ist. Legen Sie dann Ihre Malutensilien beiseite und fassen Sie das Bild mit beiden Händen an. Halten Sie es hoch und beginnen Sie leise zu summen. Schicken Sie mit diesem Summen Ihren Wunsch und die Energie aus dem Bild auf die Reise, um das gewünschte Ergebnis herbeizuwünschen. Lassen Sie Ihr Summen anschwellen, bis es Ihnen laut genug ist – ungeachtet der Nachbarn. Spüren Sie, wie sich Energie aufbaut und wie Sie diese durch Ihr Bild und Ihre Hände losschicken. Dabei kräftig auszuatmen ist genauso gut, wie einen filmreifen Schrei auszustoßen. Aber auch schon ein kleiner Quietscher bringt das gewünschte Ergebnis: Sie erleben mit möglichst vielen Sinnen, wie Sie die Energie auf den Weg bringen.*

• Wenn Sie fertig sind, legen Sie Ihr Bild vorläufig ab und schließen Sie einen Moment lang die Augen, um wieder ganz da zu sein. Bei diesem Ritual ist es besonders wichtig, dass Sie sich richtig erden (siehe Seite 244), sonst laufen Sie womöglich leicht »high« durch die Gegend.

• *Wenn Sie so weit sind, öffnen Sie Ihren Kreis wieder und packen alles weg.*

Dieses Ritual stimmt Sie schon auf die folgenden zwei Wochen des Abnehmens ein, denn Sie haben Ihr Ziel festgelegt. Nachdem Sie bereits sehr genau wissen, warum und wann Sie die falschen Dinge in sich hineinstopfen, haben Sie nun eine klare Vorstellung Ihres Ziels – auch wenn es nur bunte Farbeindrücke sind, erinnern Sie diese doch deutlich an Ihre Vision. Hängen Sie das Bild irgendwohin, wo Sie es öfter sehen. Nehmen Sie es als Inspiration oder als Ausgangspunkt für eine tägliche Meditation, wenn Sie mit den ersten zwei Wochen des Abnehmens beginnen. Sie können es auch an den Kühlschrank hängen, dann fällt es Ihnen leichter, diesen nicht außerplanmäßig zu plündern.

Wassertag

An einem Tag, den Sie sich für Ihren Kontakt mit dem Element Wasser ausgesucht haben, können Sie alles bearbeiten, was mit Gefühlen zu tun hat. Auch Dinge aus der Vergangenheit, wie zum Beispiel schwierige oder schmerzhafte Familienangelegenheiten, lassen sich an so einem Tag gut bearbeiten, da im Westen – der Himmelsrichtung, die zum Element Wasser gehört – traditionell der Ort der Vorfahren liegt.
Betrachten Sie an diesem Tag einmal genauer, was Sie an Gefühlen anderen Menschen gegenüber spüren. Es geht dabei nicht so sehr darum, was die anderen tun, damit halten wir uns allerdings meistens auf: Wieso hat sie das jetzt gesagt? Wie hat er das gemeint? Die hat mich gerade so komisch angeguckt, und so weiter. Es läuft bei vielen Menschen ein ständiger Monolog der Selbstbetrachtung ab, den wir mal mehr, mal weniger laut hören können.
Kramen Sie in Ihrer Erinnerung nach etwas, was sich Ihnen richtig eingebrannt hat, vielleicht ein kleiner Streit, der zu einem riesigen Theater wurde, oder eine verletzende Bemerkung einer Freundin, mit der Sie kaum noch ein Wort wechseln würden, wenn Sie ihr auf der Straße begegneten. Für die folgende Übung suchen Sie sich am besten ein Ereignis aus, das Sie schon bewegt, aber nicht traumatisiert hat.

Sie können diese Übung entweder innerhalb Ihres magischen Kreises oder nur als Meditationsübung machen, beides ist gleichermaßen wirkungsvoll. Sie brauchen dafür außer den Gegenständen, die Sie sowieso für die Elemente im Kreis verwenden, nur eine Schale mit klarem Wasser. Die Schale bitte vorher im magischen Sinne reinigen, zum Beispiel mit Wasser oder Rauch.

- **Schließen Sie die Augen und machen Sie es sich bequem. Entspannen Sie sich, indem Sie dreimal tief ein- und ausatmen. Dann schließen Sie den magischen Kreis.**

- ***Setzen Sie sich zu der Schale mit Wasser in die Mitte Ihres Kreises und rufen Sie sich die Person ins Gedächtnis, mit der Sie Schwierigkeiten hatten oder noch haben. Tauchen Sie ein paar Finger ins Wasser und reiben Sie Ihre Hände damit ein. Bei dieser symbolischen Waschung reinigen Sie sich von allen verborgenen Absichten. Machen Sie sich dabei klar, warum es Ihnen so schwer fällt, sich von dieser Situation zu lösen.***

- **Wenn Sie so weit sind, legen Sie die Hände einen Moment ruhig in den Schoß. Holen Sie noch einmal tief Atem und heben dann die Hände mit den Handflächen nach außen (so als würden Sie jemanden wegschieben).**

- ***Schließen Sie die Augen und visualisieren Sie die Person, mit der Sie arbeiten wollen. Falls unangenehme Gefühle auftauchen, betrachten Sie diese und lassen sie dann gehen. Sollten Sie feststellen, dass Sie sich an dieser Stelle wieder in das damals vorhandene Gefühl hineinsteigern, brechen Sie hier ab, öffnen den Kreis wieder und probieren es zu einem späteren Zeitpunkt noch einmal. Eventuell wählen Sie auch eine andere Situation und Person aus, bei der Ihnen das Loslassen leichter fällt.***

- **Visualisieren Sie also die Person, um die es Ihnen geht, und bleiben Sie einfach nur bei der Beobachtung Ihrer Gefühle von damals. Erweitern Sie Ihre Aufmerksamkeit und richten Sie sie auf die von Ihnen gewählte Person. Stellen Sie sich vor, wie es Ihnen gehen würde, wenn Sie in dem erinnerten Augenblick diese Person wären. Versetzen Sie sich einen Moment intensiv in diese Person. Betrachten Sie das Ganze durch ihre Augen, sehen Sie sich selbst von außen. Ziehen Sie sich dann wieder zurück. Vielleicht verstehen Sie jetzt, warum die Situation damals eskalierte, oder Sie haben** zumindest eine Ahnung, wie das damals passiert sein könnte. Vielleicht bringen Sie auch nach wie vor keinerlei Verständnis auf. Egal, wie tief Sie auch eingestiegen sind, Sie haben zumindest einen winzigen Einblick bekommen, dass es nicht nur Ihren eigenen Standpunkt gibt – es geht hier nicht um richtig oder falsch, nur um anders.

- *Wenn Sie jetzt genug haben, beenden Sie die Übung. Wenn Sie noch weitermachen wollen, gehen Sie einen Moment lang wieder nur in Ihre Atmung.*

- Richten Sie nun Ihre Aufmerksamkeit auf Ihre Hände und auf Ihr Herz, verbinden Sie beide durch einen kräftigen Energiestrom miteinander. Stellen Sie sich dafür zum Beispiel goldenes Licht vor. Nehmen Sie Ihre Hände nach oben und lassen Sie Liebe von Ihrem Herzen durch Ihre Handflächen strömen. Stellen Sie sich dabei, wenn Sie wollen, Mutter Erde, die Schöpfung, Ihre Kinder oder ein Haustier vor. Sie können aber Ihre Liebesenergie auch einfach nur so losschicken.

- *Jetzt gehen Sie noch einen Schritt weiter und visualisieren die Person, mit der Sie die Übung begonnen haben. Lassen Sie ihr Liebesenergie zufließen, ganz egal, was vorgefallen ist. Sie haben das Gefühl, dass diese Person das nicht verdient hat? Tun Sie es trotzdem, denn es geht hier gar nicht um diesen Menschen, sondern um Sie selbst. Bedenken Sie die andere Person mit Liebe, bis Sie den Eindruck haben, dass es für heute genug ist.*

- Verabschieden Sie sich von der Person und nehmen Sie Ihre Hände herunter. Wenn Sie mögen, können Sie sich selbst die Hand geben und die Herzensenergie noch eine Weile durch Ihren eigenen Körper fließen lassen. Es tut Ihnen garantiert gut.

- *Lassen Sie den Strom wieder abebben und bleiben Sie noch einen Augenblick ruhig sitzen. Als Letztes spülen Sie Ihre Hände im Wasser ab und lassen dabei alles, was von Aufregung, Ärger oder Ähnlichem noch übrig sein könnte, endgültig hinausfließen. Wenn möglich, lassen Sie dabei auch alles los, was Sie an die damalige Situation gebunden hat. Es ist vorbei und damit in diesem Augenblick nicht mehr wichtig. Lassen Sie für einen Moment los, übergeben Sie alles dem Wasser.*

- Wenn Sie fertig sind, stellen Sie sicher, dass Sie wirklich wieder mit Ihrer ganzen Aufmerksamkeit im Hier und Jetzt angekommen sind. Dann öffnen Sie Ihren magischen Kreis wieder.

Das Wasser aus dieser Übung gießen Sie im Freien aus und bedanken sich dabei bei den Wassergeistern. Bitten Sie darum, dass Ihre freigesetzte Energie an anderer Stelle sinnvoll verwendet wird.
Bei dieser Übung ist es ganz wichtig, dass Sie Ihre eigenen Grenzen akzeptieren. Zwingen Sie sich nicht, etwas zu tun, was Ihnen zu schwer fällt. Das mit dem »Liebet eure Feinde« ist keine Einstellung, die man sich mal eben an einem Sonntagnachmittag aneignen kann. Haben Sie Geduld mit sich. Wenn Sie am Anfang auch nur sich selbst Liebesenergie schicken oder anderen Menschen kleine Verfehlungen verzeihen können, Übung macht auch hier die Meisterin. Und wenn Sie dann ein Profi sind, können Sie sich selbst Ihre kleinen und größeren Schwächen vergeben.
Ein Ritual wie dieses können Sie immer dann anwenden, wenn Sie das Gefühl haben, es sei mal wieder an der Zeit, sich von einer alten Wut zu verabschieden und endlich mal die Bürde loszuwerden, jemandem etwas nachzutragen. Wie die Sprache hier schon deutlich verrät, je mehr Sie nachtragen, desto schwerer werden Sie. Werfen Sie überflüssigen Ballast ab – dann folgen die überflüssigen Pfunde (fast) von allein.

Erdtag

Wenn Sie sich das Element Erde ausgesucht haben, nehmen Sie heute einmal nur wahr, was Ihnen an Energien begegnet, die mit Materie zu tun haben. Welche Gegenstände verwenden Sie zum Beispiel jeden Tag zu Hause und bei der Arbeit? Da gibt es welche, die einfach nur nützlich sind, andere sind Ihnen regelrecht ans Herz gewachsen. Sie brauchen keine stundenlangen Meditationen auf diese Gegenstände zu verwenden. Es reicht völlig, wenn Sie nur Ihre Aufmerksamkeit für materielle Dinge schulen, indem Sie einige Gedanken auf deren Gebrauch richten. Sie müssen dafür Ihren Tagesablauf überhaupt nicht umstellen, es ist schon gut, wenn Sie besonders wachsam durch den Tag gehen und jeden Gegenstand, mit dem Sie sich beschäftigen, für einige Augenblicke bewusst wahrnehmen. Eine schamanische Regel besagt, dass Energie immer dorthin fließt, wo unsere Aufmerksamkeit ist. Sie können bereits durch einfache Übungen im Alltag Ihre Aufmerksamkeit schulen. Arbeiten Sie zum Beispiel am Computer, dann spüren Sie bewusst die Tasten unter Ihren Fingern, hören Sie das Gebläse oder nehmen Sie bewusst die Geräusche wahr, wenn Sie ihn anmachen. Besonders gut lässt sich diese Aufmerksamkeitsübung im Auto durchführen, bevor Sie losfahren. Spüren Sie Ihre Füße kurz auf den Pedalen, Ihre Hände am Lenkrad, riechen Sie Ihr Auto, sehen Sie sich die verschiedenen Lämpchen an, wenn Sie den Motor anlassen. Es geht bei diesen kleinen Übungen zur Wahrnehmung nicht darum, irgendetwas Großartiges zu verändern oder festzustellen. Es geht vielmehr um genaue Beobachtung und Erfahrung. Die wird Ihnen bei jedem Ritual und bei jeder Meditationsübung hilfreich sein.

Bleiben Sie dran: Werfen Sie überflüssigen Ballast ab, dann folgen die überflüssigen Pfunde schon fast von allein.

Wenn Sie die Zeit haben, können Sie an einem Erdtag auch ein kleines Ritual machen, bei dem Sie einen ganz bestimmten Gegenstand für Ihre magische Arbeit vorbereiten. Wählen Sie dafür irgendetwas Alltägliches aus, zum Beispiel einen Kerzenständer, den Sie in Zukunft nur noch an Ihrem Kraftplatz verwenden wollen. Halten Sie dieses Ritual kurz und bündig ab, ohne Verzierungen. Sie sind schließlich gerade dabei, sich aufs Wesentliche zu konzentrieren.

Sammeln Sie alles zusammen, was Sie für Ihren magischen Kreis brauchen, dazu eine Schale mit Sand oder Erde und Ihren Gegenstand, den Sie sich für dieses Einweihungsritual ausgewählt haben.

• Machen Sie es sich bequem und schließen Sie für einen Moment die Augen, um sich zu entspannen und zu konzentrieren. Mittlerweile sollten Sie darin schon so viel Übung haben, dass Sie bereits nach wenigen Atemzügen ruhig und entspannt sind. Ansonsten üben Sie es ruhig bei allen möglichen Gelegenheiten. Greifen Sie zur Not auf Übungen aus der Schwangerschaftsgymnastik zurück, diese entspannen hervorragend, egal, ob Sie schwanger sind oder nicht. (Bestätigten Gerüchten zufolge soll es da sogar möglich sein, zwischen den Wehen einzuschlafen, zum Erstaunen der Hebammen.)

• Nun schließen Sie Ihren magischen Kreis wie üblich und setzen sich in die Mitte neben Ihre Schale mit Sand und den Kerzenleuchter. Sie wenden sich dabei mit dem Gesicht dem Norden (Himmelsrichtung der Erde) zu. Nehmen Sie den Kerzenleuchter in die Hand und pusten Sie darüber, bis Sie das Gefühl haben, alle darin liegenden Energien sind gereinigt. Nun halten Sie ihn mit einer Hand über Ihre Schale und lassen mit der anderen Sand oder Erde darüber rieseln. Dabei sagen Sie in Ihren eigenen Worten möglichst einfach, wozu Sie diesen Kerzenständer in Zukunft verwenden wollen.

• Wenn Sie damit fertig sind, halten Sie den Leuchter wieder einige Augenblicke zwischen den Händen und visualisieren sein heiliges Feuer. Wenn Sie so weit sind, stellen Sie ihn ab und öffnen Ihren Kreis wieder. Erden und entspannen Sie sich kurz.

An einem Wassertag können Sie im Übrigen das gleiche Einweihungsritual auch mit Wasser machen, an einem Lufttag mit Räucherwerk und an einem Feuertag mit einer Kerzenflamme, in deren wärmenden Aufwind Sie Ihren Gegenstand halten. Ziel des Rituals ist es, dass Sie sich noch stärker mit dem jeweiligen Element verbinden, damit es Ihnen später leichter fällt, sich die notwendige Unterstützung für Ihre Vorhaben zu holen.

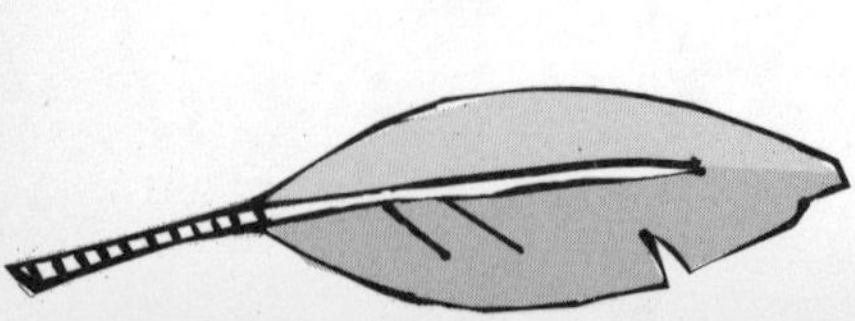

Dramatischer Verzicht

Thematisch gehört das Thema Verzichten zum Neinsagen und könnte ebenso in diesem Kapitel stehen. Da Sie allerdings dem Tag X nun immer näher rücken, lohnt es sich, kurz vorher noch einmal darüber zu sinnieren, wozu das Ganze denn gut sein soll. Verzicht ist in unserer Zeit ein heikles Thema. Eines der schwierigsten Dinge beim Abnehmen ist das Gefühl, dass einem etwas fehlt, wenn es keine Schokoladen-Mousse zum Nachtisch gibt. Verzicht heißt normalerweise immer, dass es uns an etwas mangelt, was wir eigentlich brauchen. Ich verzichte auf etwas, damit ich mir an anderer Stelle etwas leisten kann: das neue Auto, einen Urlaub oder etwas in der Art. Ich verzichte heute auf mein Abendbrot, damit ich morgen mit Claudia und den Mädels zum Essen gehen und so richtig sündigen kann. Ich empfinde also irgendeinen Mangel, entweder in meinem Magen, im Geldbeutel oder sonst irgendwo.

Eines der schwierigsten Dinge beim Abnehmen ist das Gefühl, dass einem etwas fehlt, wenn es keine Schokoladen-Mousse zum Nachtisch gibt.

Wie steht es dann aber mit dem Verzicht auf Gewalt, dem Verzicht auf eine Anzeige, wenn jemand einen dummen Fehler gemacht hat, der ihm oder ihr sehr Leid tut? Da fehlt es offensichtlich an gar nichts. Wie sieht es also mit den anderen Verzichtleistungen aus? Was fehlt mir denn, wenn ich auf eine Mahlzeit verzichte, damit ich morgen mehr essen kann? Wir leben in einer so genannten Überflussgesellschaft, das soll doch wohl heißen, dass wir alles im Überfluss haben. Wieso dann trotzdem dieses ewige Gefühl, zu kurz zu kommen, sparen zu müssen und niemals genug zu bekommen? Mit dem Essen kann das nicht mehr viel zu tun haben.

Wenn wir auf Nahrung verzichten, essen wir Kugelrunden häufig gar nicht weniger, sondern fast genauso viel, nur dass wir uns dann so richtig schön schlecht fühlen können: Ich habe heute zu viel gegessen und morgen esse ich erst recht, denn da hatte ich sowieso vor, über die Stränge zu schlagen. Als wenn es da jemanden gäbe, der einem vorschriebe, wie und was man esse. Irgendwer sitzt einem im Nacken und behauptet, dass man mitten im Schlaraffenland verhungern werde, wenn man nicht mehr isst als nötig. Das klingt nicht nur absurd, sondern es ist auch genauso absurd wie die überflüssigen Pfunde auf Ihren Rippen oder das dritte Auto in der Garage.

Probieren Sie das Verzichten einmal an ganz anderer Stelle aus, um von Ihrem Hungergefühl wegzukommen. Wie wäre es beispielsweise mit Fernsehen, falls Sie nicht zu den Menschen gehören, die lieber ganz auf eine Glotze verzichten. Probieren Sie mal aus, einen Tag lang nicht eine Minute fernzusehen. Wenn Sie ganz mutig sind, können Sie das auch gleich eine Woche lang machen. Nehmen Sie aber nicht all Ihre Lieblingssendungen auf Video auf, das wäre geschummelt. Sie können auch andere Gewohnheiten nehmen, das Glas Wein jeden Abend oder den Drink mit den Freundinnen nach der Arbeit. Treffen Sie sich mit ihnen und trinken Sie stattdessen ein Glas Wasser. Oder lesen Sie mal einen Tag lang nicht die Zeitung, verzichten Sie eine Woche lang auf alle (schlechten) Nachrichten.

Spätestens nach dieser Aufzählung verschiedenster Verzichtsmöglichkeiten werden Sie vermutlich besorgt den Kopf schütteln, denn die eine oder andere der aufgezählten Varianten ließe sich für Sie mit Sicherheit nicht durchführen. Fangen Sie am besten gleich mit dieser an, denn da werden Sie binnen kürzester Zeit mit Ihren eigenen Vorurteilen konfrontiert, die Sie daran hindern, die Fülle zu genießen, statt Pfunde für vermeintlich schlechte Zeiten zu horten.

Setzen Sie sich realistische Ziele. Nur Sie allein entscheiden darüber, was Sie wie lange tun oder lassen.

Wenn Sie zum Beispiel nicht glauben, dass Sie eine Woche ohne Glotze auskommen könnten, probieren Sie es einmal aus. Nach einer unfreiwilligen Pause von einem Jahr könnte es sein, dass Sie keinen Apparat mehr im Haus haben wollen. Sie werden feststellen, dass Sie vielleicht Entzugserscheinungen bekommen, denn auch eine Fernsehsucht ist eine Sucht. Aber Sie werden auch merken, dass Sie es schaffen können, wenn Sie wollen. Wie lange Sie Ihren Versuch durchhalten, liegt bei Ihnen. Wenn Sie sich nicht sicher sind, wählen Sie lieber einen kurzen Zeitraum. Sie haben nichts davon, wenn Sie sich zu viel vornehmen und es dann nicht klappt. Setzen Sie sich realistische Ziele und seien Sie sich im Klaren, dass nur Sie allein darüber entscheiden, was Sie wie lange tun oder lassen. Ihr Leben und Ihre Pfunde liegen allein in Ihrer Verantwortung. Sie können Ihr Vorhaben un-

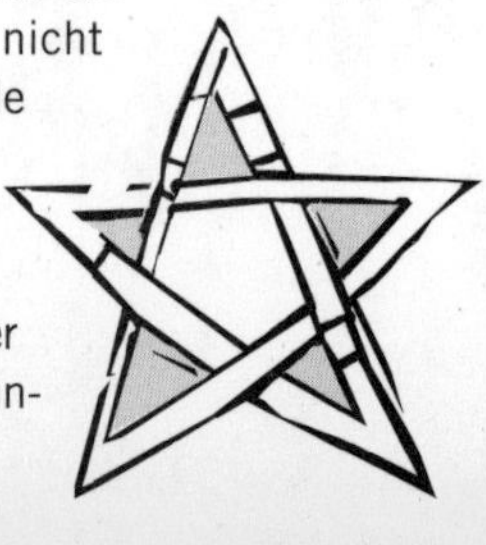

terstützen, indem Sie am Anfang und am Ende Ihrer Verzichtszeit ein kleines Ritual machen. Wenn Sie sich nur für einen einzigen Tag des Verzichtens entscheiden, lohnt kein großes Ritual, wählen Sie dann lieber eine der folgenden Übungen aus.

Verzichtstanz der vier Himmelsrichtungen

Wählen Sie für diese Übung eine Musik aus, die Sie besonders mögen und bei der Sie das Gefühl haben, alles abschütteln zu können, was Ihnen nicht behagt oder im Weg steht. Schicken Sie alle aus dem Raum, schließen Sie die Tür hinter sich.

- **Legen Sie Ihre Musik auf. Stehen Sie einen Augenblick lang still im Zimmer und hören Sie ganz bewusst auf die Töne, die aus dem Lautsprecher kommen. Schließen Sie die Augen, wenn es Ihnen so leichter fällt, sich zu konzentrieren.**

- ***Nun beginnen Sie allmählich, sich nach der Musik zu bewegen. Lassen Sie sich vom Klang tragen und bewegen Sie Arme und Beine so, als wollten Sie Tropfen oder Ähnliches abschütteln. Stellen Sie sich dabei vor, dass alles von Ihnen abfällt, was Sie beschwert, was Sie belastet. Um beim Beispiel des Fernsehens zu bleiben, lassen Sie Ihren dringenden Wunsch, sich berieseln zu lassen, aus sich herausfließen. Keine Sorge, wenn es beim ersten Mal noch nicht richtig klappt. Machen Sie Ihren kleinen Tanz einfach mehrfach am Tag, wenn Sie es zeitlich einrichten können. Wenn Sie unterwegs sind, können Sie beispielsweise einen Walkman mitnehmen und so Ihre Musik bei sich haben. Wenn Sie sich irgendwo aufhalten, wo Sie keine Gelegenheit haben, sich auszutanzen, reicht es schon, wenn Sie nur die Musik hören und innerlich alles loslassen. Ein innerer Tanz sozusagen. Je häufiger Sie diese kleine Übung ausführen, desto leichter wird es Ihnen fallen, sich schon bei den ersten Klängen der Musik zu entspannen und loszulassen, was Ihnen gerade den Weg verbaut.***

Lavaenergie für Verzichtserklärungen

Wenn Sie kein großer Musikfreund sind, probieren Sie es mal mit einer echten Herausforderung. Gehen Sie auf die Suche nach Lavasteinen. Lava ist ein besonderer Stein, da er aus Feuer geboren, an die Luft geschleudert, vom Regen abgekühlt und fruchtbar gemacht zu nährstoffreicher Erde wird. Sie haben hier also alle vier Elemente vertreten.
Wenn Sie das Glück haben, auf Hawaii oder in den Vogesen zu wohnen, dürfte es nicht allzu schwierig sein, einen Lavastein aufzustöbern. Wenn Sie einen alten – wir reden hier über Millionen von Jahren – Lavastein, zum Beispiel einen Lochstein in Irland, finden, fragen Sie auf jeden Fall den Stein, ob er mitkommen will. Lassen Sie ihn liegen, wenn Sie sich nicht sicher sind. Ein noch schönerer und brauchbarerer wartet bereits auf Sie. Falls Sie weder auf Hawaii noch in den Vogesen oder Irland leben, müssten Sie sich beispielsweise in der norddeutschen Tiefebene etwas einfallen lassen, um zu Ihrem Lavagestein zu kommen. Sie könnten die einfachste Variante wählen und in einen Steineladen gehen, da haben Sie relativ gute Chancen, Lava zu ergattern. Wenn Sie Ihren Stein in einem Laden kaufen, erkundigen Sie sich genau, woher er kommt und unter welchen Umständen er gesammelt wurde. Wenn Sie mit der Antwort nicht zufrieden sind, lassen Sie den Kauf sein.
Noch besser ist es jedoch, wenn Sie mal nachfragen, wo es in Ihrer Gegend geologische Formen gibt, die sich ursprünglich durch Vulkanausbrüche geformt haben. Gehen Sie dann selbst auf die Suche nach einem passenden Stein. Wenn Sie sich übrigens bei den Feuergöttern für ihre Lava bedanken wollen, nehmen Sie etwas Gin mit. Dieses hochprozentige Destilat scheint besonders bei Feuergöttern gut anzukommen. Pele, die Feuergöttin Hawaiis, bekommt deshalb häufig von Bittstellern ein solches Opfer. Trotzdem eine kleine Warnung: Auch wenn Sie auf der Insel im Pazifik Urlaub machen sollten, entwenden Sie dort keine Steine. Das bringt Unglück, und tausende von Touristen haben Lavabrocken wieder zurück nach Hawaii geschickt, um die zornige Gottheit zu besänftigen.
Machen Sie mit Ihrem Lavastein eine Meditation, die Ihnen für jede Art des Verzichtens Kraft gibt. Wählen Sie für Ihre Zeremonie einen Tag während des zunehmenden Mondes

aus, der sich nach Ihrem Gefühl gut dafür eignet, sich Kraft zu holen. Da es darum geht, Ihre Entschlusskraft zu stärken, können Sie diese Mondphase wählen, auch wenn es dabei in der Konsequenz ums Abnehmen geht, was dem Charakter nach eher zum abnehmenden Mond passen würde.

- **Setzen Sie sich hin und entspannen Sie sich. Schließen Sie die Augen. Spüren Sie den Stein in Ihrer Hand und fühlen Sie seine Ecken, Kanten und Rundungen. Lassen Sie sich ganz und gar auf die sinnliche Erfahrung mit Ihrem Stein ein, ohne ihn jedoch zu betrachten. Sie können an ihm riechen, daran lutschen – als Baby haben Sie auf diese Weise einen ganz wichtigen Teil Ihrer Erfahrungen gemacht! – oder was Ihnen sonst gerade einfällt. Wenn Sie sich mit dem Stein vertraut gemacht haben, halten Sie ihn einfach ruhig in den Händen.**

- ***Lassen Sie nun Ihr Bewusstsein in den Stein sinken. Es könnte sein, dass Ihnen das beim ersten Mal noch nicht so recht gelingt, weil vielleicht mal wieder der Kopf dazwischenquatscht (Was machst du da eigentlich? Du kannst doch nicht mit einem Stein reden!). Lassen Sie den Kopf quaken und konzentrieren Sie sich wieder ganz und gar auf die Wahrnehmung des Steines, bis die gehetzten Gedanken aufhören. Sobald Sie ohne Unterbrechung mit dem Lavastein arbeiten können, machen Sie weiter. Falls Sie es beim ersten Mal noch nicht schaffen, brechen Sie ab und probieren es bei anderer Gelegenheit noch einmal.***

- **Wenn Sie mit Ihrem Bewusstsein im Lavastein sind, lassen Sie sich von seiner Energie tragen. Spüren Sie genau hin, welches der Elemente im Stein Ihnen am nächsten ist. Ist es vielleicht die Fruchtbarkeit des Gesteins oder seine explosive Feuerkraft? Wenn Sie sich mit dieser Energie ganz klar verbinden können, spüren Sie deren Kraft, der nichts im Weg stehen kann. Genießen Sie das Potenzial, das in diesem Stein verborgen liegt und Ihnen zur Verfügung steht.**

- ***Wenn Sie so weit sind, lösen Sie sich aus der Verbindung mit der Lava und kommen in Ihren Körper zurück. Öffnen Sie langsam die Augen und betrachten den Stein, der Ihnen nun schon viel vertrauter ist.***

Sie können diese Übung beliebig oft wiederholen und sich mit der Kraft des jeweiligen Elements verbinden. Es muss auch keineswegs jedes Mal dasselbe Element sein. Wählen Sie aus, was zu Ihrer augenblicklichen Stimmung und zu Ihren Bedürfnissen jeweils am besten passt. Wann immer Sie das Gefühl haben, dass Sie schwach werden, nehmen Sie Ihre Lava zur Hand und vergegenwärtigen Sie sich die ungeheuren Kräfte, die hinter ihrer Entstehung stecken. Verbinden Sie sich mit dieser Kraft und keine Tüte Chips wird sich in Ihre Nähe trauen.

Den Lavastein können Sie bei sich tragen und zum Beispiel im Büro dekorativ auf Ihren Schreibtisch legen. Es gibt Meeresbuchten und Flussläufe, in denen tausende von schwarzen Lochsteinen liegen. Suchen Sie sich einen alten Lavastein, der bereits so abgeschliffen ist, dass er sich zum Beispiel als Schmuckstein an einem Lederband um den Hals tragen lässt. Sie haben dann nicht nur die Kraft der Elemente ständig bei sich, sondern verfügen damit auch über die traditionelle Schutzkraft dieser Steine.

Ab dem achten Tag

Was Sie ab dem achten Tag dieser zwei Wochen machen, hängt sehr davon ab, wie Sie mit den Übungen und Ritualen der ersten Tage zurechtgekommen sind. Vielleicht haben Sie ja festgestellt, dass Sie das alles viel zu viel Zeit kostet, weil Sie Kinder oder einen anstrengenden Job haben. Dann brauchen Sie vermutlich noch ein paar Tage, um alles einmal ausprobiert zu haben.

Am einfachsten geht es, wenn Sie sich täglich klar machen, dass Sie nicht bei der Olympiade sind. Es gibt keine Medaille für diejenigen, die als Erste am Ziel sind, die alle Meditationen und Rituale stundenlang durchgestanden haben. Machen Sie es sich leicht und wählen Sie aus dem Angebot das aus, was Sie am schnellsten zum Ziel führt. Ihr Ziel in diesen ersten beiden Wochen ist es, Ihre Einstellung gegenüber Nahrungsmitteln mal von einer anderen Seite zu betrachten und dabei möglichst viele Informationen zu sammeln. Diese Informationen beziehen sich auf Ihre Gewohnheiten, das heißt wie, wann und warum Sie essen. Wenn Sie

sich schon absolut sicher sind, all das genau zu wissen, dann verschwenden Sie keine Zeit und gehen gleich zu den zwei Wochen über, in denen es an die Speckpolster geht (ab Seite 105). Machen Sie Rituale und Übungen wirklich nur dann, wenn Sie den Eindruck haben, dass Sie in Ihrer Einschätzung zu sich selbst noch nicht hundertprozentig sicher sind. Oder wenn all die Diäten vorher so gar nicht klappen wollten (dann können Sie vermutlich besonders viel mit den Übungen zum Thema Selbstverantwortung anfangen). Welche Rituale Sie sich auch aussuchen, nehmen Sie auf jeden Fall je ein Ritual für die vier Elemente mit auf. Es könnte sonst passieren, dass Ihnen im »echten Diätteil« eine Grundlage für Ihre Rituale fehlt und dass Ihre Ergebnisse nicht so gut ausfallen, wie sie könnten.
Ansonsten beginnen Sie den achten Tag genauso wie den siebten und machen sich erneut klar, was Sie heute Morgen essen wollen (das gilt auch für den übrigen Tag). An diesem und den restlichen Tagen bis zum Vollmond können Sie wählen: Entweder Sie wiederholen einige der Übungen und Rituale, vielleicht diejenigen, bei denen Sie gern noch mehr Informationen gesammelt hätten. Oder Sie wählen welche aus, die Sie lieber weggelassen hätten. Vielleicht entdecken Sie dabei spannende Dinge, die Sie bisher noch nicht wahrgenommen hatten. Spielen Sie mit den Übungen, stellen Sie um, probieren Sie aus – und vergessen Sie nicht, Ihre Ergebnisse aufzuschreiben.

Magische Gummibären

Bevor es nun losgeht, brauchen Sie noch etwas Unterstützung – in diesem Fall von den magischen Gummibärchen. Für das folgende Ritual können Sie die kleinen bunten Gummitiere benutzen oder auch Kleietabletten oder kleine Schokobonbons mit Minze. Sie wissen schon, die mit dem rosa und weißen Zuckerguss. Letztere sind meine persönlichen Favoriten. Wählen Sie auf jeden Fall etwas aus, was bei Ihnen gute Laune verursacht. Wenn Ihnen das schon mit Kleietabletten gelingen sollte, umso besser.
Außer Ihren Gummibärchen legen Sie sich alles zurecht, was Sie üblicherweise für Ihren magischen Kreis brauchen. Zu-

sätzlich können Sie ihn ausschmücken, so viel Sie möchten, schließlich sind Sie ja bereits eine alte Häsin, was die Rituale betrifft. Da Sie die Gummibärchen oder was Sie sich eben ausgesucht haben, noch eine ganze Weile benutzen werden, lohnt es sich, ein bisschen Aufwand zu treiben. Vertrauen Sie auf Ihren Spieltrieb und bereiten Sie sich und Ihren Gummiteddys ein schönes Ritual vor. Hier ein Vorschlag, wie Sie es machen könnten: Sie brauchen eine bunte Schale, möglichst aus Ton oder ähnlichen Naturmaterialien, wenn Sie etwas selbst Gemachtes verwenden können, umso besser. Dann brauchen Sie noch etwas Salz und ein sauberes Tuch, das groß genug ist, um darin alle Gummibärchen, die Sie verzaubern, einwickeln zu können.

Bevor Sie Ihr Ritual beginnen, reinigen Sie die Gummibärchen. Es liegt in der Natur der Sache, dass Sie dafür kein Wasser nehmen können, schließlich wollen Sie keine bunte süße Brühe bekommen. Neben Wasser eignet sich auch Salz zur Reinigung von magischen Gegenständen. Legen Sie die Gummibärchen auf eine flache Unterlage und bestreuen Sie sie gleichmäßig mit Salz. Am besten, Sie bedecken sie ganz mit Salz. Halten Sie dann Ihre Hände mit den Handflächen nach unten über das Salz und bitten Sie darum, dass alle unbrauchbaren Einflüsse aus den Gummitieren in das Salz übergehen. Verweilen Sie dabei so lange, bis Ihnen Ihr Gefühl sagt, dass es genug ist. Verlassen Sie sich auf Ihren ersten Impuls. Wenn Sie die Gummibären nicht einzeln aus dem Salz fischen wollen, können Sie dafür auch ein Küchensieb verwenden. Legen Sie sie nun auf Ihren bunten Teller – falls es nichts Buntes in Ihrer Wohnung gibt, nehmen Sie einen einfarbigen, der für Sie das Gefühl von Lebensfreude symbolisiert.

Das Salz können Sie auch weiterhin für magische Reinigungen verwenden, nur zum Würzen eignet es sich nicht mehr, da Sie sonst all die Energien aus dem Salz wieder in Ihrer Nahrung hätten, und das wäre nicht der Sinn der Sache. Wenn Sie zwischenzeitlich mal den Eindruck bekommen, Ihr Salz könnte ebenfalls etwas Reinigung vertragen, schauen Sie auf Seite 255 f. nach, dort finden Sie eine Gebrauchsanweisung, wie Sie das Salz von all den eingelagerten Energien befreien können.

Wählen Sie für Ihr Ritual einen Tag während des abnehmenden Mondes aus und legen Sie sich alles bereit, was Sie für das Ritual und den magischen Kreis brauchen.

- **Entspannen Sie sich einen Augenblick und stellen Sie sich auf das ein, was Sie vorhaben. Schließen Sie wie üblich den magischen Kreis. In die Mitte des Kreises stellen Sie Ihren Teller mit den Gummibärchen, daneben legen Sie das Tuch, in dem Sie sie aufbewahren wollen.**

- ***Nehmen Sie nun eines nach dem anderen in die Hand. Jedes Einzelne, das Sie nehmen, halten Sie kurz zwischen den Händen, etwa ein oder zwei Atemzüge lang.***

- **Dabei visualisieren Sie, wie es sich mit Energie füllt, um Sie bei Ihrem Vorhaben des Pfunde-purzeln-Lassens zu unterstützen. Stellen Sie auf diese Weise so viele Schlankmacher her, wie Sie wollen und wie es Ihre Konzentration zulässt. Sie werden merken, wenn Sie abschweifen. Dies ist der richtige Zeitpunkt, um aufzuhören.**

- ***Legen Sie die verzauberten Gummibärchen auf das Tuch, die restlichen lassen Sie auf dem Teller liegen.***

- **Bleiben Sie noch einen Augenblick ruhig und mit geschlossenen Augen sitzen. Halten Sie dabei noch einmal die Hände über die verzauberten Gummitiere und sprechen Sie ein kräftiges »So soll es sein!« darüber. Nun können Sie Ihre Augen öffnen. Stehen Sie langsam auf, damit Ihnen nicht schwindelig wird, und öffnen Sie den magischen Kreis wieder.**

Räumen Sie wie gewohnt alles weg und wickeln Sie die Gummibären in das Tuch ein. Wenn Sie nun während der zwei Wochen Diät das Gefühl haben, Sie könnten eine echte Schlankheitspille vertragen, dann nehmen Sie eines dieser Gummibärchen, lutschen es und visualisieren dabei Ihr Ziel. Machen Sie sich keine Sorgen, ob Gummibären dick machen. Ihr Problem sind im Zweifelsfall nicht die Gummitiere, sondern das, was Sie sich zusätzlich zu den Teddys einverleiben.

1
2
7
4
10

14 TAGE KÜCHENZAUBER GEGEN PFUNDE

Sie haben inzwischen schon sehr ausgiebig übers Abnehmen nachgedacht und Ihr Leben aus den unterschiedlichsten Blickwinkeln betrachtet.

Und trotzdem beißt die Maus keinen Faden ab: Ihre Küche ist der wichtigste Ort, wenn es um Diät und Essen geht. Daher ist es wichtig, dem Thema Küchenzauber ein wenig Zeit zu widmen. Eine verflixte Diätfalle heißt Kühlschrank. Wandern Sie doch mal mit dem Buch in der Hand hinüber und werfen Sie einen Blick hinein. Vermutlich stellen Sie dabei fest, dass der Inhalt Ihres Kühlschranks nicht gerade einem Aufbewahrungstempel für Kostbarkeiten dient, sondern sich eher zwischen abgegraster Müllhalde und unübersichtlichem Kramladen einordnen lässt.
Erinnern Sie sich an das Kapitel über die Rezepte für die ersten zwei Wochen der Hexendiät. Es geht in diesen beiden Wochen überhaupt nicht darum, dass Sie bestimmte Nahrungsmittel aus Ihrem Speiseplan streichen, sondern darum, Ihren Blickwinkel zu verändern. Wenn Sie zum Beispiel eine Tafel Schokolade vor sich haben, könnten Ihnen verschiedene Dinge durch den Kopf gehen: Ich habe fleißig gearbeitet und verdiene eine Belohnung ... Ich habe nichts geschafft, dann will ich mich wenigstens trösten ... Noch eine Tafel macht auch keinen Unterschied mehr ... Reizende Gedanken, finden Sie nicht auch? Die arme Schokolade! Wofür soll sie denn noch alles herhalten? Hoffentlich machen Sie sie nicht auch noch fürs Wetter verantwortlich ... bei dem schlechten Wetter kann man ja nur zu Hause bleiben und Schokolade essen ...
Verschiedene Nahrungsmittel geben Ihnen Zugang zu unterschiedlichen Energien; eine Binsenweisheit, sollte man meinen. Schließlich sind wir heute mehr oder weniger darauf getrimmt, von jedem Lebensmittel die Anzahl der Kalorien zu wissen, seinen Anteil an Kohlehydraten und Spurenelementen zu kennen. Wir haben alles so gut unter Kontrolle, dass die Industrie inzwischen künstliche Ballaststoffe ins Joghurt oder die Milch mischt und uns das dann als besonders fortschrittlich oder gesund zu überhöhten Preisen unterjubelt, wenn es doch eine ganz einfache Scheibe Schwarzbrot ebenfalls tun würde. Aber die finden Verbraucher nicht akzeptabel. Vielleicht wird es Zeit, vom abhängigen Verbraucher zum Künstler, genauer zum Küchenkünstler zu werden.
Egal, ob Sie es lieben, den ganzen Tag zwischen Töpfen und Pfannen zu verbringen, oder ob Sie lieber einen großen Bogen darum machen, essen müssen Sie auf jeden Fall. Das heißt
 auch, dass Sie nicht umhin kommen, sich auf die eine oder

andere Weise mit der Zubereitung von Speisen zu beschäftigen. Selbst wenn Sie nur ein Heer von Dienstboten anleiten sollten, irgendjemand muss auch da bestimmen, welche Speisenfolge es denn bitte sein soll. Vermutlich nennen Sie aber nur eine mechanische Spülhilfe Ihr Eigen und sind deshalb häufiger, als Ihnen lieb ist, an Herd und Spüle zugange. Falls Sie zu den absoluten Küchenmuffeln gehören: Dieses Buch ist nicht dazu gedacht, Sie in einen Kochrausch zu versetzen, aber probieren Sie doch mal das eine oder andere aus Neugierde aus und stellen dabei fest, dass der Herd nicht beißt. Und schließlich können Sie Ihre Kreationen ja auch erst einmal allein vor sich hin verzehren, wenn Ihnen die ersten Ergebnisse Ihrer Kochkünste zu peinlich sein sollten.

Grundsätzliches zu Grundsätzen

Grundsätzlich ist alles erlaubt, was Ihnen gefällt und schmeckt. Doch halt, auch hier lauert wieder die Falle des Schokopuddings. Beginnen Sie nicht, in der Küche zu werkeln, wenn Sie nicht bereits eine Vorstellung davon haben, was Ihnen wirklich gut tut. Haben Sie womöglich ein paar Kapitel überschlagen? Dann aber zurück zum Anfang, und nicht drücken!
Grundsätzlich können Sie mit fast allem abnehmen: Gemüse, Fleisch, Reis, Fisch, Salat und was den Diät-Gurus zwischen Hollywood und Leipzig sonst noch einfallen könnte. Es gilt auch hier wieder, dass Sie allein entscheiden, welches Lebensmittel sich auf Ihrem Teller tummelt.

Endlich purzeln die Pfunde

Und nun geht es endlich direkt an die Speckröllchen. Sie wissen inzwischen genau, welche Lebensmittel gut für Sie sind, und Sie haben sich bereits eine Reihe von kleinen Fehltritten gegönnt, beste Voraussetzungen dafür, die folgenden Übungen und Rituale erfolgreich anzuwenden.

Vor allem haben Sie herausgefunden, dass alles seine Zeit braucht. Stellen Sie sich vor, Sie spielen ein Spiel. Da springen Sie ja auch nicht gleich vom Anfangs- zum Zielfeld, ohne die Zwischenfelder einzubeziehen, und Sie lesen vorher die Spielanleitung.

Also entspannen Sie sich und spielen Sie drauflos. Wenn es beim ersten Mal nicht gleich super läuft, üben Sie halt. Genauso sieht es auch mit Ihren Pfunden aus. Gehen Sie gerade zu Beginn dieser zwei intensiven Abnehmwochen alles entspannt an. Sie haben überhaupt keinen Grund zum panischen Hungern. Es ist genug Diät für alle da. Und schließlich weiß zu diesem Zeitpunkt immer noch niemand, was Sie da machen. Das heißt, niemand steht daneben und schüttelt den Kopf, wenn sich auf der Waage mal ein, zwei Tage nichts bewegt. Mischen Sie zu Ihren bisherigen oder bereits veränderten Essgewohnheiten die Grundrezepte (siehe Seite 117 ff.) dazu und probieren Sie fröhlich aus, welche Kombinationen von Zutaten Ihnen besonders gut tun.

Jetzt aber ran an den Speck. Wie schon an anderer Stelle erwähnt, beginnen Sie die beiden Wochen zwischen Voll- und Neumond wieder damit, dass Sie sich etwas gönnen. Überlegen Sie, was Sie sich kaum gestatten: ein entspannendes Bad, einen Besuch im Zoo – damit Sie endlich mal mitreden können, schließlich haben Ihre Lieben in den letzten Wochen dort einen Großteil ihrer Zeit verbracht –, zwei Stunden bei der Kosmetikerin oder beim Friseur, eine Wohlfühlmassage, Kegeln mit den Mädels oder einfach nur einen Waldspaziergang. Falls Sie sich nicht entscheiden können, sondern am liebsten gleich fünf oder sechs Dinge auf einmal tun würden, werfen Sie entweder eine Münze oder Sie machen mal wieder eine Liste. Die können Sie in den folgenden Wochen locker abarbeiten, denn die Gelegenheit, sich selbst zu verwöhnen, werden Sie noch mehrfach haben.

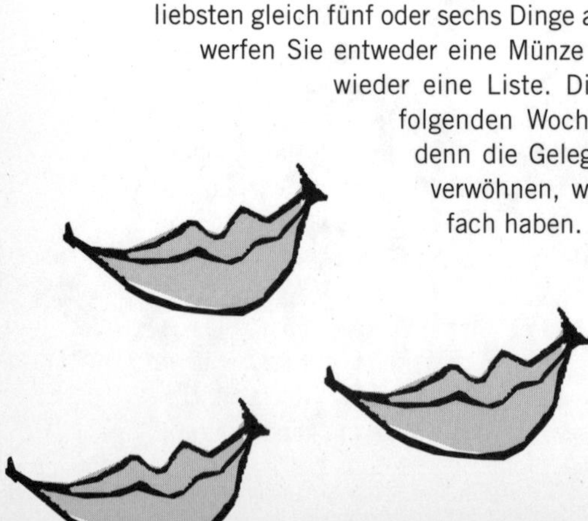

Los geht's

An diesem ersten Tag stehen Sie wie immer morgens vor Ihrem Kühlschrank und wissen nach den ersten zwei Wochen ja nun ganz genau, was Sie tatsächlich essen wollen und was nicht. Wahrscheinlich hat sich inzwischen eine Art Routine entwickelt, wie Sie den Tag beginnen. Bleiben Sie weiter bei dem, was Sie schon in den ersten beiden Wochen getan haben, allerdings gehen Sie ab heute noch einen Schritt weiter. Von den Dingen, die Sie sich für Ihre Mahlzeit ausgewählt haben, lassen Sie jetzt etwas weg, auf das Sie gut und gern verzichten können, um Ihrem Ziel näher zu kommen. Um mal bei dem Beispiel vom Anfang zu bleiben: Da liegt eine Scheibe Brot, etwas Butter, daneben ein großer Klecks Marmelade; da steht ein großer Becher Kaffee und daneben Milch und Zucker – in einem Wort: ein ganz normales Frühstück.
An diesem Punkt gibt es zwei Möglichkeiten, die sanfte oder die radikale. Entscheiden Sie, welche Ihnen lieber ist. Die sanfte Variante ist sehr einfach. In unserem Beispiel nehmen Sie an diesem Morgen mal keine Marmelade zu sich und genießen stattdessen nur eine Butterstulle. Oder Sie geben statt der üblichen Löffel Zucker nur Milch in den Kaffee. Wenn Sie das zum ersten Mal machen, könnte es sein, dass Sie noch einen echten Verlust verspüren. Es könnte sein, dass Sie tatsächlich das Gefühl haben, Ihnen würde an diesem Tag etwas Wesentliches für Ihr Wohlbefinden fehlen. Wenn dem so ist, dann sollten Sie sich am besten noch mal mit den Übungen zum Thema Loslassen (siehe ab Seite 75) befassen.
Wenn Sie den Eindruck haben, dass es so schon ganz gut läuft, dann werden Sie noch etwas radikaler und nehmen zusätzlich noch etwas aus dem Programm: Zum Mittagessen gibt es keine drei Knackwürste mit Kartoffelsalat, sondern Kartoffelsalat pur oder vielleicht nur die Gemüsebeilagen, die Sie sonst eher liegen lassen. Denken Sie auch beim Essen daran, wie schon bei den Lebensmitteln, diesem Ihre ganze Aufmerksamkeit zu widmen. Lassen Sie sich so wenig wie möglich ablenken.
Egal, wie viel Sie tatsächlich weglassen, übertreiben Sie es nicht. Lassen Sie also nicht gleich das ganze Frühstück ausfallen, nur um dann zu Mittag sehnsüchtig auf das Hacksteak Ihres Nachbarn zu linsen. Nehmen Sie sich nur so viel vor,

wie Sie locker schaffen, schließlich ist das Ihr erster Tag. Zudem können Sie schnell Mangelerscheinungen und Heißhunger bekommen, wenn Sie nicht nach und nach abnehmen, sondern es allzu radikal probieren. Den berühmten Jojo-Effekt hinterher kennen Sie ja schon zur Genüge. Wenn Sie es langsam angehen lassen, haben Sie abends auf jeden Fall ein Erfolgsgefühl statt Frust. Wenn Sie Ehrgeiz entwickeln, steigern Sie sich lieber an den folgenden Tagen. Am Ende des ersten Tages feiern und bekräftigen Sie Ihre Willensstärke. Wenn Ihnen dazu ein einfaches Gläschen Mineralwasser nicht reicht, dann nehmen Sie sich doch die Zeit und gönnen sich gleich ein ganzes Bad zur Willensstärkung.

Kraftbad

Wenn Sie zu den Glücklichen gehören, die ein Badezimmer mit Wanne besitzen, nehmen Sie sich für Ihr Kraftbad richtig viel Zeit. Falls Sie Ihre Badeoase mit Partner oder Partnerinnen, mit Kind und Kegel teilen, dann schicken Sie alle am besten zeitweilig in die Wüste – wahlweise auch Kinderzimmer oder Kneipe, je nach Alter. Damit hätten Sie dann schon die erste Hürde auf dem Weg zu einem starken Willen erfolgreich genommen.
Wenn Sie sich also das Badezimmer erobert haben, brauchen Sie verschiedene Zutaten, die Ihnen den Rücken und Willen stärken können. Zunächst brauchen Sie natürlich Wasser, das Sie am besten einlaufen lassen, während Sie Ihren magischen Kreis (Seite 230) schließen. Dazu können Sie entweder verschiedene Kräuter oder ätherische Öle ins Badewasser geben. Vergessen Sie bei größeren Mengen von Kräutern nicht, sie in einem angemessenen Behälter unterzubringen, damit sie am Ende Ihres Bades nicht etwa den Abfluss verstopfen. Achten Sie bei ätherischen Ölen (siehe auch Seite 223 ff.) bitte darauf, dass das von Ihnen gewählte Öl hautverträglich ist und Sie nicht allergisch auf irgendeinen Bestandteil Ihres magischen Bades reagieren. Ob Sie sich für Kräuter oder Öl entscheiden, liegt bei Ihnen. Wählen Sie etwas aus, das Ihnen angemessen erscheint: Salbei, wenn Sie Klarheit brauchen, Lavendel bei zu viel Aufregung oder Ylang-Ylang, wenn Sie Ihre Sinnlichkeit stärken möchten. Sie können auch kombinieren und beispielsweise Salbeiblätter und Ylang-Ylang-Öl verwenden.

Entspannen Sie sich kurz und gehen Sie in die Ruhe. Da Sie bei diesem Baderitual eine sehr klare Absicht verfolgen, nehmen Sie das ruhig schon auf, wenn Sie die Geister der Elemente, Götter oder Hüter der Himmelsrichtungen rufen. Bitten Sie um Unterstützung für Ihr Vorhaben und dass Ihnen Rücken und Wille gestärkt werden mögen.

• *Je nachdem, wie schnell Sie waren, könnte in der Wanne bereits genügend Wasser eingelaufen sein. Wenn ja, drehen Sie das Wasser ab und geben nun die von Ihnen gewählten Beigaben unter Rühren hinein. Nehmen Sie zum Umrühren einfach Ihre Hand. Achten Sie darauf, sie im Uhrzeigersinn kreisen zu lassen, denn Sie wollen Ihre magische Energie herbeirufen und stärken. Visualisieren Sie beim Durcheinandermischen, wie Sie beim Anblick von Kalorienbomben und Schleckereien standhaft bleiben, wie Sie das genießen, was Sie sich bisher noch gar nicht vorstellen konnten, zum Beispiel Quarkbrot als Lieblingsnachtisch (Sie würden nicht glauben, wovon Sie sich alles überzeugen können!). Stürzen Sie sich nicht gleich auf Ihr Hass-Lebensmittel Nummer eins. Nehmen Sie was Einfaches, irgendetwas, von dem Sie schon wissen, dass es gut tut, und wovon Sie mehr zu sich nehmen möchten.*

• Sie können sich auch gern das Endergebnis Ihrer Willenskraft gleich mit vorstellen: Visualisieren Sie sich, wie Sie aussehen werden, wenn Sie Ihre Hexendiät beendet haben. Lassen Sie dabei auch Details einfließen, etwa wie Sie mit Ihrem Lieblingsoutfit in Ihrer Traumgröße vor einem großen Spiegel stehen. Stellen Sie sich das so ausladend und ausgefeilt wie Sie mögen vor – aber lassen Sie vor lauter Visualisieren Ihr Badewasser nicht kalt werden.

• *Wenn Sie so weit sind, steigen Sie in die Wanne. Legen Sie sich mit geschlossenen Augen hin und nehmen Sie die Kräfte in sich auf, die Sie vorher hineingerührt haben.*

• Bleiben Sie so lange liegen, wie Sie sich auf Ihr Vorhaben konzentrieren können, selbst wenn es nur wenige Minuten sind. Es gibt keine vorgeschriebene und richtige Zeit dafür. Und sehr lange bedeutet nicht automatisch mehr Wirkung. Kurz und mit Karacho bringt mehr als ein lang gezogenes Ritual, bei dem Sie irgendwann zu schläfrig sind, um sich überhaupt noch richtig an Ihre Absicht zu erinnern.

- *Wenn Sie fertig sind, steigen Sie wieder aus der Wanne, entfernen (wenn nötig) die Kräuter und lassen das Wasser ab. Bedanken Sie sich dabei kurz, aber nachhaltig bei den Wassergeistern, die Sie so großzügig unterstützt haben.*

- **Achten Sie beim Abtrocknen darauf, nicht zu rubbeln. Tupfen Sie Ihre Haut so ab, als ob Sie mit einer kostbaren Schutzschicht, die bei zu heftiger Berührung verschwindet, umhüllt wären. Wenn Sie mögen, können Sie sich noch mit einer Lotion einreiben, der ebenfalls ätherisches Öl beigegeben ist. *Achtung:* Bitte Vorsichtsmaßnahmen im Kapitel über ätherische Öle ab Seite 223 beachten!**

- *Wenn Sie fertig sind, öffnen Sie Ihren magischen Kreis wieder.*

Es bietet sich an, dieses Ritual abends oder am Wochenende durchzuführen. Sie haben dann eher die Ruhe, alles noch einmal auf sich wirken zu lassen.

Von Tag zwei bis Neumond

Diesen Tag gestalten Sie in etwa so wie den ersten, lassen aber noch etwas mehr weg. Mehr ist hier nicht unbedingt als Mengenangabe gemeint. So könnte es beispielsweise sein, dass Sie plötzlich den Eindruck haben, dass Sie auf Alkohol verzichten wollen, oder aufs Autofahren, Fernsehen oder schlechte Laune. Verzichten Sie getrost. Erkennen Sie, welche Reichtümer sich hinter Ihrem Verzicht verbergen, und machen Sie sich auch klar, auf welche Dinge Sie ganz sicher **nicht** verzichten **wollen**. Zwingen Sie sich zu gar nichts. Wenn Sie wirklich Ihre Pfunde loswerden wollen, brauchen Sie keinen Zwang, nur den Willen, Ihr Ziel zu erreichen.
Sobald Sie das eine oder andere gefunden haben, was Ihnen ein inneres Bedürfnis ist, verzichten Sie auf keinen Fall darauf. Passen Sie auf, dass Sie nicht Schokoladentorten oder

Pommes mit einer doppelten Portion Mayonnaise zum unverzichtbaren Teil Ihres Lebens erklären. Dafür sterben würden Sie schließlich nicht. Wenn derartig offensichtliche Hintertüren aufgehen, dann schließen Sie diese einfach wieder, indem Sie sich noch einmal vergegenwärtigen, was tatsächlich gut für Sie ist. Spätestens dann fallen Schoko & Co. hinten runter.
Feiern Sie die Dinge, die Ihr Leben verschönern und bereichern, egal, ob es sich dabei um Ihr Lieblingsbuch, nette Menschen oder einen Sonnentag handelt. Gönnen Sie sich eine besonders schöne Kerze, ein besonders angenehm duftendes Öl – irgendetwas, das Sie sinnlich daran erinnert. Bedanken Sie sich für die Existenz dieser wunderbaren Sache, indem Sie immer mal wieder die Kerze anzünden oder des Öfteren an Ihrem Öl schnuppern. Rufen Sie sich so oft wie möglich ins Gedächtnis, wie gut es Ihnen dabei geht.

Rezepte für zwei Wochen Hexendiät

Bei den Rezepten für die zwei Wochen Hexendiät geht es nicht einfach nur um Kochrezepte, wenngleich auch diese nicht fehlen. Sie brauchen auch keine neue Küchenwaage anzuschaffen, um jedes Gramm abzuwiegen.
In den Ritualen und Übungen ab Seite 157 können Sie in diesen Tagen wichtige Erfahrungen machen, die Ihnen jetzt beim Abnehmen helfen.
Wichtig ist, dass Sie sich in den Tagen zwischen Vollmond und Neumond Hilfe holen, wenn Sie zum Beispiel Kinder haben. Es könnte schwierig sein, ein rituelles Bad zu nehmen oder ein Kräutersäckchen zu verzaubern, wenn einem neugierige Zwerge ständig über die Schulter schauen oder gern mitbaden möchten.
Wichtig ist auch in diesen zwei Wochen, dass Sie sich selbst nicht unter Druck setzen. Auch wenn am Ende der zwei Wochen nur wenige Gramm und nicht gleich zehn Kilos fehlen, machen Sie sich keinen Stress und geraten Sie nicht in Panik. Schließlich haben Sie

Setzen Sie sich nicht unter Druck und geraten Sie nicht in Panik, wenn am Anfang die Pfunde nur langsam purzeln.

sich überflüssige Pfunde – und welche überflüssig sind, entscheiden Sie ganz allein! – auch nicht in zwei bis drei Tagen zugelegt. Nur mit der Ruhe. Sie erleben gerade eine der spannendsten Zeiten Ihres Lebens – genießen Sie es! Klingt komisch in Zusammenhang mit einer Diät? Mitnichten, denn schließlich werden Sie am Schluss ein neues tolles Körpergefühl bekommen, sich endlich mal richtig wohl in Ihrer Haut fühlen und Ihr Leben selbst gestalten. Lassen Sie sich ruhig noch etwas Zeit, schließlich können Sie nicht alles selbst machen. Denken Sie daran, dass Sie außer Ihren ungeliebten Kilos nichts zu verlieren haben.

Dose oder Frisches

Falls Sie sich schon länger mit Energiearbeit beschäftigen, ist Ihnen vielleicht schon aufgefallen, dass es sehr viel angenehmer ist, Früchte und Gemüse der Saison zu essen, als mitten im Winter Erdbeeren aus dem Kongo zu sich zu nehmen. Mal abgesehen davon, dass die nach gar nichts schmecken, wenn Sie den Vergleich mit den Frühjahrsbeeren Ihrer Region ziehen. Aber nicht nur geschmacklich verändern sich Früchte auf einer langen Reise. Ernährungswissenschaftler haben schon lange erforscht, dass sich wichtige Inhaltsstoffe wie Vitamine nicht besonders gut über längere Strecken transportieren lassen. Gleiches gilt auch für alle anderen Energien, die sich in Lebensmitteln befinden.
Überlegen Sie sich doch mal, Sie selbst würden tagelang um den halben Erdball gereicht. Von Langstreckenflügen oder längeren Reisen wissen Sie, dass Sie hinterher nur schlapp sind. Nun geht es hier nicht darum, zu behaupten, der Mensch sei wie ein Gemüse, aber die Vorstellung, dass andere lebende Organismen weniger stressig reisen als Sie und dabei keinerlei Energie verlieren würden, klingt eher unlogisch.

Ähnliche Energieverluste bekommen Sie im Übrigen auch, wenn Sie so genannte hochwertig verarbeitete Lebensmittel verwenden. Zum einen wissen Sie nie ganz sicher, was da wirklich drin ist – oder haben Sie im Kopf, was E432 oder E314 ist? –, und zum anderen wissen Sie ebenso wenig, welche Wirkung diese Beigaben auf Sie haben. Langzeit- und Wechselwirkungen lassen sich bis heute schlecht abschätzen. Außerdem sind getrocknete Tütensuppen oder mehrfach konservierte und geschmacksverstärkte Fertiggerichte bereits durch so viele Hände und Maschinen gegangen, dass Sie diesen ganzen energetischen »Ballast« gleich mitvertilgen. Entscheiden Sie selbst, ob Sie das als belastend empfinden oder nicht.
Generell ist es immer am einfachsten, magische Rituale mit Lebensmitteln durchzuführen, die möglichst wenig verarbeitet worden sind, bis Sie sie auf Ihrem Schneidebrett oder im Kochtopf haben. Wenn Sie noch ein Übriges tun wollen, können Sie außerdem darauf achten, dass Ihre Nahrungsmittel umweltverträglich hergestellt werden. Sie tun damit nicht nur sich selbst einen gesundheitlichen Gefallen, sondern belasten damit auch unser aller Mitwelt möglichst wenig.

Regenbogen zum Frühstück

Wenn Sie an Ihr übliches Frühstück denken und anschließend misstrauisch Ihr Brötchen beäugen, dann herzlichen Glückwunsch. Sie haben schon die erste Hürde genommen, die da lautet: Das haben wir schon immer oder das haben wir noch nie so gemacht.

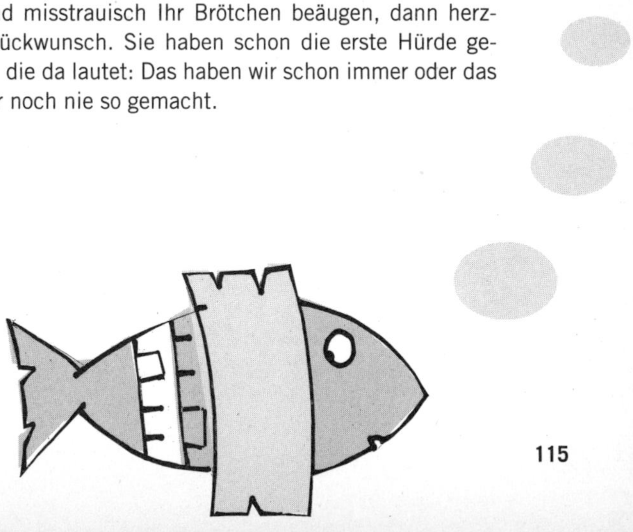

Falls Sie mal etwas ganz anderes ausprobieren wollen, starten Sie doch in den Tag, indem Sie einen Regenbogen essen. Hier ist Obst angesagt. Natürlich wissen Sie als Diätprofi bereits, dass Früchte gut für Sie sind, und haben vielleicht schon mal diese oder jene Hollywood-Diät mit oder ohne Ananas ausprobiert. In diesem Fall geht es aber nicht um bestimmte Früchte, sondern um Ihre Lieblinge. Wenn Sie beispielsweise für Erdbeeren schwärmen, haben Sie schon mal was für die Farbe Rot im Regenbogen, für Gelb könnten Sie Bananen einsetzen, für Orange Pfirsiche oder Nektarinen, für Grün zum Beispiel Stachelbeeren, für Blau Trauben oder Blaubeeren, für Violett nehmen Sie Brombeeren. Wenn Sie Ihre Abnehmwochen im Winter durchführen, kann es mit frischem Obst aus der Region schwierig werden. Weichen Sie auf Omas eingemachte Früchte aus oder nehmen Sie einfach Saft anstelle von Obst. Dann brauchen Sie allerdings noch etwas Kräftiges wie Müsli oder Ähnliches für die Substanz im Frühstück. Wenn Sie verarbeitete Früchte verwenden, achten Sie auf ein möglichst schonendes Verfahren: Gedünsteter Rhabarber eignet sich entweder für Grün oder Rot, getrocknete Äpfel können Sie für Gelb nehmen, etwas Traubensaft bringt Blau in Ihren Obstcocktail.

Falls Sie mal etwas ganz anderes ausprobieren wollen, starten Sie doch in den Tag, indem Sie einen Regenbogen essen.

Bei der Auswahl Ihrer Zutaten richten Sie sich am besten nach Ihrem Geschmack und der Jahreszeit. Achten Sie bei allen Früchten möglichst auf Frische, und wenn Ihnen zu irgendeiner Jahreszeit mal die eine oder andere Farbe fehlt, dann nehmen Sie Gewürze hinzu: Roter oder Grüner Pfeffer beispielsweise haben noch keinem Obstsalat geschadet.

Bereiten Sie nur so viel Obstsalat zu, wie Sie auch verbrauchen werden. Wenn es denn mal sein muss, können Sie Reste zur Not auch im Kühlschrank aufbewahren. Falls Sie gar nichts für Obstsalat übrig haben, können Sie auch alles in einen Mixer geben und sich einen leckeren Fruchtcocktail brauen. Bei der Zubereitung von Salat oder Drinks visualisieren Sie am besten die jeweilige Farbe, die Sie verarbeiten. Lassen Sie diese Farbe aus der Frucht über Ihre Hände in den ganzen Körper fließen. Laden Sie sich damit regelrecht auf. Anfangs brauchen Sie durch diese Visualisierung vielleicht etwas länger für die Zubereitung, aber mit der Zeit werden Sie Übung bekommen, dann geht es ganz flott. Sie werden es

dann sogar innerhalb eines turbulenten Familienfrühstücks schaffen, sich in Rot, Orange, Gelb, Grün, Blau und Violett zu hüllen. Schließlich reichen bei etwas Übung schon wenige Sekunden, um die Verbindung herzustellen.
Eine Variante des bunten Obstsalats ist die bewusste Auswahl einer Farbe. Wenn Sie sich etwas schlapp und energielos fühlen, dann probieren Sie es mal mit einem roten Früchteteller. Rot steht für pure Energie und Freude, Kreativität, den Lebensfunken an sich. Mit Orange können Sie eine angenehme Belebung erreichen, nicht ganz so durchschlagend wie bei Rot. Mit Gelb stärken Sie sich, wenn Sie geistige Arbeiten verrichten wollen oder Ihre Kommunikationsfähigkeit gefragt ist. Die Farbe Grün erdet besonders gut, denn Grün gehört zu allem, was mit Materie zu tun hat. Blau hilft, wenn Sie sich krank fühlen, wenn Sie unter Beziehungsstress leiden oder Sie mit dem Schlafen Schwierigkeiten haben. Violett verbindet Sie mit magischen Energien und Ihrem spirituellen Weg (zu Farben siehe auch Seite 30 und 186 f.).

Zaubersüppchen

Suppen sind zu jeder Jahreszeit leicht selbst zuzubereiten. Sie brauchen dafür weder eine Fernsehküche noch die Fähigkeiten eines Fünfsternekochs. Lassen Sie sich von Ihrem Geschmack und Ihrem Pendel leiten, das Sie ja bereits als richtungsweisend in Sachen Auswahl von Lebensmitteln kennen. Doch eine Suppe ist nicht nur sehr einfach herzustellen, sie macht es Ihnen auch leichter, Ihren täglichen Flüssigkeitsbedarf zu decken.
Bei der Entscheidung, was Sie gern als Süppchen schlürfen möchten, können Sie wieder aus einer Fülle von Zutaten auswählen. Dabei machen sich Gewürze und Kräuter in größeren Mengen auf dem Speiseplan immer gut. Sie haben im Prinzip die Wahl zwischen zwei Grundsuppenarten: püriert oder mit Stückchen. Wenn Sie die Bestandteile Ihrer Suppe pürieren, bekommen Sie eine dickere Flüssigkeit, die einen einheitlichen Geschmack und eine ebensolche Konsistenz hat. Wenn Sie noch erkennen möchten, was Sie da eigentlich in den Kochtopf geworfen haben, sollten Sie auf das Pürieren verzichten und lieber eine klare Suppe, der Sie dann Gemüse in Stückchen beigeben, kochen.

Wenn Sie normale Suppen zu langweilig finden, probieren Sie doch mal eine Brennnesselsuppe oder ähnlich ausgefallene Rezepte aus. Stöbern Sie in Mutters oder Großmutters Kochbuch und fragen Sie nach.

Gebrauchsanleitung für Nichtkocher: Suppe

Kochen Sie mengenmäßig ruhig eine Suppe für zwei Tage, das heißt pro Person etwa einen Liter. Achten Sie darauf, dass Ihr Topf groß genug ist, schließlich wollen Sie nicht nach der Suppen-Meditation die halbe Suppe vom Herd wischen, weil alles übergekocht ist.

Dem Wasser für Ihre Suppe können Sie ohne weiteres ein wenig Ihres Lichtelixiers (Seite 161 f.) zusetzen. Wenn Sie davon etwas zugeben, visualisieren Sie dabei, wie sich alles im Topf mit dieser Kraft auflädt.

Falls Sie keine Vorstellung haben, welche Gemüsesorten sich besonders gut für Suppen eignen, stöbern Sie mal in einem x-beliebigen Kochbuch oder wählen Sie sich eine beliebige Mischung aus der Liste, die Sie am Ende der Rezeptvorschläge ab Seite 145 finden.

Stellen Sie als Erstes den Topf ohne Wasser auf den Herd. Nehmen Sie nun das Gemüse und schneiden Sie pro Suppenteller etwa eine Hand voll. Für eine klare Suppe sollten die Stücke relativ klein geschnitten sein, sodass Sie sie später auch ohne Probleme in den Mund schieben können. Achten Sie darauf, dass Ihre Bestandteile möglicherweise unterschiedlich lange Garzeiten haben und Sie deshalb nicht alles gleichzeitig baden schicken dürfen.

Falls Sie Ihre Suppe sowieso pürieren, können die Zutaten auch großzügiger verhackstückt werden, da sie ohnehin als Einheitsbrei enden.

Geben Sie wahlweise Zwiebeln, Paprika, Knoblauch und Lauch, alles klein geschnippelt, mit ein wenig Fett in Ihren Suppentopf und braten Sie es kurz an. Dann fügen Sie Wasser und den Rest Ihres Gemüses dazu (was die längste Garzeit hat, kommt zuerst in den Topf). Würzen Sie mit Brühwürfel, Salz und Pfeffer nach Geschmack. Kochen Sie dann alles bei wenig Hitze, bis es gar ist.

Bei klarer Suppe geben Sie an dieser Stelle frische Kräuter dazu und servieren. Wenn Sie pürieren wollen, nehmen Sie den Topf vom Herd und bearbeiten Ihr Gemüse so lange mit dem Zauberstab oder einem anderen Püriergerät, bis Ihre Suppe nur noch die Stückchen enthält, die den Messern der Maschine entwischt sind. Nun können Sie auch hier Ihre Kräuter hinzufügen und servieren.
Während des ganzen Vorgangs können Sie ständig und mit Begeisterung visualisieren, was das Zeug hält. Oder Sie betrachten es einfach nur als erholsam meditative Übung. Bleiben Sie aber auf jeden Fall mit Ihrer Aufmerksamkeit bei Ihrem Essen.

Lassen Sie sich bei der Auswahl von Lebensmitteln von Ihrem Geschmack und Ihrem Pendel leiten und essen Sie dann aufmerksam.

Salat aus dem Hexengarten

Auch Salate sind für Diäterfahrene liebe Weggenossen. Wenn Sie mal Lust auf etwas ganz Neues haben, können Sie sich selbst daran machen, einen Salat zusammenzustellen. Wenn Sie es lieber konservativ mögen, gehen Sie einfach auf den Wochenmarkt und kaufen sich dort Ihre Zutaten. Im Frühjahr und Sommer haben Sie reichlich Auswahl. Falls Sie eher auf Abenteuer aus sind, probieren Sie doch mal einen Salat mit jungen Brennnesselblättern (die pieken noch nicht) oder Löwenzahn. In jedem Fall lohnt sich eine Deko mit Ringelblumen oder anderen essbaren Blüten. Plündern Sie Ihren Garten oder Balkon, wenn Sie dort Kräuter angepflanzt haben (und die Jahreszeit passt), und finden Sie heraus, welche Kräuter Sie besonders mögen, zu welchen Salaten sie passen und was man sonst noch so alles damit machen kann. Auch wenn Sie dabei nicht gleich zur Kräuterhexe werden, finden Sie doch eine Menge über Ihren persönlichen Umgang mit diesen Energieträgern heraus. Sie können natürlich auch wieder auf der Liste ab Seite 145 nachsehen, ob Ihnen da etwas besonders ins Auge springt.
Auch beim Salat können Sie übrigens wieder das Regenbogenverfahren anwenden. Mit dem üblichen Kopfsalat haben Sie schon mal jede Menge Grün, kommen noch ein paar Tomaten dazu, haben Sie auch das Rot abgedeckt. Für Blau können Sie auch in einem herzhaften Salat Trauben wählen, Orange bekommen Sie zum Beispiel mit Ringelblumen oder

Gelb mit einer gelben Paprikaschote. Bei Violett könnten Sie Lollo-rosso-Salat beigeben oder sich auch wieder auf eine fruchtige Beilage wie blaue Trauben verlegen.
Spielen Sie mit den Bestandteilen, wechseln Sie häufiger Ihre Zutaten. Wenn Sie kein gutes Gedächtnis für diese Zusammenstellungen haben, schreiben Sie am besten auf, was Sie in Ihren Töpfen und Salatschalen zusammengebraut haben.
Genau wie bei der Suppe können Sie auch hier wieder für energetischen Ausgleich sorgen. Wenn Sie etwas mehr vom feurigen Element brauchen, nehmen Sie mehr Basilikum, wenn Sie Ihre Bodenhaftung stärken wollen, geben Sie lieber etwas Alfalfa-Sprossen hinzu, die zum Element Erde gehören. Suchen Sie sich aus, was Sie spontan anspricht, oder planen Sie mithilfe der Listen.

Gebrauchsanleitung für Nichtkocher: Salat
Salat lässt sich am besten im Sommer ausprobieren. Da haben Sie die größte Auswahl, besonders wenn Sie einen Wochenmarkt vor der Tür haben.
Besorgen Sie sich einen Kopfsalat, einen Lollo rosso, Möhren, Tomaten, gelbe Paprika, blaue Trauben und Sonnenblumenkerne. Als Kräuter eignen sich Petersilie, Schnittlauch und etwas Borretsch (nur ganz wenig, da er einen starken Eigengeschmack hat). Dazu brauchen Sie noch Salz und Pfeffer, Essig und Öl, etwas Honig und Senf.
Waschen Sie Ihren Salat gründlich (bei Freilandprodukten knirscht es gern und ausgiebig zwischen den Zähnen, wenn Sie zu kurz spülen). Trocknen Sie ihn mit einer Salatschleuder oder, wie es schon Herr Simmel in seinem Roman »Es muss nicht immer Kaviar sein« empfiehlt, in einem Handtuch. Wenn Sie dieses in großen Kreisbewegungen herumwirbeln, machen Sie das am besten im Freien, damit Ihre Küche keine unfreiwillige Dusche bekommt.
Geben Sie alle Zutaten in eine große Schüssel, in der Sie leicht umrühren können.
Für Ihre Soße brauchen Sie einen Becher, in den Sie als Erstes etwa einen Esslöffel Senf geben. Anschließend kommt ein knapper Teelöffel Honig, etwa ein halber Teelöffel Salz und nach Geschmack Pfeffer dazu. Verrühren Sie kräftig und testen Sie, ob es genug Salz ist. Geben Sie nun langsam etwas Essig dazu und rühren Sie die Masse glatt. Geben Sie

dann noch so viel Essig hinzu, bis Sie Ihre Senf-Honig-Masse etwa verfünffacht haben. Geben Sie nun noch einmal etwas mehr als doppelt so viel Öl dazu und rühren kräftig um, bis sich eine Art dicke Soße bildet. Stellen Sie Ihre Soße zum Salat auf den Tisch, dann können sich die Leute so viel nehmen, wie sie wollen. Wenn Sie eine doppelte Portion machen, können Sie das Ganze auch im Kühlschrank aufbewahren, wo sich Ihre Salatsoße sogar einige Zeit hält. Da sich der Essig langsam verflüchtigt, verliert sie höchstens etwas an Geschmack.
Achten Sie beim Essig darauf, Balsamico nur tröpfchenweise als Geschmacksverstärker beizumischen, da sein Eigengeschmack sonst zu stark wird und Ihren Salat erschlägt. Wählen Sie als Hauptsubstanz lieber Wein- oder Obstessig.

Gemüseauflauf für eilige Hexen

Mit Gemüse und Aufläufen halten Sie es am besten so ähnlich wie mit Suppen und Salaten. Wo Sie bei der Suppe sehr viel Wasserenergie tanken und beim Salat mehr die Erdkräfte stärken konnten, nehmen Sie beim Auflauf eher Anlauf für die Feuerkräfte. Sie bereiten das Ganze zwar nicht in einem traditionellen Ofen zu, aber zumindest die Temperatur hat noch viel mit der ursprünglichen Form zu tun.
Wählen Sie Ihre Zutaten wie üblich möglichst frisch aus und lassen Sie bei der Zusammenstellung Ihrer Fantasie freien Lauf. Inzwischen können Sie immer mehr Ihrem Instinkt vertrauen. Wenn Sie ein paarmal mit einer Liste über den Wochenmarkt gegangen sind, auf der Sie sich unter den Elementen die entsprechenden Lebensmittel notieren, haben Sie ganz schnell im Kopf, wohin Möhre, Tomate & Co. gehören. Im Übrigen können Sie auch hier wieder Ihr Pendel einsetzen und Ihre persönliche Hitliste der geeigneten Gemüse und Kräuter erstellen. Denken Sie daran, dass Sie selbst wissen, was gut für Sie ist. Wenn Sie aber immer noch etwas unsicher sein sollten, scheuen Sie sich nicht, jemanden vom Fach zu fragen. Das kann auch Ihr Hausarzt oder eine Ernährungsberaterin sein. Wichtig ist nur, dass die-

Vertrauen Sie Ihrem Instinkt und lassen Sie beim Zusammenstellen der Zutaten Ihrer Fantasie freien Lauf.

se Person wirklich Ihr Vertrauen genießt, denn sonst verschwenden Sie Ihre Zeit, da Sie den Ratschlägen doch nicht folgen werden.

Gebrauchsanleitung für Nichtkocher: Auflauf

Um einen Auflauf vorzubereiten, gibt es zwei verschiedene Möglichkeiten: die etwas aufwändigere und die Zeit sparende. Wenn Sie etwas Aufwand betreiben wollen, dann bereiten Sie zunächst jede Zutat Ihres Auflaufs einzeln vor. Wenn Zwiebeln dabei sind, braten Sie diese vorher an. Gemüse können Sie dünsten, braten, grillen, rösten, blanchieren oder kochen. Das Raffinierte an dieser Zubereitungsart ist, dass Sie jedem Gemüse einen etwas anderen Geschmack verleihen können. Verwenden Sie zu Möhren einmal Sojasoße oder zu Zucchinis Ingwer oder zu roten, grünen und gelben Paprikaschoten Knoblauch. So bekommen Sie nicht nur alle Elemente in Ihren Auflauf, sondern jeder Bestandteil erhält einen ganz eigenen Geschmack, der anders ist, als wenn Sie alles zusammen in einer Form garen würden. Achten Sie beim Vorbereiten darauf, dass das Gemüse noch nicht gar ist, damit Sie nach dem Backen im Ofen keinen Matsch auf dem Teller haben.

Wenn Sie sich noch unsicher sein sollten, was Ihnen gut tut, scheuen Sie sich nicht, fachkundigen Rat einzuholen.

Geben Sie alles in eine Auflaufform und gießen Sie nach Geschmack etwas Wasser mit Brühwürfel dazu. Sie können auch gehackte Kräuter untermischen. Sprenkeln Sie zur Verfeinerung und Verschönerung noch einige geröstete Nüsse, zum Beispiel Pinienkerne, Mandeln oder Walnüsse darüber. Wenn Sie keinen Käse darüber reiben wollen, legen Sie einen Deckel oder ein Stück Alufolie darauf, damit Ihr Auflauf nicht austrocknet. Als Garzeit reichen etwa 25 Minuten, ohne vorzuheizen, oder 15 Minuten mit Vorheizen. Wenn Sie einen Umluftherd besitzen, können Sie gute fünf Minuten abziehen. Die Temperatur auf etwa 200 Grad einstellen.

Der Vorteil der Auflauf-Variante, wo alles gleich zu Beginn in einer Schüssel landet und zusammen schmort, ist die Arbeitsersparnis. Sie schneiden alles klein, würfeln es bunt durcheinander und füllen es in Ihre Form. Geben Sie dann so viel Flüssigkeit hinzu, dass Ihre Auflaufform zur Hälfte bis zwei Drittel gefüllt ist. Legen Sie hier unbedingt einen Deckel drauf, damit nicht zu viel Flüssigkeit verloren geht.

Schieben Sie den Auflauf bei 180 bis 200 Grad, ohne vorzuheizen, für etwa eine Stunde in den Backofen. Verkürzen Sie auch hier wieder die Zeit um etwa zehn Minuten, wenn Ihr Backofen mit Umluft heizt.

Nachtisch & Co.

Süßigkeiten sind ein heikles Thema bei jeder Diät. Wenn der Frust wächst und Schokolade einfach zu gut tut, ist die Versuchung groß. Allerdings schwindet sie etwas, wenn Sie es erst einmal ein paar Tage geschafft haben. Nicht nur Ihr Kopf gehört eindeutig zu einem Gewohnheitstier, auch Ihre Geschmacksnerven gewöhnen sich erstaunlich schnell an die Dinge, die Sie essen. Wenn Sie also häufig Süßes zu sich nehmen – egal, mit welcher Ausrede –, dann haben Sie sich daran gewöhnt wie an jede Zigarette, die Sie rauchen, oder jedes Glas Wein, das Sie trinken.
Wenn Sie sich also von süßen Dingen ganz entwöhnen wollen, hilft nur Abstinenz. Wenn Sie vier Wochen lang keine Schokolade, Eiscreme oder sonstiges Zuckerzeug zu sich nehmen, werden Sie feststellen, dass Sie danach frei entscheiden können, ob Sie den Schokoriegel nun wollen oder nicht. Falls Sie auch nach den vier Wochen noch das Gefühl haben, der Stress im Büro wäre nur halb so schlimm, wenn Sie Ihre tägliche Ration an Schokolade hätten, dann wäre es sinnvoll, sich noch einmal mit dem Thema Ehrlichkeit (siehe auch Seite 165 f. für *Hartnäckige Fälle*) zu beschäftigen und herauszufinden, wofür die Schokolade bei Ihnen herhalten soll. Falls Sie dieser Sache nicht auf den Grund gehen, kann es passieren, dass Sie zwischenzeitlich oder am Ende Ihrer magischen Diät wieder in die alten Verhaltensmuster zurückfallen und dann wieder beim Jojo-Effekt landen. Auch wenn es nicht zu tiefgründig werden sollte, wenn Sie Ihren Pfunden zu Leibe rücken: Wenn Sie nicht den ernsthaften Willen haben, dass Sie in Ihrem Leben und Ihrem Körper etwas grundlegend ändern wollen, dann warten Sie noch. Lassen Sie Diät Diät sein und backen Sie lieber einen Schokoladenkuchen.

Wenn Sie zu den Glücklichen gehören, die nur ab und zu etwas Süßes vertilgen, dann können Sie auch während Ihrer Diät dabeibleiben. Achten Sie dann allerdings darauf, dass es nicht gerade derartige Energiebomben wie zum Beispiel Mousse au chocolat sind, die Sie sich reinziehen. Am besten wäre es natürlich, wenn Sie bis auf einige magische Gummibärchen (Seite 101 ff.) gar keine Süßigkeiten naschen müssten.

Wenn Sie der Heißhunger nach etwas Süßem überfällt, sind Bananen oder auch Steinobst genau das Richtige für Ihre Gelüste.

Zucker ist nicht nur bezüglich des Nährwerts kein Hit, sondern auch magisch gesehen können Sie mit den weißen Krümeln nicht viel anfangen. Falls Sie braunen Zucker benutzen, können Sie schon mal einen Teil der Raffinade ausschließen. Allerdings bleiben noch reichlich Bearbeitungsschritte übrig, die nicht mehr viel von der ursprünglichen Energie übrig lassen. Probieren Sie es aus magischen Gründen lieber mit Sirup, wenn möglich sogar aus biologischem Anbau. Solche Lebensmittel sind zumindest mit weniger umweltschädlichen Methoden hergestellt als die üblichen Produkte aus dem Supermarkt. Auch Honig ist besser, allerdings gilt es auch hierbei, nicht nur das Kaltschleudern zu beachten, sondern auch die sonstige Herstellung. Schließlich berauben die Honighersteller die fleißigen Bienen ihres Lohnes, auch da lohnt es sich, genauer hinzusehen, bei wem Sie Ihren Honig kaufen. Machen Sie sich doch mal die Mühe und besorgen Sie sich Honig, der nicht mit Zucker angefüttert wurde.

Wenn Sie es ohne etwas Süßes einfach nicht aushalten, dann nehmen Sie statt eines Schokoriegels lieber das berühmte Stück Obst. In dieser Hinsicht unterscheidet sich auch die Hexen- nicht von der Brigitte- oder der Hollywood-Diät. Besonders im Sommer haben Sie eine schier unendliche Auswahl. Richtig schön süß sind Melonen, doch auch Steinobst, Himbeeren, Erdbeeren oder Birnen etwa sind nicht zu verachten, wenn Sie Ihren Heißhunger auf etwas Süßes stillen wollen. Auch wenn es Ihnen anfangs nicht so vorkommt, als ob Sie da etwas richtig Süßes essen, Sie werden sich schnell daran gewöhnen.

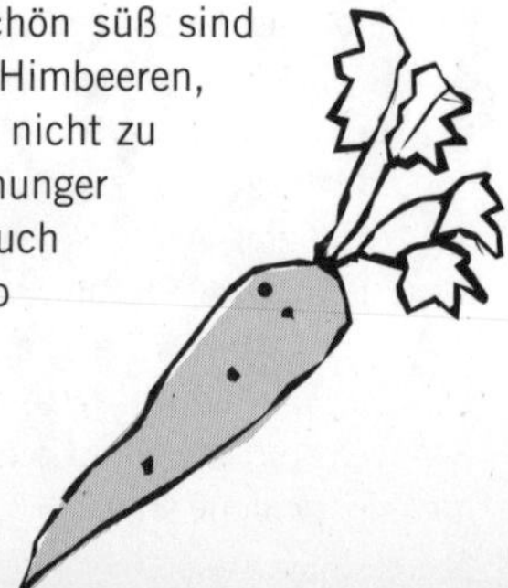

Besonders praktisch sind übrigens Bananen. Sie bringen nicht nur ihre eigene Verpackung mit und schmecken lecker süß, sondern sind auch von ihrem Gehalt an Spurenelementen und anderen wichtigen Stoffen aus gesehen ein Volltreffer, wenn es um gesunde Ernährung geht.
Über den Sinn und Unsinn von Milchprodukten gibt es die unterschiedlichsten Meinungen. Die einen schwören darauf, die anderen verteufeln alles, was mit Milch zu tun hat. Entscheiden Sie selbst, welcher Glaubensrichtung Sie angehören möchten und bei welcher Empfehlung Sie sich am besten aufgehoben fühlen. Nicht zuletzt bieten Joghurt und Quark, wenn nicht zu viele künstliche Stoffe drin sind, eine gute Quelle für Nachtisch oder einen süßen Happen zwischendurch, ohne gleich bei Schokoriegel & Co. zu landen.

Kochen mit den Elementen

Wenn Sie feststellen, dass Ihnen trotz hartnäckiger Überlegungen so gar nichts Fantasievolles zu Ihren täglichen Mahlzeiten einfällt, dann experimentieren Sie mit den folgenden Rezepten. Achten Sie darauf, dass Sie nicht einfach nur etwas abkochen, sondern immer Ihre ganz persönliche Note einbringen. Eintopf ist eben nicht gleich Eintopf.
Wenn Sie nun die unten aufgeführte Auswahl an Lebensmitteln betrachten, lässt sich unschwer erkennen, dass in vielen Fällen allein schon die Art, wie beispielsweise eine Pflanze wächst, etwas darüber aussagt, welchem Element sie zuzuordnen ist. Vermutlich wäre niemand je auf die Idee gekommen, die Kartoffel einem anderen Element als der Erde zuzurechnen. Gleichzeitig erscheinen Suppen beim Element Wasser ebenso zwingend wie Pfeffer beim Element Feuer. In jeder Auswahl gibt es aber auch »Ausreißer«, die nicht logisch erscheinen. Was haben Möhren mit Feuer zu tun? Oder warum gehört Reis nicht zur Erde? Die Listen der Lebensmittel sind nicht der Weisheit letzter Schluss, sondern spiegeln nur wider, was die Erfahrung durch Ausprobieren, Pendeln oder dergleichen gezeigt hat. Wenn Ihre persönliche Erfahrung völlig andere Ergebnisse bringt,

Achten Sie darauf, dass Sie beim Kochen immer Ihre ganz persönliche Note einbringen. Trauen Sie sich zu experimentieren.

dann verschieben Sie für sich die Zugehörigkeit dieses Lebensmittels. Verwenden Sie die Listen und Vorgaben als Einstieg, nicht als endgültige Wahrheit. Lassen Sie beispielsweise ein bestimmtes Obst oder Gemüse immer weg, falls es in Ihren Augen nicht zum angegebenen Element passt oder weil Sie es schlicht nicht mögen. Lassen Sie im wahrsten Sinne des Wortes Ihren guten Geschmack walten.

Wenn Sie ein Menü planen, verfügen Sie über verschiedene Möglichkeiten, was die Auswahl Ihrer Zutaten anbetrifft. Grundsätzlich können Sie eine ganz ausgewogene Mischung zusammenstellen. Dann achten Sie einfach darauf, dass von jedem Element etwas dabei ist. Das andere Extrem wäre ein Gericht, das nur ein einziges Element enthalten würde (vielleicht bis auf kleine Ausnahmen). Überlegen Sie vor dem Kochen, welche Variante Sie brauchen: Ist mehr Erdung angesagt? Wollen Sie einen freien Kopf, um Ihre Gedanken fließen lassen zu können? Oder fällt es Ihnen schwer, sich Ihren Gefühlen zu öffnen? Fehlt Ihnen vielleicht der Elan?

Wählen Sie aus der Liste (siehe ab Seite 145) Zutaten aus, die Sie auch getrost nach ganz alltäglichen Rezepten aus jedem beliebigen Kochbuch verarbeiten können.

Luftig angerichtet

Wenn Sie luftig kochen, unterstützen Sie alles, was Ausgleich und/oder Bewegung bringt. Bitte entnehmen Sie aus der Liste ab Seite 145, welche Lebensmittel zum Element Luft gehören. Sie können diese Lebensmittel miteinander kombinieren, um die Energie des Elements Luft besonders zu stärken, oder wenn Sie den Eindruck haben, dass Ihnen etwas von der Leichtigkeit des Seins fehlt.

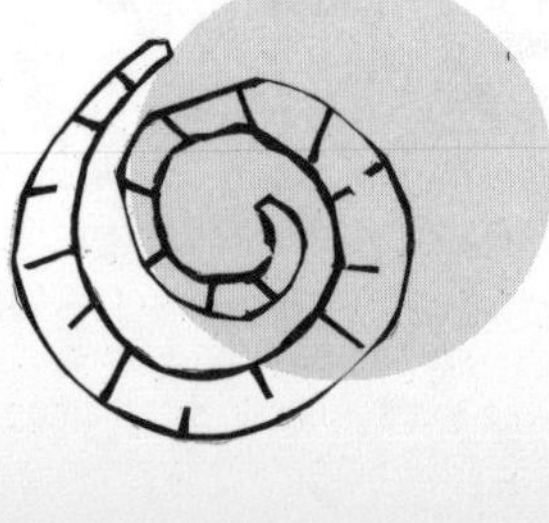

Fliegender Obstsalat

Nehmen Sie drei Bananen und neun Datteln. Die Zahlen beziehen sich auf die Dreiheit der Großen Mutter (junge Göttin, Muttergöttin und weise Alte. Wenn Sie eher der christlichen Tradition zuneigen, nehmen Sie einfach die Dreiheit von Gott Vater, Sohn und Heiligem Geist). Sie bekommen so nicht nur eine Anbindung an die luftige Energie Ihres Obstes, sondern binden sich gleich noch an die höheren Kräfte im Universum an. Und etwas Unterstützung von »oben« hat noch keiner Magierin und keinem Zauberer geschadet.
Während Sie die Bananen schneiden, visualisieren Sie, wie sich aus der Energie der Frucht die luftigen Anteile lösen und miteinander verbinden. Wenn Sie später kauen, nehmen Sie diese Energie bewusst in sich auf. Ebenso verfahren Sie mit den Datteln, die Sie dazugeben. Sie können diese nur einfach durchschneiden oder ganz klein hacken, je nachdem, ob Sie frische oder getrocknete Früchte verwenden. Da auch hier aller guten Dinge drei sind, geben Sie zum Schluss noch Pinienkerne dazu (oder auch Haselnüsse). Auch hier können Sie wieder genau abzählen und als Zahl ein Vielfaches von drei verwenden.
Servieren Sie diesen luftigen Obstsalat nach einem feurigen Mahl, um Energie auf der geistig-spirituellen Ebene ebenfalls anzuregen. Oder geben Sie diese Leckerei Ihrem Kind, wenn es eine Arbeit schreibt oder sich auf eine Prüfung vorbereitet. Besonders gut eignen sich alle Arten von Obstsalat auch für Berufstätige. Wenn Sie mal nicht dazu kommen, alles klein zu schneiden, nehmen Sie die Obststücke mit und essen sie einzeln. Der Obstsalat wird dann zur »inneren« Angelegenheit. Visualisieren Sie hier beim Kauen, wie Sie die Kraft des Elements aus dieser Frucht aufnehmen.

Luftiger Snack

Wer greift nicht gern zu Schokolade oder Chips, wenn es vor der Glotze gemütlich wird. Nehmen Sie stattdessen mal einen Luft-Snack zu sich, der so ganz nebenbei Ihre Verbindung mit diesem Element stärkt.
Besorgen Sie sich Oliven, Majoran, Salbei und Oregano. Wenn Sie frische Kräuter aus dem Garten nehmen können,

umso besser. Getrocknete gehen aber auch. Legen Sie die Oliven in ein Gefäß mit Deckel (zum Beispiel ein sauberes Marmeladenglas) und geben Sie nach Geschmack die Kräuter dazu. Verschließen Sie das Glas und schütteln Sie den Inhalt kräftig. Visualisieren Sie dabei, wie sich die Energien der Oliven und der Kräuter mischen. Lassen Sie Ihre Luft-Oliven bis zu einem Lufttag stehen und naschen Sie welche vor dem Fernseher (falls Sie diese Angewohnheit noch nicht los sind) oder auch zwischendurch. Sie können Ihre Oliven auch zu einem erdigen Salat oder feurigen Auflauf dazugeben, um die Elemente auszugleichen. Lassen Sie Ihre Fantasie spielen.

Reisauflauf im Tiefflug

Nehmen Sie für diesen Reisauflauf die entsprechende Menge Reis pro Person und geben Sie mindestens zwei luftige Kräuter dazu. Breiten Sie den Reis auf einem Tisch oder einer anderen Unterlage aus und zeichnen Sie hinein, was Sie sich wünschen, was Sie mit dieser Mahlzeit unterstützen möchten. Sie müssen nicht wiedererkennen, was Sie gezeichnet haben. Wichtig ist nur, dass Sie wissen, worum es geht.
Kochen Sie den Reis nun wie gewöhnlich und geben ihn anschließend in eine Auflaufform. Wenn Sie ganz und gar bei der Luft bleiben wollen, geben Sie nur Nüsse oder bereits essfertige Kastanien dazu. Sollte Ihnen das zu trocken sein, schweifen Sie ruhig ab in die anderen Elemente (nehmen Sie einen Becher Milch dazu oder eine Auswahl von Gemüse). Egal, wie viel Sie auch Ihrem Auflauf beigeben, machen Sie sich klar, welche Elemente Sie verwenden, und überlegen Sie vorher, ob die gerade zu Ihnen (oder Ihren Gästen) passen.

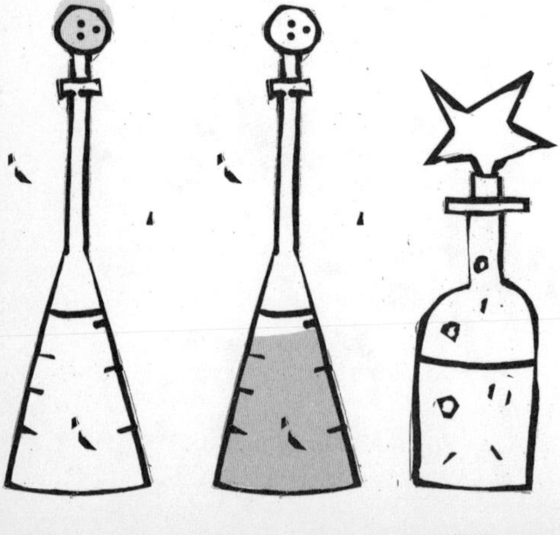

Überbacken Sie den Auflauf, bis die Nüsse obenauf goldfarben werden.

Feurig serviert

Wenn Sie das Feuer in den Mittelpunkt Ihrer Mahlzeit stellen, verstärken Sie Liebe, Lust und Leidenschaft, geben sich selbst Lebensfreude, zündende Ideen und Lust auf Veränderung. Sie können der Liste ab Seite 145 entnehmen, welche Lebensmittel zum Element Feuer gehören. Wenn es beim Element Luft mit den Möglichkeiten vielleicht etwas einseitig aussah, können Sie beim Kochen mit dem Element Feuer aus dem Vollen schöpfen. Besonders die Gewürzriege ist hier in allen Varianten vertreten.

Feuriger Fenchel

Als feurige Beilage für viele Gerichte eignet sich Fenchel. Da er eher sanft schmeckt – trotz seiner verborgenen Feuerenergie –, ergänzt er Fischgerichte oder Geflügel wunderbar.
Sie brauchen pro Nase eine große halbe Fenchelknolle. Schneiden Sie diese in vier Teile (für jede Himmelsrichtung einen) und kochen Sie sie, bis sie glasig werden (dauert etwa 30 bis 40 Minuten). Nehmen Sie den Fenchel aus dem Wasser und reiben Sie nur einen Hauch von Parmesan darüber (auch wenn der nicht zum Element Feuer gehört, als Purist lassen Sie den Käse weg). Das Ganze nun etwa 15 Minuten im vorgeheizten Backofen bei ungefähr 200 Grad überbacken (falls kein Käse drauf ist, reichen zehn Minuten). Fertig ist Ihre feurige Beilage.
Sie können die Feuerenergie Ihres Fenchels noch verstärken, indem Sie beim Aufschneiden diese Kraft durch eine Visualisierung unterstützen. Wählen Sie dafür ein Thema wie zum Beispiel eine neue Idee oder eine spannende Liebesbeziehung. Oder Sie verordnen sich selbst einen aufmunternden Tritt, um beispielsweise endlich mal Sport zu treiben. Fenchel gibt dazu die entsprechende Power.

Heißer Möhren-Dip

Wenn Sie eine Fete planen oder nur mal ein schnelles Essen für zwischendurch brauchen, kommt dieser Dip, den Sie auch zu anderem Gemüse verwenden können, gerade recht.

Sie brauchen dafür Möhren, eine halbe Zwiebel, Muskat, Koriander, Senf, schwarzen Pfeffer, Chili und Schnittlauch. Je nach Geschmack können Sie auch einige Spritzer Limettensaft dazugeben. Pürieren Sie die Möhren ganz fein und geben die klein gehackte Zwiebel dazu. Jetzt noch Schnittlauch, nach Geschmack Senf, eine Prise Muskat, etwa einen Teelöffel Koriander, gut Chili und schwarzen Pfeffer hinzufügen und nach Wunsch noch den Limettensaft. Vermischen Sie alles gut und lassen Sie das Ganze zugedeckt etwa einen halben Tag ziehen. Wenn Sie diesen Dip mit »wässrigem« Gemüse (siehe unten) verbinden, haben Sie einen wunderbaren Ausgleich zwischen diesen beiden Elementen erreicht. Verwenden Sie stattdessen Brot, verändert sich das Gesamtergebnis. Probieren Sie aus, zu welchen Gelegenheiten Ihnen welche Kombination gut tut. Das Besondere an diesem Dip ist, dass kein Salz dazukommt – ungewohnt, aber eine interessante Erfahrung. Testen Sie mal, wie sich die Energie Ihrer Speise verändert, wenn Sie doch salzen. Wenn Ihnen nicht gleich eine Veränderung auffällt, pendeln Sie vor dem Essen alles in Ruhe aus.

Gemüsepfanne in Flammen

Für diesen Auflauf verwenden Sie die ganze Bandbreite der feurigen Gemüse: Porree, Zwiebeln, Fenchel und Möhren. Die Menge hängt von der Anzahl der Essenden ab. Während Sie die Gemüse klein schneiden, visualisieren Sie den Zweck Ihres Gerichts: mehr Elan in einer Liebesbeziehung, eine gute Freundschaft mit Ihren Gästen oder der Wunsch nach mehr Leidenschaft für Ihre Ziele und Pläne.
Braten Sie das Gemüse an. Wenn Sie keine Pfanne haben, in der das ohne Fett geht, wählen Sie ein Öl, das mit der Feuerenergie verbunden ist, zum Beispiel Sesam- oder Sonnenblumenöl. Auch dabei kön-

nen Sie wieder Ihre feurigen Wünsche visualisieren. Wenn alles kräftig angebraten ist, löschen Sie mit Wein oder einem anderen Alkohol ab. Geben Sie nach Geschmack Gewürze und Kräuter aus der Feuerpalette dazu und lassen Sie, wenn möglich, auch hier wieder das Salz weg.
Wenn Sie mehr für Abenteuer sind, können Sie Ihr Gemüse an dieser Stelle auch noch flambieren – aber bitte nur, wenn Sie eine gute Feuerversicherung haben und genau wissen, wie es geht.

Wasser tischt auf

Wenn Sie sich entscheiden, Ihre Mahlzeit hauptsächlich auf das Element Wasser abzustellen, nehmen Sie besonders leicht Kontakt zu Ahnen auf, lösen und reinigen die Vergangenheit, verbinden alles Getrennte oder steigen in besonders aufregende Gefühlswelten ein. Beim Abnehmen hält Sie dieses Element gut in Bewegung, deshalb ist es eine gute Idee, besonders viel zu trinken – was Ihnen im Übrigen auch jede andere Diät raten wird.
Das Element Wasser mit seiner Vielzahl von Gemüse und Obst bietet eine schier endlose Fülle an Kombinationsmöglichkeiten. Sie können der Liste ab Seite 145 entnehmen, welche Lebensmittel zum Element Wasser gehören.

Frühstückswelle

Wenn Sie einen Wassertag ganz im Einklang mit sich und Ihren Gefühlen beginnen wollen, dann bereiten Sie sich ein einfaches Obstjoghurt. Wenn Sie jetzt enttäuscht sind, dass es nicht exotischer wird, haben Sie Magie im Alltag vielleicht schon immer parat gehabt, ohne sich dessen bewusst zu sein. Nutzen Sie die Gelegenheit, das altvertraute Frühstück in neuem Licht zu sehen und für magische Vorhaben zu nutzen.

Wählen Sie aus der Vielzahl der Obstsorten sieben aus, die Ihnen besonders gut schmecken. Überlegen Sie, ob Sie in einer versöhnlichen Stimmung oder eher bereit für neue Taten sind. Wenn Sie sich auf sich selbst besinnen wollen, dann visualisieren Sie bei jeder Obstsorte einen Ihrer »Charakterfehler« (oder solche, die Sie dafür halten), während Sie schnippeln. Mischen Sie das Ganze mit Joghurt. Während Sie essen, versöhnen Sie sich mit diesen Eigenschaften, sehen Sie sie als einen Teil von sich, den Sie liebevoll betrachten können, ohne sich gleich wieder die rote Karte zu zeigen. Seien Sie behutsam mit sich selbst (so rabiat, wie Sie mit sich umgehen, würden Sie nie mit einem Freund reden. Machen Sie sich selbst zum Freund).

Seien Sie behutsam mit sich und versuchen Sie einmal, auch die Eigenschaften, die Sie nicht an sich mögen, liebevoll zu betrachten.

Wenn Sie eher was Neues ausprobieren wollen, dann visualisieren Sie sieben Wünsche nach Veränderung.
Achtung: Bitte nicht gleich den Holzhammer auspacken, bleiben Sie auf dem Teppich. Machen Sie kleine Schritte, wünschen Sie sich Veränderungen, die zunächst nur Ihnen persönlich auffallen: einen Tag lang Geduld mit dem Chef/Partner/Kind, einen Tag lang kein böses Wort gegen sich und/oder andere und so weiter. Bleiben Sie bei kleinen Dingen in Ihrem Gefühlsleben, den Lottogewinn packen Sie lieber in ein Ritual für Wohlstand und ein erfülltes Leben.
Diese Gefühlswünsche zum Frühstück lassen sich sehr gut täglich durchführen – mindestens aber an jedem Wassertag. Es macht nichts, wenn Sie sich dabei immer wieder dasselbe wünschen. Sie wissen doch, steter Tropfen höhlt den Stein. Im Gegensatz zu einem Ritual können Sie bei einfachen Wünschen ruhig eine Wiederholung einstreuen, übertreiben Sie es aber nicht. Sonst bleibt die ausgeschickte Energie bis auf weiteres an Ihnen hängen.

Glückssuppe

Für diese Suppe brauchen Sie Tomaten und rote Linsen. Kochen Sie Ihre Tomaten, bis sie weich sind. Sollten Sie keine Lust auf langes Pellen haben, lassen Sie die Schale an den Stückchen, Sie haben dann in der Suppe einfach etwas mehr zu kauen. Pürieren Sie noch im Topf und kochen Sie in der

Tomatensuppe die Linsen weich. Achten Sie auf genug Flüssigkeit und geben Sie zur Not noch Wasser dazu. Würzen Sie mit Thymian und salzen Sie nach Geschmack (in diesem Fall geht Geschmack über magische Zuordnungen. Tomatensuppe ohne Salz ist äußerst gewöhnungsbedürftig). Geben Sie Milch oder Sahne dazu, um zu verfeinern. Während Sie kochen (oder auch vorher), visualisieren Sie, wie Sie von der Suppe geradezu rot vor Freude werden. Dabei ist es nicht wichtig, welches freudige Ereignis Sie rosig werden lässt. Wenn Ihnen nichts Passendes einfällt, halten Sie Ihre Visualisierung ganz allgemein. Servieren Sie Ihre Suppe auf einem Tisch, den Sie mit Glückssymbolen dekorieren. Dazu können Sie zum Beispiel ganz offen schwarze Schornsteinfeger hinstellen oder etwas versteckter unter die Teller Kleeblätter aus grünem Papier legen.

Eiscreme lässt schmelzen

Mit diesem Nachtisch bekommen Sie alles in den Griff, was Ihnen im Alltag an Hindernissen im Weg stehen könnte. Lassen Sie sie mit dem Eis schmelzen. Dieses Gericht eignet sich allerdings nicht für die Eisesser, die am liebsten in das steinhart Gefrorene beißen. Als Beilage wählen Sie wieder Obst. Wählen Sie drei Sorten aus, die zu Ihrem Hindernis gut zu passen scheinen. Das muss nichts mit Logik zu tun haben, folgen Sie Ihrer Eingebung.
Während Sie das Obst zubereiten, schneiden und in eine Schüssel geben, visualisieren Sie, wie Sie Ihr Problem/Hindernis zerstückeln und aufhäufen – wenn Sie dabei an Ihre Diät denken, nehmen Sie Ihre Pfunde ins Visier. Sobald Sie damit fertig sind, geben Sie drei Löffel Eiscreme darüber (nur so viel, damit das Eis zwischen den Obststückchen genug Platz hat, um zu »verschwinden«). Während das Eis über dem

Obst schmilzt, visualisieren Sie, wie damit auch Ihr Problem dahinschmilzt. Wenn Sie so weit sind, guten Appetit.

Erde richtet an

Wenn Sie mit dem Element Erde kochen wollen, bieten sich Themen an, die mit der Materie zu tun haben. Ob Sie sich verwurzeln oder erden wollen, ob Sie statt Armutsbewusstsein aus dem Vollen schöpfen möchten, damit sind Sie beim Element Erde richtig. Natürlich ist hier auch jedes einzelne Pfund zu Hause, das Sie liebevoll auf den Hüften mit sich herumtragen.
Sie werden merken, dass Sie sich am besten zum fleißigen Brotesser mausern, wenn Sie sich erden wollen. Gerade wenn Sie beim Abnehmen sind, ist Ihre Beziehung zum Element Erde etwas Besonderes, denn Sie wollen ja Ihre Einstellung zur Materie verändern und auch etwas loswerden. Nehmen Sie sich die Zeit, wirklich nur Erde zu sich zu nehmen. Das heißt dann Brot ohne was drauf oder gekochtes Getreide nur mit Salz. Wenn Sie jetzt einen Luftsprung machen, weil Sie dann ja auch dick Butter auf Ihre Stulle schmieren könnten und obendrauf noch eine gehörige Portion Erdnussbutter, die ebenfalls zur Erde gehört, dann haben Sie das Kapitel *Vorbereitungswochen* noch nicht beherzigt. Es ist wie mit der Schokolade: Ihre Überzeugung ist stärker als alles andere. Wenn Sie also wirklich, ohne sich in die Tasche zu lügen, glauben, dass in der Erdnussbutter Ihr Heil liegt, dann nur los. Falls Sie sich doch nicht so sicher sind, pendeln Sie.

Kürbis schenkt Wurzeln

Leider gibt es die tollen Kürbisse nur über den Winter, dann aber auch in allen möglichen Größen, Formen und Farben. Besonders lecker sind die Sorten, bei denen Sie noch nicht einmal die Schale abnehmen müssen, weil die ebenfalls essbar ist. Kochen Sie Ihren Kürbis mit ausreichend Wasser und geben Sie eine Butterflocke dazu. Ja, Suppen sind normalerweise beim Element Wasser zu finden. Wenn Sie allerdings einmal eine richtig dicke Kürbis- oder Kartoffelsuppe auf dem Teller hatten, fragten Sie sich vermutlich auch

schon, ob dafür nicht ein anderer Begriff gefunden werden müsste, denn dünner Brei trifft es eher, klingt bloß nicht so appetitlich.
Salzen Sie ausreichend (Kürbis verträgt eine Menge Salz) und pürieren Sie Ihre Suppe noch im Topf. Genehmigen Sie sich zur Deko noch einige geröstete Brotwürfel, auch wenn Sie da ein wenig ins Feuer geraten, aber bei so viel kürbismäßiger Bodenhaftung kann das nicht schaden.
Während Sie Ihren Suppenbrei löffeln, visualisieren Sie Ihre eigenen Wurzeln zur Erde. Nehmen Sie die langsame, aber beständige Kraft dieses Elements ganz bewusst wahr.

Die Schwere des Seins im Käsebrot mit Butter

Wenn Sie sich vorstellen, dass Sie mit Brot, Butter und Käse gleich dreimal Erde auf Ihrem Abendbrotteller versammeln, dann ist auch klar, warum diese Mahlzeit buchstäblich wie ein Stein im Magen liegen kann. Falls Sie feststellen, dass solche Mahlzeiten für Sie zu schwer sind, lockern Sie entweder auf, zum Beispiel Tomaten statt Käse, oder essen Ihre Lieblingsstulle zu anderen Zeiten. Schließlich kann es sein, dass Sie nach einem Tag voller Gespräche, Pläne und Gedanken dringend etwas Boden unter den Füßen brauchen. Schrecken Sie dann nicht vor einer Scheibe Käse zurück, auch wenn Ihr diättrainiertes Hirn voller Schrecken Kalorien zählt. Solange Sie sich nicht vorschwindeln, dass Sie ständig Käse zur Erdung nötig haben, ist alles im grünen Bereich.
Während Sie Ihre Erd-Stulle zu sich nehmen, visualisieren Sie einen Schwerpunkt, der ein paar Zentimeter unterhalb Ihres Nabels im Bauch liegt (wenn Sie schon mal so etwas wie Tai Chi gemacht haben, kommt Ihnen das sicher vertraut vor. Dort kennt man diesen Punkt als den Energiemittelpunkt des Körpers). Wenn Sie während Ihres Alltags gelegentlich mal in der Gefahr sind, den Boden unter den Füßen zu verlieren, dann visualisieren Sie einen Augenblick lang diesen Punkt. Sie werden so ruhiger und gelassener auf Ihre Umgebung reagieren können.

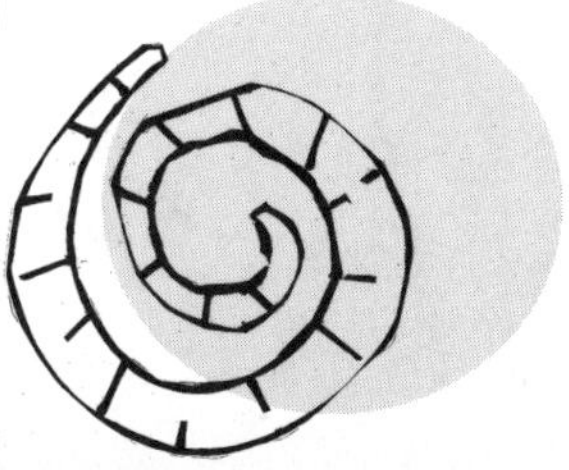

Pilze mit Bodenhaftung

Ein nahrhaftes Gericht für Tage, wo Ihnen so richtig der Boden unter den Füßen fehlt oder Sie einfach nur die Kraft des Elements Erde genießen möchten, ist jede Art von Pilzragout. Pilze sind schnell verarbeitet und das ganze Jahr hindurch zu bekommen.

Selbst bei einem anstrengenden Alltag mit Job und/oder Kind und Kegel reicht die Zeit für ein Pilzgericht immer. Sie können dazu Kartoffeln essen – dann sind Sie garantiert geerdet – oder Sie gleichen mit einem anderen Lebensmittel aus, zum Beispiel Reis. Nehmen Sie Pilze, die Ihnen schmecken und die Sie leicht bekommen können. Am besten sind die eigens gesammelten; da diese Möglichkeit aber nur wenigen zur Verfügung steht, tun es auch die gekauften. Wenn es geht, verzichten Sie dabei auf weit gereiste Pilze, auch Exoten werden heute schon bei uns gezogen. Je weiter die Reise, desto »müder« die Energie der Lebensmittel. Da geht es dem Gemüse wie Ihnen: Nach tagelangen Flügen kann von Kraft keine Rede mehr sein.

Nehmen Sie die doppelte Menge Pilze pro Person, wenn Sie sonst keine Beilagen und dergleichen dazu essen. Braten Sie Ihre Pilze ganz kurz mit etwas Butter an, stellen Sie dann den Herd auf die kleinste Stufe und lassen Sie Ihr Gericht schmoren, bis die Pilze gar sind. Würzen Sie mit Salz, und wenn Ihnen das absolut nicht reicht, nehmen Sie sehr sparsam eines der feurigen oder luftigen Gewürze hinzu. Sie verschieben damit zwar die Energie ein bisschen, aber wenn es Ihnen dafür besser schmeckt, ist das wichtiger.

Buntes Elementetreiben

Wenn Sie nicht nur mit einem der Elemente kochen wollen oder den Schwerpunkt weniger einseitig legen möchten, dann mischen Sie einfach stärker. Nehmen Sie erdige Kartoffeln und geben Sie feuriges Chili dazu oder mischen Sie richtig viel luftige Petersilie unter den Kartoffelbrei. Vermutlich werden Sie feststellen, dass Sie das instinktiv sowieso machen. Sie werden im Sommer kaum schwere Kartoffelaufläufe backen und im Winter auf eine Gurkensuppe verzichten. Zum Glück brauchen Sie nicht erst die Hexendiät, um ein Gefühl dafür zu bekommen, was Ihnen gut tut. Die Rezepte und Anregungen sind dazu gedacht, den Umgang mit Lebensmitteln bewusster zu gestalten. Wie bereits erwähnt: Wenn Sie sich etwas zu essen in den Mund stecken, hat das immer etwas mit Energie zu tun. Mit Ihrer eigenen und mit der des Lebensmittels, das Sie gerade verspeisen. Wählen Sie bewusst die Nahrungsmittel aus, die Sie in Ihrem Alltag unterstützen und Ihnen das Leben leichter machen – und die Pfunde werden folgen.

Ein Elementetag

Vermutlich kennen Sie die Liste mit den Lebensmitteln noch nicht auswendig, was auch nicht nötig ist. Kopieren Sie sich die Seiten zusammen und hängen Sie sie an Ihren Kühlschrank oder in einen Küchenschrank. So haben Sie sie immer schnell zur Hand und brauchen nicht erst lange zu blättern. Nach einer Weile werden Sie merken, dass Sie nur noch gelegentlich und bei ausgefallenen Sachen nachschauen müssen. Die meisten gebräuchlichen Bestandteile Ihrer Menüs werden Sie schnell im Kopf haben. Zusätzlich können Sie auf den Kopien weitere Lebensmittel notieren, die Sie den Elementen zuordnen.

Frühstück mit allen Elementen

Beginnen Sie den Tag doch einmal mit einem ausgewogenen Elementemahl. Sie brauchen dazu Früchte der Saison, nach Geschmack süßen Reis, Haferflocken oder Haferbrei, dazu Würzmittel wie Salz, Sirup, Zimt, Kardamom, Anis, Vanille und so weiter. Zu guter Letzt können Sie noch Milch,

Joghurt oder Saft dazugeben. Mischen Sie so, wie Sie die Gewichtung der Elemente gern haben möchten. Schon kleinste Veränderungen können den gewünschten Erfolg erzielen:

Wählen Sie bewusst die Nahrungsmittel aus, die Sie in Ihrem Alltag unterstützen und die Ihnen das Leben leichter machen.

Nehmen Sie zum Beispiel ein ganz ausgewogenes Frühstücksmenü. Sie beginnen mit einem Glas Orangensaft (Verbindung aus Wasser und Feuer). Dann kommen Haferflocken (Erde) in eine Schüssel, denen Sie Erdbeeren, Himbeeren und Melonenstücke (alles zum Element Wasser gehörend) beigeben. Sie mischen noch etwas Vanille (Erde) unter und geben etwas Sirup dazu (falls es Ihnen noch nicht süß genug ist) und verstärken auch durch dieses Süßen gleich noch die Erdenergie in Ihrer Müslimischung. Lassen Sie die Süße weg und geben stattdessen Milch oder Joghurt dazu, verstärken Sie wieder die Wasserenergie in Ihrem Frühstück.
Ähnlich können Sie es auch halten, wenn Sie Brot oder Brötchen essen. Da haben sie zunächst einmal Erdenergie. Wenn jetzt Butter und Marmelade dazukommen, verlagern Sie Ihre Frühstücksenergie mehr in Richtung Wasser, wenn es zum Beispiel Erdbeermarmelade ist. Nehmen Sie dagegen eine Marmelade, die Ingwer enthält, kommt Feuerenergie dazu. Trinken Sie jetzt noch Milch mit Kakao, haben Sie wieder die Mischung aus Wasser und Feuer. Behalten Sie bei allen Kombinationsmöglichkeiten jedoch im Auge, dass Sie gerade dieses Lebensmittel wirklich ausgewählt haben, wie zu Beginn dieses Kapitels beschrieben. Sonst entwickelt sich schon Ihr Frühstück zur ausgegorenen Futterei ohne jeden Bezug zu Ihrer Diät.

Snacks für zwischendurch

Wenn Sie auch zu den Menschen gehören, die ganz gern mal zwischendurch etwas zwischen die Zähne bekommen, dann halten Sie es während Ihrer Hexendiät ganz simpel. Ein Schokoriegel beispielsweise ist energetisch gesehen eine heillose Mischung, die sich überhaupt nicht einordnen lässt. Oder können Sie bestimmen, zu welchem Element all die Stabilisatoren gehören? Besinnen Sie sich lieber auf den traditionellen Apfel oder eine Birne (beides Wasser), die Sie zum Beispiel mit einer Prise Zimt (für Feuerenergie) bestäuben, um nicht völlig in Wasserenergie zu versinken. Probieren Sie mal aus, wie sich Ihre Art zu essen verändert, wenn Sie selbst über einem Apfel als Zwischenmahlzeit eine kurze Meditation einlegen – und seien es nur 30 Sekunden. Die sind sogar im Büro drin. Gewöhnen Sie sich an, nie nur einfach so etwas nebenbei zu essen. Essen Sie immer bewusst oder verzichten Sie darauf. Sie leben in einer Gegend, wo so schnell keiner verhungert. Das heißt, Sie können ruhig mal den Kopf schütteln und etwas Essbares ablehnen. Die nächste Gelegenheit kommt garantiert schneller, als Sie dachten.

Ein Menü

Falls Sie gern mehrere Gänge genießen, können Sie das auch während Ihrer Hexendiät machen. Wenn es Ihnen mittags nicht so recht passt, können Sie das Mehr-Gänge-Menü auch auf den Abend legen und sich mittags nur einen Snack oder Ähnliches genehmigen.

Suppe ganz ausgewogen
Da es in der Natur der Suppe liegt, mit dem Element Wasser verbunden zu sein, können Sie das noch unterstützen, indem Sie zusätzlich ein Gemüse, das ebenfalls zum Element Wasser gehört, als Basis für Ihre Suppe wählen. Wie wäre es zum Beispiel mit Kohl, Brokkoli oder Blumenkohl? Wenn Sie dagegen das Wasserelement abmildern wollen, verwenden Sie lieber Zwiebeln, Möhren oder zum Beispiel Sellerie, die zum Element Feuer gehören. Wenn Sie dann noch etwas Erde brauchen, kommen Spinat, Soja oder Kürbis dazu. Bei Luft wird es mit den Suppenzutaten etwas schwieriger, da kommen Sie eher weiter, wenn Sie zu den gewählten Gemüsesorten Reis als Beilage wählen oder die entsprechenden Gewürze beimischen. Wenn Sie aus dem hier genannten Gemüse plus Reis einen leckeren Eintopf zaubern, haben Sie von allem das Beste auf dem Teller.

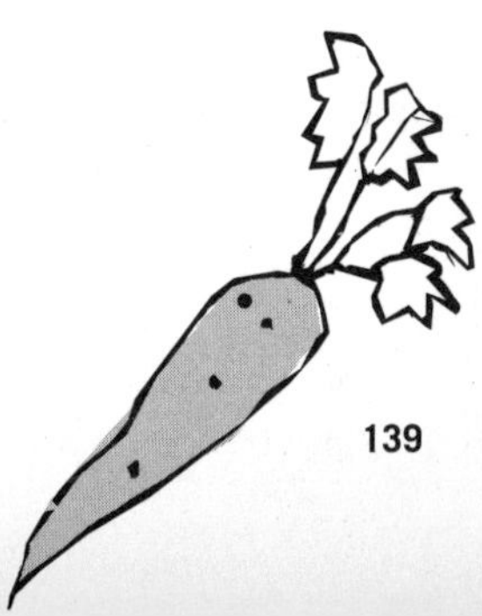

Auflauf der vier Himmelsrichtungen

Beim Auflauf gilt Ähnliches wie bei der Suppe, nur dass hier bereits ein Element besonders hervortritt. Da Sie Ihr Mahl in den Ofen schieben, ist die Feuerenergie bereits sehr stark vertreten. Sie können nun diese starke Energie wiederum ausgleichen, indem Sie die anderen Elemente mit in den Auflauf holen. Wenn Sie beispielsweise Milch (Wasser) und Käse (Erde) über Ihre Speise geben, haben Sie bereits das Feuer gut ausbalanciert. Einige Gewürze der Luft dazu (Majoran, Oregano, Petersilie oder Salbei zum Beispiel), und schon haben Sie auch hier eine ausgewogene Mahlzeit.
Wenn Sie Aufläufe nicht so gern mögen, können Sie dasselbe Prinzip auch auf eine Gemüsepfanne übertragen. Auch da können Sie zum Ablöschen etwas Milch dazugeben und einige Käsewürfel untermischen, bevor Sie das Gemüse auf einem (luftigen) Reisbett servieren.

Nachtisch

Mit Zucker ist das so eine Sache. Die Energie, die Sie aus den süßen Krümeln bekommen, gehört zwar zum Element Wasser, bringt aber nicht viel ins Fließen. Sie werden ganz im Gegenteil nur ein kurzfristiges Hoch erleben, nachdem Sie dann umso mehr nach immer neuen Zuckerdosierungen lechzen, damit Sie wieder einen Kick bekommen. Klingt irgendwie nach Droge, ist es auch. Zuckerabhängigkeit kann schwierig zu durchbrechen sein, ebenso wie eine allzu starke Abhängigkeit von Kaffee oder anderen Aufputschmitteln.
Nun soll aber der Nachtisch nicht auch schon wieder zu »gesund« schmecken, sondern eher lecker und ausgefallen. Wenn Sie zum Beispiel nur ein wenig Eiscreme essen, haben Sie Zucker, Milch, Sahne – und eine sehr großzügige Portion

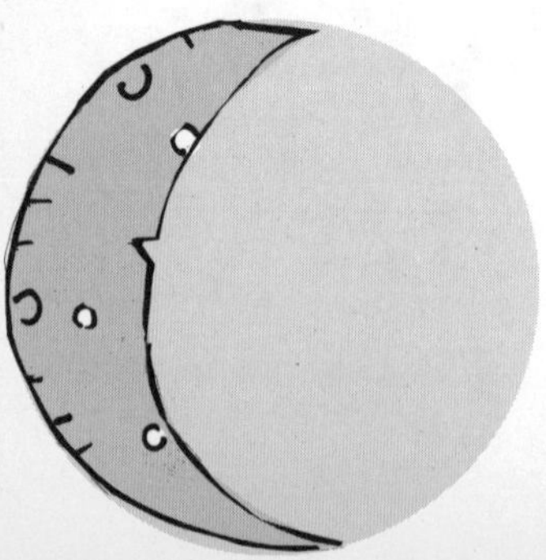

Stabilisatoren, Emulgatoren und andere Beimischungen auf dem Löffel. Trotzdem kann es nützlich sein, einen Klecks zu essen (siehe Rezept auf Seite 133 f.). Testen Sie auch hier wieder, wie es am besten für Sie ist. Pendeln Sie Ihre Lieblingsnachspeisen einmal aus. Vielleicht stellen Sie fest, dass Ihnen die eine oder mehrere im Moment sehr gut tun würden. Ansonsten probieren Sie es lieber mit frischem Obstsalat. Wenn Sie nicht schon wieder Lust auf Joghurt haben, können Sie auch Quark nehmen (lässt sich wahlweise für Wasser oder Erde einsetzen).

Probieren Sie doch einmal einen Nachtisch in Schichten, die Sie immer wieder variieren können, aus: Krümeln Sie unten in Ihre Schüssel etwas trockenes Brot oder Pumpernickel (das wäre für die erdige Unterlage). Dann geben Sie Früchte Ihrer Wahl darauf (möglichst frische). Träufeln (nicht schütten!) Sie noch etwas Alkoholisches darüber, um die Feuerenergie dazuzubekommen. Sollten Sie den Nachtisch für Kinder zubereiten oder auf Hochprozentiges verzichten wollen, verwenden Sie zum Beispiel Orangen- oder Ananassaft und einige Sonnenblumenkerne, um das Element des Feuers in Ihrer Süßspeise zu stärken. Geben Sie über die Früchte eine Lage Quark, Joghurt oder Vanillepudding (am besten nicht aus der Tüte, sonst haben Sie wieder einen Haufen E123 und E456 dabei). Krümeln Sie ein paar Schokoladenstreusel darüber (auch Kakao gehört zum Feuer) und servieren Sie.

Achten Sie bei der Zubereitung wie bei allen anderen Gerichten darauf, dass Sie schon beim Schnipseln und Rühren ganz aufmerksam dabei sind, und am besten ist es, Sie halten immer mal wieder inne und visualisieren Ihr Ziel.

Kleine Mahlzeit für den kleinen Hunger

Falls Sie mittags nicht gern viel und warm essen, ist ein Snack oder ein Salat das Beste für den kleinen Hunger. Testen Sie, welche Varianten Ihnen am besten bekommen.

Für die Asketen bietet sich frisches Obst an. Das können Sie sowohl im Büro als auch zu Hause essen, ohne viel Aufwand treiben zu müssen. Für ganz Eilige sei es sogar gestattet, einen Apfel auf dem Weg von A nach B zu verputzen. Achten Sie selbst in aller Hetze darauf, warum Sie sich die Zeit zum Essen einfach nicht genommen haben (die Ausrede »ging nicht«, gilt nicht. Irgendetwas war Ihnen wichtiger als Ihr Hunger. Bleiben Sie dran und beschwindeln Sie sich nicht

selbst, vor allem, wenn es häufiger vorkommt ...). Wählen Sie Ihre Früchte danach aus, welches Element Sie gerade besonders gut brauchen können.
Wenn Sie mehr auf die traditionelle Scheibe Brot mit Belag stehen, haben Sie damit schon mal das Element Erde bestens in Ihrem Mittagssnack oder Abendbrot vertreten. Wenn Sie jetzt noch etwas Butter darauf geben, könnte es zu viel der Erdenschwere werden. Probieren Sie es stattdessen doch mit folgendem Klassiker: eine Scheibe Brot, eine Lage Tomatenscheiben (Wasser) und das Ganze mit einigen Oliven (Luft) garniert. Die Butter bleibt weg und auch der Käse, weil er wieder das Element Erde ins Spiel brächte.
Statt der Tomaten können Sie es auch mal mit geraspelten Möhren (Feuer) versuchen oder Avocadoscheiben (Wasser) aufs Brot legen. Lassen Sie auch hier Ihrer Fantasie freien Lauf und kombinieren Sie nach Herzenslust.

Fleisch und andere tierische Produkte

Eine lustige und treffsichere Möglichkeit, herauszufinden, welche Lebensmittel Ihnen gut tun, ist das Pendeln.

Wenn Sie gerade dabei sind, sich mit Ihren Nahrungsgewohnheiten zu beschäftigen, werden Sie früher oder später auch auf das Thema Fleisch treffen. Ob Sie sich nun entscheiden, Ihr Leben vollkommen vegetarisch zu gestalten, oder lieber doch als Fleisch fressende Pflanze weitermachen, liegt ganz bei Ihnen. In diesem Buch werden Sie keine Fleischrezepte finden, da es immer noch sehr schwierig sein kann, ökologisch und moralisch vertretbare tierische Produkte zu bekommen. Man denke nur mal an die zahlreichen Betrügereien, die allein schon bei Eiern von angeblich frei laufenden Hühnern aufgedeckt wurden. Wenn Sie die Möglichkeit haben, Ihre Lebensmittel direkt von einem Biohof zu bekommen, und sicher sind, dass Wurst oder Fleisch entsprechend produziert wurden, dann genießen Sie gern Steak oder Kotelett. Pendeln Sie vorher aus, welches Fleisch für Sie in welches Element gehört.
Falls Sie sich nicht ganz sicher sind, woher Ihr Fleisch kommt, oder es an der Supermarkttheke kaufen (und dort kein Biofleisch angeboten wird), lassen Sie es vorsichtshalber während Ihrer Hexendiät weg. Sobald Sie für feinstoffliche Energien empfänglicher werden, können Sie feststellen, dass Ihre Tole-

ranzgrenze für verspeistes Tierleid erheblich sinkt. Es könnte gut sein, dass Ihnen das leckere Steak einfach nicht mehr schmeckt, wenn Sie spüren, welche Energien damit verbunden sind. Probieren Sie es für sich aus und entscheiden Sie dann. Falls Sie unsicher sind, können Sie auch hier wieder Ihr Pendel einsetzen (siehe unten) und testen, ob überhaupt eine Fleischsorte und wenn ja, welche für Sie im Augenblick die richtige ist.

Zutaten zwischen Pendel und Besprechen

Wie Sie die Lebensmittel aussuchen, die Ihnen gut tun, liegt bei Ihnen. Eine lustige und treffsichere Möglichkeit ist das Auspendeln. Sie brauchen dafür ein möglichst einfaches Pendel, damit Sie es auch mit zum Einkaufen nehmen können.
Für ein selbst gemachtes Pendel eignen sich besonders gut alle möglichen Arten von Schmuckstücken wie Ringe oder Ohrclips. Auch Steine mit Löchern drin oder Muscheln können Sie verwenden. Der Gegenstand sollte nur schwer genug sein, dass Ihr Band oder Ihre Kette für das Pendel gut nach unten hängt. Das Pendel sollte etwa die Länge von Ihrem Ellenbogen bis zu Ihren Fingerspitzen haben. Wenn Sie die Qual der Materialwahl haben, probieren Sie mehrere Varianten aus, bis Sie mit dem Ergebnis zufrieden sind. Beginnen Sie nicht gleich mit einem Pendel, das aus Goldkettchen und Rubinanhänger besteht, nur um nach etwa 15 Minuten und einem Krampf im Arm festzustellen, dass Ihnen das Pendeln gar nicht liegt und Sie viel lieber Energie mit Ihren Händen erfühlen. Teure Pendel schlagen auch nicht anders aus als die vom Heimwerker. Gestalten Sie Ihr Pendel so einfach wie möglich, bis Sie sich sicher sind, dass es Ihnen wirklich Spaß macht und Sie damit gut umgehen können.
Beginnen Sie beispielsweise mit einem stabilen Faden, an den Sie einen Ring hängen. Da brauchen Sie sich keine Sorgen zu machen, ob Ihr Pendel auch mittig hängt. Testen Sie Ihr Pendel aus, bevor Sie es für Ihre Informationssuche einsetzen. Halten Sie den Faden so zwischen Daumen und Zeigefinger fest, dass er von dort über den Rücken Ihrer Fin-

ger nach unten fällt. Ihre Hand sieht dabei so aus, als hielten Sie Zügel (der Daumen liegt oben). Wenn Sie Ihren Ellenbogen auf einen Tisch aufstützen, stellen Sie sicher, dass Ihr Pendel frei schwingen kann und weder auf der Tischplatte aufstößt noch gegen Ihren Unterarm schlägt. Probieren Sie so lange herum, bis Sie eine bequeme und praktische Stellung gefunden haben.

Wenn Sie ganz mutig sind, können Sie Ihr Pendel auch mit zum Einkaufen nehmen und so entscheiden, was im Einkaufskorb landen soll.

Schließen Sie nun die Augen und wünschen sich von Ihrem Pendel, dass es Ihnen ein Ja signalisiert. Denken Sie ganz intensiv an dieses Ja und öffnen Sie dann die Augen. Betrachten Sie, in welche Richtung Ihr Pendel schwingt, schreiben Sie es auf, falls Sie Gefahr laufen, es zu vergessen, denn diese Richtung bedeutet für Sie künftig Zustimmung. Nun machen Sie das Gleiche noch einmal, dieses Mal mit einem Nein. Ihr Pendel wird üblicherweise einmal vor und zurück und einmal hin und her schwingen. Wenn Sie sich nicht richtig konzentrieren konnten, kann es vorkommen, dass es nur herumzittert. Dann haben Sie entweder an andere Sachen oder so verkrampft gedacht, dass Sie jede Art von Energiefluss dadurch unterbunden haben. Entspannen Sie sich und probieren Sie es noch einmal. Will es zu diesem Zeitpunkt jedoch überhaupt nicht klappen, verschieben Sie Ihr Unternehmen auf einen anderen Tag.

Wenn Sie heraushaben, in welcher Richtung Ihr Pendel Ja beziehungsweise Nein meint, können Sie sich jetzt mal an Lebensmitteln versuchen. Legen Sie irgendetwas Essbares auf den Tisch und halten Sie Ihr Pendel darüber. Stellen Sie dazu eine Frage, die mit einem Ja oder Nein zu beantworten ist, und legen Sie los. Testen Sie auf diese Weise, welches Essen wann gut für Sie ist, wenn Sie sich nicht ganz sicher sind. Auch andere Probleme, bei denen es um einfache Antworten im »Entweder-oder-Verfahren« geht, können Sie auf diese Weise lösen.

Wenn Sie ganz mutig sind, können Sie Ihr Pendel auch schon mit zum Einkaufen nehmen, über Obst und Gemüse halten und herausfinden, was diesmal im Einkaufskorb landen soll. Bedenken Sie dabei nur, dass es durchaus sein kann, dass Sie am Montag lieber keine Kartoffeln essen – laut Pendel –, dafür aber am Dienstag. Beobachten Sie einmal, wie es Ihnen geht, wenn Sie sich eine Woche lang an den Ausschlägen Ihres Pendels orientieren. Oder testen Sie aus, wie es sich an-

fühlt, wenn Sie genau das Gegenteil tun. Wichtig ist vor allem, dass Sie Spaß dabei haben und das Ganze nicht zu verbissen sehen. Gerade wenn Sie schon Erfahrungen mit Ihrem Pendel gemacht haben, kann es lustig sein, einmal für ein paar Tage nur auf dieses Instrument zu hören.
Damit es was zu lachen gibt, können Sie das auch mal beim Kochen und mit Freunden ausprobieren. Sie werden lauter verschiedene Ergebnisse für die verschiedenen Menschen bekommen. Und wenn Sie schon dabei sind und vielleicht jemand zugegen ist, der Reiki kann, dann schauen Sie einmal, was mit Lebensmitteln passiert, wenn Sie sie mit Reiki-Energie behandeln. Machen Sie einen Vergleich von vorher und nachher. Sie können auch andere Energieübungen mit Ihren Lebensmitteln machen und sie aufladen. Testen Sie dann, wie sich der Pendelausschlag verändert.

Von Alfalfa bis Zwiebel

Die folgende Liste von Lebensmitteln, die Sie auspendeln, anknabbern, verkochen können, erhebt keinen Anspruch auf Vollständigkeit, sondern stellt nur eine kleine Auswahl verschiedener Zutaten für eine Vielzahl von Gerichten dar. Wer noch tiefer in das Thema Kochen mit Magie einsteigen möchte, dem sei hier das Buch von Scott Cunningham *The Magic in Food* ans Herz gelegt (zurzeit auf Deutsch leider vergriffen und nur auf Englisch erhältlich). Vielleicht haben Sie Lust, trotz Fremdsprache einige seiner Rezepte zu verwenden.

Alfalfa: Die Sprossen gehören zum Element Erde und machen sich nicht nur im Salat, sondern auch auf Brot gut.
Amaranth: Dieses Getreide gehört zum Element Feuer. Wechseln Sie erdverbundene Getreidesorten, Reis und Amaranth ab, dann erhalten Sie schon bei Ihren Grundnahrungsmitteln einen guten Ausgleich der Elemente.
Ananas: Diese weit gereiste exotische Frucht gehört zum Element Feuer.
Anis: Dieses Gewürz gehört zum Element Luft und passt nicht nur zur Weihnachtsbäckerei. Probieren Sie doch mal eine Prise dieses luftigen Gewürzes als Beigabe zu Ihrem Reis aus.

Äpfel: Diese Obstsorte gehört zu den ältesten Obstgewächsen unserer Breiten. Die Auswahl an Sorten aus jeder Region ist enorm, zumindest wenn Sie direkt vom Erzeuger kaufen. Etwas ganz Besonderes ist es auch, wenn Sie im Frühherbst entlang kaum befahrener Landstraßen Äpfel pflücken. Dort finden Sie noch Sorten, die von Euronormen längst aus den Regalen vertrieben wurden. Dieses Obst gehört zum Element Wasser. Falls Sie mal eine andere Variante eines Pentagramms suchen, schneiden Sie einen Apfel quer auf. Das Kerngehäuse ergibt dann einen fünfzackigen Stern.

Aprikosen: Das Öl aus den Kernen dieser Frucht eignet sich gut für wohltuende Massagen. Aprikosen gehören zum Element Wasser.

Artischocken: Diese Distelpflanze aus dem Mittelmeerraum gehört zum Element Feuer.

Aubergine: Da dieses Gemüse so schön lila-blau ist, können Sie es für ein Regenbogen-Gericht der herzhaften Art verwenden. Es gehört zum Element Erde.

Avocados: Avocados schmecken pur am besten. Beim Einkauf sollten Sie darauf achten, dass die Früchte reif, das heißt weich genug sind, sonst schmecken sie nach nichts. Avocado-Öl ist ein besonders reichhaltiges Öl, das speziell trockener Haut gut tut. Avocados gehören zum Element Wasser.

Bananen: In einer Suppe verstärken diese gelben Früchte zum Beispiel das Element Wasser. Mit einer kräftigen Prise Curry versetzt, wird daraus ein Gericht, das wunderbar zwischen Feuer und Wasser ausbalanciert ist.

Basilikum: Wenn Ihnen ein wenig der Antrieb fehlt, brauchen Sie dieses Würzkraut nicht unbedingt zu essen. Sie können auch nur an den frischen Blättern riechen und dabei eine Ladung Energie visualisieren. Basilikum gehört zum Element Feuer.

Birnen: Diese Früchte sind eine saftige Zugabe zu herbstlichen Obstsalaten. Sie gehören zum Element Wasser.

Blattsalat: Alle Blattsalatsorten gehören zum Element Wasser. In Kombination mit rohem Gemüse und feurigen Gewürzen können Sie einen herrlich ausgewogenen Elementesalat zusammenstellen.

Blumenkohl: Dieses Gemüse gehört zum Element Wasser. Da er weiß ist, können Sie diesen Kohl sehr gut als farbneutralen Anteil eines Gerichts benutzen.

Bohnen: Sie bilden eine gute Grundlage für ein nahrhaftes, aber trotzdem nicht zu »schweres« Essen. Die Bohne gehört zum Element Luft.

Brezeln: Dieses Brotgebäck gehört zum Element Feuer. Wenn Sie etwas aufzulösen haben, zerbröseln Sie eine Brezel über Ihrem Gericht und visualisieren Sie dabei, wie Sie die Energie Ihres Problems damit zerkleinern.

Brokkoli: Dieses Gemüse gehört zum Element Wasser. Es eignet sich hervorragend zur Suppenherstellung und ist vor allem im Winter lecker und nahrhaft.

Brombeeren: Sie gehören zum Element Wasser. Am besten schmecken sie natürlich selbst gesammelt, aber auch vom Wochenmarkt machen sie sich gut in Ihrem Regenbogen-Obstsalat.

Brunnenkresse: Die feinen Blättchen schmecken pfeffrig, würzig und pikant. Kresse gehört zum Element Feuer.

Butter: Mit diesem Element der Erde können Sie besonders schnell an Gewicht zulegen, falls das mal nötig sein sollte.

Cashewnüsse: Diese leckeren Nüsse gehören zum Element Feuer.

Chicorée: Dieses Gemüse gehört zum Element Luft und lässt sich angebraten gut als Beilage zu Reis vertilgen.

Chili: Das scharfe Gewürz gehört – natürlich – zum Element Feuer.

Curry: Auch dieses scharfe Gewürz verleiht jedem noch so wässrigen oder erdigen Mahl die passenden Funken. Es gehört zum Element Feuer (siehe auch Curry-Ritual Seite 160).

Datteln: Sie gehören zu den seltenen Früchten, die zum Element Luft gehören. Deshalb seien sie hier ausnahmsweise genannt, da sie gewöhnlich einen langen Reiseweg zurücklegen, bevor sie auf Ihrem Teller landen.

Dill: Dieses Kraut gehört zum Element Feuer und bringt das Wasserelement zum Beispiel in einem Gurkensalat gut in Balance.

Eiscreme: Diese Leckerei gehört zum Element Wasser.

Erbsen: Sie bringen eine schöne grüne Farbe ins Essen und gehören zum Element Erde.

Erdbeeren: Diese Frucht gehört entgegen ihrem Namen nicht zum Element Erde, sondern zum Element Wasser. Ihre rote Farbe ist nicht nur ein Farbklecks bei einem Obstsalat in den Regenbogenfarben. Sie können die Beeren zum Beispiel hervorragend mit Käse zusammen verarbeiten.

Erdnüsse: Falls Sie mal keine ganze Mahlzeit zu sich nehmen können, sich nach einem Ritual aber dennoch zusätzlich erden möchten, ist es sinnvoll, einfach eine Hand voll dieser Nüsse in der Tasche zu haben. Sie gehören zum Element Erde und bringen Sie ganz schnell wieder mit dem Boden in Berührung.

Essig: Dieses Würz- und auch Konservierungsmittel gehört zum Element Feuer.

Feigen: Feigen gibt es als Trockenfrüchte oder frisch zu kaufen. Sie gehören zum Element Feuer.

Fenchel: Dieses Gemüse gehört zum Element Feuer und macht sich im Salat als feurige Beigabe gut. Doch nicht nur roh lässt er sich gut verarbeiten, sondern auch gekocht ist er ein Renner.

Gerste: Wie auch andere Getreide gehört Gerste zum Element Erde.

Grapefruit: Diese aromatische bittersüß schmeckende Frucht gehört zum Element Wasser.

Gurke: Sie besteht nicht nur zum größten Teil aus Wasser, sondern gehört auch zu diesem Element. Probieren Sie ruhig mal aus, wie das Gemüse in Würfel geschnitten als gekochte Beilage schmeckt.

Hafer: Dieses Getreide mögen nicht nur Pferde. Die kernigen oder zarten Flocken gehören zum Element Erde und das Korn eignet sich mit verschiedenen Kräutern zusammen auch bestens als Gemüsebeilage.

Haselnüsse: Sie gehören zum Element Luft und können diese Qualität zum Beispiel in einem Obstsalat ausbalancieren.

Heidelbeeren: Diese kleinen schwarz-blauen Beeren gehören zum Element Wasser.

Himbeeren: Sie gehören wie viele Obstsorten zum Element Wasser. Probieren Sie die roten Früchte mal als Zugabe in Ihrem gemischten Salat aus.

Honig: Dieses Bienengold gehört zum Element Feuer.

Ingwer: Er gehört wie auch sonst fast alle scharfen Gewürze zum Element Feuer. Besonders lecker ist er gemeinsam mit Erdbeeren und/oder Rhabarber als Marmelade. Er gibt aber auch jeder Gemüsepfanne einen angenehm feurigen Schwung.

Joghurt: Ob nun fest oder cremig, dieses Milchprodukt gehört zum Element Wasser. Sie können ihn vielseitig für herzhafte wie für süße Speisen einsetzen.

Kaffee: Das Koffeingetränk gehört zum Element Feuer.

Kakao: Es gibt drei Grundsorten von Kakaopulver: schwach entöltes, stark entöltes und Instantkakao, der in kalter Flüssigkeit sofort löslich ist. Kakao gehört zum Element Feuer.

Kardamom: Dieses Gewürz ist eines der wenigen, das zum Element Wasser gehört. Sie kennen Kardamom vermutlich aus vielen Arten von Weihnachtsgebäck, doch auch als Beigabe im Reis eignet er sich hervorragend.

Kartoffeln: Die tolle Knolle darf natürlich nicht fehlen. Kartoffeln gehören zum Element Erde und sind zu jeder Jahreszeit für Suppe, Auflauf oder Salat gut (siehe auch Kartoffel-Übung, Seite 163 f.).

Käse: Wie auch die Butter gehört der Käse zum Element Erde. Also Finger weg, wenn es Ihnen an Leichtigkeit fehlt.

Kastanien: Wenn Sie es gern mal etwas exotischer lieben, kann diese einheimische Frucht Ihnen als feurige Beilage bei herzhaften und süßen Speisen dienen.

Kirschen: Dieses Steinobst gehört zum Element Wasser.

Knoblauch: Er gehört zum Element Feuer und kann praktisch jedem herzhaften Gericht beigegeben werden.

Kohl: Kohl aller Art gehört zum Element Wasser. Eine richtig gut sättigende Kohlsuppe mit einer Prise Kümmel gibt Ihnen die richtige Grundlage für einen winterlichen Wassertag.

Kokosnuss: Sie gehört zum Element Wasser.

Koriander: Das Gewürz gehört zum Element Feuer. Probieren Sie mal gemahlene Koriandersamen in Glühwein oder heißem Traubensaft.

Kreuzkümmel (Kumin): Er sollte in keiner Küche fehlen, denn er verfeinert viele Gerichte und gibt ihnen einen asiatischen Touch.

Kümmel: Er passt nicht nur zu Harzer Käse, sondern auch zum Element Luft. Nehmen Sie Ihrem Brot mit ein paar Kümmelkörnern die Erdschwere. Dieses Gewürz regt übrigens auch die Verdauung an.

Kumquat: Auch diese exotischen Früchte gehören zum Element Luft. Da sie auch eine weite Reise zurückgelegt haben, verwenden Sie lieber einheimisches Obst für Rituale.

Kürbis: Trotz seiner tollen feurigen Farbe gehört dieses Gemüse zum Element Erde.

Kurkuma (Turmerik): Dieses weit gereiste Gewürz gehört zum Element Luft. Da die meisten Würzmittel wie Pfeffer, Paprika, Chili und was es sonst noch so gibt, in unseren Breiten leider nicht wachsen, ist es nötig, dass Sie gelegentlich doch mal auf Exotisches zurückgreifen.

Lakritze: Die echten Lakritzstangen gehören zum Element Wasser.

Liebstöckel: Im Gegensatz zu vielen Gewürzen können Sie mit einheimischen Kräutern verschwenderisch umgehen. Dieses gehört zum Element Luft.

Limette: Limetten können wie Zitronen verwendet werden. Die grünliche Schale können Sie zum Beispiel auch Ihrem Räucherwerk beigeben. Die Zitrusfrucht gehört zum Element Feuer.

Linsen: Diese Hülsenfrüchte gehören zum Element Wasser.

Lorbeer: Auch wenn er nur als Beigabe zum guten Geschmack beiträgt, ist Lorbeer ein Küchenklassiker. Er gehört zum Element Feuer und verpasst beispielsweise einem Reisgericht den richtigen Pep.

Mais: Diese gelben Körner werden meist in Dosen oder weit gereist angeboten. Sie empfehlen sich deshalb nur unter Vorbehalt. Wenn Ihnen aber dringend die Farbe Gelb oder das Element Erde fehlen, greifen Sie hier zu.

Majoran: Dieses beliebte Würzkraut gehört zum Element Luft. Die wilde Variante ist der Oregano, wohl bekannt von Pasta und Pizza.

Mandarinen: Gerade wenn es im Winter wenig einheimisches Obst gibt, sind die freundlich orangen Früchte eine luftige Beigabe zum Obstsalat oder als Snack.

Mandeln: Sie gehören zum Element Luft. Auch ihr Öl eignet sich für die Hautpflege und beispielsweise eine Wohlfühlmassage.

Mango: Diese leckere, (aber leider) weit gereiste Frucht gehört zum Element Feuer.

Meerrettich: Frisch geriebener Meerrettich (Element Feuer) schmeckt köstlich zu Kartoffeln und stellt eine wunderbare Balance zwischen den Elementen Feuer und Erde her.

Melone: Diese zu den Gemüsen zählende Frucht gehört zum Element Wasser.

Milch: Wie die Suppe gehört auch die Milch zum Element Wasser. Wenn Sie Milchprodukte mit einer anderen elementaren Zugehörigkeit brauchen, verlegen Sie sich zum Beispiel auf Käse oder Quark.

Mohn: Die schwarzen wohl schmeckenden Körnchen gehören zum Element Wasser. Mischen Sie doch mal welche in Ihren nächsten Auflauf, um die Feuerenergie auszubalancieren. Besonders gut geeignet für alle, die auf Nüsse allergisch reagieren.

Möhren: Das Gemüse wächst zwar unter der Erde, gehört aber dennoch zum Element Feuer.

Muskatnuss: Das Gewürz gehört zum Element Feuer und gibt nicht nur Kartoffelgerichten Pfiff.

Nektarine: Anders als Mandarinen gehören diese Früchte zum Element Wasser.

Nelken: Sie gehören wie viele andere Gewürze zum Element Luft und machen sich gut in Fleischgerichten, helfen aber auch bei Zahnschmerzen (Nelken mit dem kranken Zahn zerkauen und Zahnarzttermin machen!).

Oliven: Im grünen Blattsalat sorgen Oliven für den elementaren Ausgleich. Sie gehören zum Element Feuer.

Orangen: Wenn Sie müde und abgespannt sind, visualisieren Sie sich einen Energieschub, während Sie eine Apfelsine verspeisen. Sie gehört zum Element Feuer.

Oregano: Das Gewürz gehört zum Element Luft.

Paranüsse: Innerhalb der Nuss-Familie gibt es sehr unterschiedliche Zuordnungen zu den Elementen, sodass Sie sich immer die passende Nusssorte als Beigabe zu Ihren Gerichten auswählen können. Diese gehört zum Element Erde.

Pekannüsse: Und es folgt auch gleich eine weitere, die wiederum zum Element Luft gehört.

Petersilie: Dieses Kraut gibt es kraus und glatt. Es gehört zum Element Erde und ist nur als Garnierung viel zu schade.

Pfeffer: Er gehört als scharfes Gewürz zum Element Feuer.

Pfefferminze: Die scharfwürzigen Blätter haben zwar nichts mit Pfeffer zu tun, gehören aber ebenfalls zum Element Feuer. Wenn Sie weder Kaffee noch Tee trinken, hilft Pfefferminztee Ihrem matten Geist auf die Sprünge. Nehmen Sie aber nicht zu viel davon zu sich, da Ihr Magen sonst protestiert.

Pfirsich: Aus den Kernen dieser Frucht wird Öl hergestellt, das sich für die Hautpflege und Wohlfühlmassagen eignet. Er gehört zum Element Wasser.

Pflaumen: Dieses Steinobst mit seiner blauen Farbe sollte in keinem herbstlichen Obstsalat fehlen. Es gehört zum Element Wasser.

Pilze: Schon der erdige Duft dieser Pflanze verrät, dass sie gut beim Element Erde aufgehoben ist.

Pinienkerne: Auch diese Nüsse gehören zum Element Luft.

Pistazien: Die grünen Exoten gehören ebenfalls zum Element Luft.

Porree (Lauch): Dieses Stangengemüse ist eine wunderbare Zutat für jede Suppe und jeden Auflauf. Da er zum Element Feuer gehört, gleicht er bei der Suppe die starke Wasserenergie aus, beim Auflauf verstärkt er das Feuer noch.

Quitte: Die gelben Früchte sind roh nicht genießbar, geben jedoch eine wunderbare Marmelade, die zum Element Erde passt.

Radieschen: Radieschen haben einen pikant scharfen Geschmack und gehören zum Element Feuer.

Reis: Er gehört im Fernen Osten zum täglichen Leben wie bei uns das Brot. Reis gehört zum Element Luft und kann Ihnen dessen Leichtigkeit vermitteln, während Sie trotzdem satt werden.

Rhabarber: Dieses Sommerobst lässt sich am besten nur gekocht verzehren und gehört zum Element Erde.

Roggen: Als Getreide gehört Roggen – wie die meisten Pflanzen dieser Gattung – zum Element Erde.

Rosenkohl: Im Winter ist die Auswahl an Gemüsen nicht allzu groß, sodass dieser Kohl mit seiner Zugehörigkeit zum Element Wasser gelegen kommt.

Rosinen: Diese getrockneten Weinbeeren gehören zum Element Feuer.

Rosmarin: Dieses Gewürz gehört zum Element Feuer und in kleinen Dosierungen verfeinert es jeden Auflauf.

Rote Bete: Diese Knollen sind rot wie die Liebe und gehören zum Element Erde. Wenn Ihnen Zuwendung fehlt, kochen Sie mal ein leckere Suppe mit diesem Gemüse.

Safran: Dieses teure Gewürz verleiht Speisen eine wunderbar gelbe Farbe und gehört zum Element Feuer.

Salbei: Dieses Kraut ist ein Tausendsassa für alle Gelegenheiten. Ob Sie ihn nun zum Räuchern oder Würzen verwenden, Sie sollten immer eine Prise im Haus haben. Er gehört zum Element Luft.

Salz: Wer hätte nicht schon einmal den Spruch vom »Salz der Erde« gehört. Salz findet aber nicht nur in der Küche Verwendung. Sie können es auch dazu verwenden, magische Gegenstände zu reinigen. Ein paar Krümel Salz in die Ecken einer neuen Wohnung gestreut, reinigen auch diesen Raum ganz vorzüglich.

Schnittlauch: Das Zwiebelgewächs gehört zum Element Feuer.

Sellerie: Auch dieses Gemüse können Sie sowohl roh als auch gekocht verwenden. Es gehört zum Element Feuer.

Senf: Senf ist auch ein scharfes Würzmittel und zählt zum Element Feuer.

Sesamsamen: Wie wäre es mal mit einer Prise davon in einem Obstsalat, um die Früchte des Wassers auszutarieren? Sesam gehört zum Element Feuer.

Soja: Dieses vielseitige und beliebte Getreide gehört zum Element Erde.

Sonnenblumenkerne: Sie gehören zum Element Feuer und machen sich sowohl im Salat als auch im Auflauf gut.

Spinat: Wenn Sie es als Kind vielleicht auch nicht mochten, dieses Gemüse hat frisch gekocht eine wunderbar tiefgrüne Farbe und gehört zum Element Erde.

Steckrübe: Diese Erdfrucht bringt Ihnen wunderbares Orange in Ihr Essen und gehört selbstverständlich zum Element Erde.

Tee: Das Getränk gehört zum Element Feuer.

Thymian: Er ist eines der seltenen Gewürzkräuter, die zum Element Wasser gehören, und eignet sich deshalb hervorragend, um in feurigen Gerichten für die rechte Balance zu sorgen.

Tomaten: Dieses Nachtschattengewächs ist zwar schön rot, gehört aber zum Element Wasser. Falls Sie Tomaten im Salat verwenden, achten Sie darauf, dass Sie auch noch Zutaten nehmen, die zu den drei fehlenden Elementen gehören.

Trüffel: Diese edle und teure Beigabe gehört zum Element Wasser.

Vanille: Wenn Sie etwas mit diesem unnachahmlichen Gewürz aus der Elementefamilie des Wassers verfeinern wollen, greifen Sie auf die echten Vanilleschoten zurück, es lohnt sich.

Walnüsse: Sie gehören zum Element Feuer.

Weintrauben: Diese leckeren Früchte sind sowohl in Blau als auch in Grün zu bekommen und gehören zum Element Wasser. Sie sind vielseitig in Salaten, Aufläufen oder als Deko auf anderen herzhaften Gerichten zu verwenden.

Weißkohl: Dieses Gemüse gehört zum Element Wasser.

Weizen: Dieses Getreide gibt es als Grieß und in Flocken verarbeitet und bringt durch das Element Erde Bodenhaftung in jede Mahlzeit.

Zimt: Zimt eignet sich zum Süßen von Nachspeisen, da können Sie durchaus mal den Zucker weglassen. Er gehört zum Element Feuer.
Zitrone: Diese Zitrusfrucht lässt sich sehr gut zu hausgemachter Limonade verarbeiten. Damit holen Sie sich an heißen Sommertagen gleich eine doppelte Portion Wasser, da Zitronen zum Element Wasser gehören.
Zitronengras: Dieses Kraut gehört zum Element Luft und kann in einem scharfen Gericht das Feuer noch etwas anheizen.
Zucker: Wenn er denn schon als Beigabe verwendet wird, stärken Sie damit das Element Wasser.
Zwiebeln: Dieses Lauchgewächs gehört zum Element Feuer. Dazu zählen natürlich auch die kleinen Schwestern, die Schalotten.

Verbindung zu den Elementen

Genau wie in den Vorbereitungswochen können Sie auch im zweiten und entscheidenden Teil Ihrer magischen Diät Ihre Verbindung mit den vier Elementen hinzuziehen, um Ihr Vorhaben zu unterstützen. Wählen Sie dafür entweder die Rituale, die Sie in den ersten zwei Wochen eventuell noch nicht geschafft haben oder die Sie wiederholen möchten. Haben Sie die Rituale aus den ersten beiden Wochen vollständig oder sogar schon mehrfach durchgeführt, nutzen Sie die folgenden Übungen und Rituale, die Ihre Erfahrungen aus dem ersten Teil erweitern und vertiefen.

Je klarer Ihre Sicht der Dinge ist, desto besser können Sie etwas verändern. Sie allein entscheiden darüber, was und wie viel Sie essen.

Stellen Sie sich das so ähnlich wie beim Kochen vor: Wenn alle Zutaten stimmen, dann gelingt Ihr Gericht, nehmen Sie zu viel oder zu wenig von einer Sache, schmeckt die Pampe scheußlich. Ihr Leben mit zu vielen Pfunden ist – bei allem Respekt – ein misslungenes Gericht, bei dem Sie sich nicht an Ihr Rezept gehalten haben (allerspätestens an dieser Stelle legen bitte alle glücklichen Dicken dieses Buch schleunigst zu den Akten). Und am Ende beschuldigen Sie womöglich noch das Rezept, Ihre Veranlagung oder sonst irgendeine außerirdische Macht. Drehen Sie den Spieß deshalb ganz bewusst um: Sie allein entscheiden darüber, was und wie viel Sie essen, auch während des Abnehmens. Je klarer Ihre Sicht der Dinge ist – auch auf Ihre Kilos –, desto besser können Sie etwas verändern und zum Beispiel nach Belieben zunehmen oder abnehmen.

Meist ahnen wir nur die Zusammenhänge, aber wissen nicht, wo die wirklichen Fallen lauern. Gelegentlich sind wir auch ganz froh, dass es uns nicht so direkt ins Auge springt, da lässt sich die Verantwortung leichter wegschieben.

Mithilfe der Meditationen und Rituale zu den Elementen können Sie Ihre Wahrnehmung der vier Elemente – Luft, Feuer, Wasser, Erde – in Bezug auf Ihre täglichen Lebensmittel schärfen. Wenn sich dabei noch andere Erkenntnisse zu Ihren Lebensumständen ergeben, ist das eine angenehme Nebenerscheinung, aber nicht Zweck der Übung. Wo immer es geht, bleiben Sie bei den Nahrungsmitteln, alles andere können Sie erst einmal aufschreiben und dann in den zwei Wochen noch bearbeiten.

Die folgenden Meditationen und Rituale sind ausnahmslos Vorschläge. Wenn Sie etwas anderes machen möchten und eine Vorstellung haben, wie Sie besser an Ihr Ziel kommen, dann tauschen Sie fröhlich aus und gestalten um. Schließlich sind es Ihre Pfunde. Beginnen Sie keine Rituale, wenn Sie keine Lust haben. So ernst es Ihnen auch mit Ihrem Ziel ist, bleiben Sie locker dabei, denn Sie sind der Boss.

Bewegung braucht der Mensch

Wir bleiben beim Thema locker. Sie sollen jetzt nicht etwa locker losjoggen (das leidige Thema folgt erst ab Seite 211), sondern in Ihrem Kopf soll sich etwas in Bewegung setzen.

Die folgenden Übungen und Rituale schließen an die Übungen und Rituale zu den Elementen aus Ihren Vorbereitungswochen an. Während Sie da Rituale hatten, die sich praktisch für alle Lebenslagen auch außerhalb der Hexendiät anwenden ließen, geht es nun um Nahrungsmittel und ihren energetischen Gehalt. Energiegehalt heißt hier nicht Kilojoule oder Ähnliches, sondern die energetische Verbindung Ihrer Lebensmittel mit den vier Elementen – Feuer, Wasser, Erde und Luft.

Stellen Sie sich vor, Sie wären ein Auto. Sie haben einen richtig gut eingestellten Motor und laufen wie am Schnürchen. Da passt das Motorenöl XY ausgezeichnet. Oder Sie sind eher das Modell Oldtimer oder Trabbi und würden sich glatt an dem modernen Zeug den Motor aus dem Leib husten.

Sie selbst sind Ihre beste Diätköchin. Finden Sie heraus, welche Lebensmittel energetisch am besten zu Ihnen passen.

Das Beispiel mit dem Auto und dem Motor bedeutet nichts anderes, als dass die Orange, die Sie morgens verspeisen, für Ihren Nachbarn womöglich tödlich sein könnte, der hat nämlich eine entsprechende Allergie. Aus demselben Grund sind zwar allerlei Rezepte nützliche Anhaltspunkte, aber die beste Diätköchin sind zweifellos Sie selbst.

Also beginnen Sie am besten damit, sich Ihre Lebensmittel daraufhin anzusehen, wie sie energetisch zu Ihnen passen. Schreiben Sie Ihre Ergebnisse auf, damit Sie hinterher noch wissen, an welchem Morgen nun das Müsli passte und an welchem nicht. Sie werden merken, dass Sie vom Pendel nicht in jeder Lebenslage die gleichen Rückmeldungen zu den Lebensmitteln Ihrer Wahl bekommen. Wenn Sie mit jemandem Krach hatten, kann es sein, dass Sie lieber etwas scharf Gewürztes essen, weil Sie die Energie Ihrer Wut im Bauch gerade ganz gut gebrauchen können. Oder Ihnen ist – um beim Beispiel zu bleiben – eher nach einem Gurkensandwich zumute, weil das Ihr inneres Wut-Feuer löscht. Das ist sehr verkürzt dargestellt und nicht unbedingt so einfach, denn Sie können nicht in jeder Situation die entsprechenden Nahrungsmittel zum Beispiel in einer ganz normalen Kantine finden. Zu Hause haben Sie da schon bessere Möglichkeiten. Gestalten Sie das Umfeld, das Sie bestimmen können, auf eine Weise, dass es Sie wirklich unterstützt. Es lohnt sich in diesem Zusammenhang, ausreichend verschiedene Obst- und Gemüsesorten im Haus zu haben, die Ihnen beim Energieausgleich helfen können, unabhängig davon, ob Sie gerade eine Diät machen oder nicht. Je besser Sie ein Gespür für die richtigen Nahrungsmittel zur rechten Zeit entwickeln, desto weniger werden Sie darüber nachdenken müssen. Sie werden instinktiv die Menge und die Art der Nahrung kennen, um sich gesund zu ernähren und sich rundherum wohl zu fühlen.

Zeitaufwändig ist das Ganze – wie alles, das wir noch nicht richtig beherrschen – nur am Anfang.
Machen Sie am besten alle folgenden Übungen zu den vier Elementen und probieren Sie aus, was geschieht, wenn Sie das Ganze mal morgens, mal abends, mal vor der Arbeit oder auch im Urlaub durchführen. Auf diese Weise bekommen Sie zusätzlich heraus, welche Tageszeiten sich für Sie besonders gut für Rituale eignen. Vielleicht stellen Sie ja auch fest, dass es besonders günstige Zeiten für bestimmte Themen gibt. Falls Sie keine Lust haben, selbst ein bisschen zu experimentieren, können Sie auch auf Seite 254 nachsehen, welche Tageszeiten zu welchen Energien gehören.
Oder Sie besorgen sich das Buch *The Magic in Food* von Scott Cunningham, das zurzeit auf Deutsch leider vergriffen ist. Er hat darin eine ganze Sammlung von magischen Rezepten zusammengestellt, die sehr brauchbar sind. Sie können sich dort die eher traditionellen Zuordnungen von Lebensmitteln ansehen und ausprobieren, ob Ihre eigene Bewertung mit der anderer übereinstimmt. Der Haken an der Sache ist, dass Sie sich möglicherweise beeinflussen lassen, und gerade am Anfang besteht die Gefahr, dass Sie Ihrer persönlichen Wahrnehmung noch nicht so trauen. Verdeutlichen Sie sich immer wieder, dass es hier um Ihre ganz persönlichen Rettungsringe geht und nicht um die von Harry Weinford oder Jane Fonda.

Luftikus pendelt

Nutzen Sie für diese Übung ein Pendel (Seite 143 ff.). Da Luft viel mit Austausch und Kommunikation zu tun hat, können Sie hier ausprobieren, was Ihnen Lebensmittel alles mitteilen können. Legen Sie zum Beispiel eine Banane auf den Tisch. Nehmen Sie ein Pendel und stellen Sie zuerst fest, welcher Ausschlag viel Energie anzeigt, welcher weniger. Üben Sie ein bisschen, bis Sie zum ersten Mal Ihre Banane, Gurke oder Sonstiges auspendeln. Wenn Sie ganz mutig sind, können Sie Ihr Pendel auch mal mit in den Supermarkt nehmen und dort experimentieren. Sie werden vermut-

lich die eine oder andere Bemerkung hören oder merkwürdige Blicke ernten.
Probieren Sie es zunächst in Ihren eigenen vier Wänden aus. Sie brauchen diesmal keinen magischen Kreis. Legen Sie sich alles zurecht und sorgen Sie dafür, dass Sie nicht gestört werden.
Wenn Sie so weit sind, halten Sie das Pendel über das gewählte Lebensmittel und sprechen zu Anfang am besten laut aus, auf welches der Elemente Sie Ihre Banane als Erstes »testen« wollen. Schauen Sie, ob und wie stark Ihr Pendel ausschlägt. Vielleicht werden Sie beim ersten Mal noch kein eindeutiges Ergebnis bekommen. Wenn Sie das Gefühl haben, Ihr Pendel irgendwie zu beeinflussen, indem Sie hinsehen, dann schließen Sie die Augen. Es geht hier nicht darum, »richtig« oder »falsch« zu pendeln, sondern darum, Ihre Wahrnehmung weiter zu verfeinern. Lustig ist es, diese Übung mit Freunden gemeinsam zu machen, da Sie alle unterschiedliche Ergebnisse erhalten werden. Und das nicht etwa, weil Pendeln Schwachsinn ist, sondern weil Sie alle ganz verschieden sind, mit ganz unterschiedlichen Bedürfnissen.
Wenn Sie luftige Lebensmittel ausfindig gemacht haben, dann gestalten Sie damit mal einen ganzen Tag. Nehmen Sie von morgens bis abends nur Nahrung zu sich, die für Sie »luftig« ist. Das kann übrigens schon am folgenden Tag völlig anders sein: Sie sind anders drauf, das Wetter ist anders, die Nahrungsmittel, die Sie unter Ihrem Pendel haben, kommen aus einer anderen Gegend und sind mehr oder weniger lange unterwegs gewesen. Auf der anderen Seite werden Sie Ähnlichkeiten oder sogar das eine oder andere entdecken, das für Sie immer mit einem der Elemente verbunden ist. Wenn Sie ein solches Lebensmittel gefunden haben, dann setzen Sie es gezielt ein.
Wenn Sie zum Beispiel feststellen, dass Sie eine klare Wasserenergie angezeigt bekommen, wenn Sie Bananen auspendeln – sie gehören traditionell zu diesem bewegten Element –, dann essen Sie vor wichtigen emotionalen Entscheidungen eine Banane. Visualisieren Sie dabei, wie sich die Wasserenergie flink in Ihrem Körper und in Ihren Gedanken ausbreitet. Wenn Sie keine Gelegenheit haben, eine Banane zu essen, dann nehmen Sie ein Bild mit, das die Frucht darstellt (auch für Allergiker eine gute Möglichkeit). Sehen Sie das Bild an und visualisieren Sie entsprechend. Auch hier sei erwähnt,

dass Sie garantiert zwischenzeitlich vergessen, dass Bananen Wasser und Roggen Erde war. Deshalb lohnt sich das Aufschreiben. Und sei es nur, weil Sie dann mal einen reinen Luft-Salat herstellen könnten oder eine pure Erd-Mahlzeit.

Feurige Curry-Meditation

Ebenso wie das Element Luft können Sie auch das Element Feuer für sich auspendeln. Stellen Sie sich eine Liste »feuriger« Lebensmittel, die Sie gern mögen und die Ihnen gut tun, zusammen. Dabei können Sie Ihr besonderes Augenmerk auf Gewürze legen, denn da gibt es eine wahre Fundgrube für Feuerenergie. Curry, Chili und andere Scharfmacher fallen einem in diesem Zusammenhang sehr schnell ein, doch auch viel harmlosere Pülverchen haben es in sich. Zum Beispiel ist Zimt nicht nur ein guter Zuckerersatz; Speisen, die Sie mit dem braunen Pulver würzen, schmecken selbst ohne Zucker süßlich. Er gibt auch jedem Gericht oder Backwerk etwas Feuer. Zudem können Sie ihn auch ins Badewasser geben oder Zimtstangen zerkrümeln und einem Räucherwerk beimischen. Allerdings sollten Sie dabei darauf achten, dass Sie Ihren Zimt aus einer vertrauenswürdigen Quelle beziehen, zum Beispiel aus einem Bioladen. So stellen Sie sicher, dass Sie wirklich nur feurige Zimtenergie im Apfelkuchen haben und nicht noch etwas anderes.

Für Ihr Curry-Ritual brauchen Sie alle Zutaten, die Sie auch sonst für einen magischen Kreis verwenden, und zusätzlich einen guten Esslöffel Curry, ein feines Küchensieb und eine neutrale Unterlage, zum Beispiel ein großes Blatt Papier (mindestens DIN A 4). Stellen Sie außerdem noch ein Schraubglas, in dem Sie Ihren Feuer-Curry hinterher aufbewahren können, bereit. Vergessen Sie nicht, das Gefäß zu beschriften, damit Sie auch nach Wochen noch wissen, welches Ihr magisches Gewürz ist.

- Legen Sie sich alles zurecht und gehen Sie in die Ruhe. Schließen Sie Ihren magischen Kreis und setzen Sie sich mit dem Blatt Papier in die Mitte.

- *Nehmen Sie das Sieb und den Löffel mit Curry und sieben Sie eine feine Schicht des Pulvers über das Papier (Sie können das Gewürz auch mit den Fingern in das Sieb geben). Nun halten Sie Ihre Hände mit den Handflächen nach unten über das Blatt und beginnen leise zu summen. Visualisieren Sie dabei die Kraft des Feuers, die alles wegbrennt, was alt und welk ist, alles mitnimmt, was nicht mehr gebraucht wird. Wenn Sie wollen, können Sie auch mit einem Finger kleine Flammen in den Curry malen oder andere Symbole, die für Sie Feuer bedeuten. Dabei geht es wie immer nicht darum, dass etwas richtig zu erkennen ist, sondern darum, was Sie damit verbinden.*

- Wenn Sie so weit sind, halten Sie die Hände noch einen Augenblick über dem Curry und spüren still der Feuerkraft in Ihnen selbst nach, egal, ob Sie dabei Ihre warmen Füße oder Ihre Kreativität im Sinn haben.

- *Lassen Sie das Summen langsam abklingen und kehren Sie mit Ihrem Bewusstsein wieder ganz in Ihre fünf Sinne zurück. Nehmen Sie nun das Blatt und geben Sie den Curry in das bereitgestellte Aufbewahrungsgefäß. Achten Sie dabei sorgfältig darauf, dass Sie wirklich den ganzen Curry in das Behältnis geben. Sorgfalt und Aufmerksamkeit üben sich so ganz nebenbei.*

- Nun erden Sie sich kurz und öffnen dann Ihren magischen Kreis wieder.

Bewahren Sie Ihr Gewürz dort auf, wo es nicht mit alltäglichen Lebensmitteln verwechselt werden kann. Stellen Sie es zum Beispiel zu Ihren magischen Gummibären (Seite 101 ff.) oder an Ihren Kraftplatz. Würzen Sie damit Gerichte, wenn Sie Lebenslust, Kreativität oder sonst eine Feuerkraft brauchen können. Sie benötigen dafür keine riesigen Mengen, ein paar Krümel reichen aus. So können Sie jedes Gewürz auch an Speisen geben, die normalerweise nicht nach Curry schmecken sollten. Wahlweise können Sie dieses Ritual auch mit anderen Kräutern und Gewürzen durchführen, dann hätten Sie eine größere Auswahl und könnten beispielsweise Curry für gekochte Gerichte, Zimt für Süßes und Basilikum für Salate verwenden. Alle drei Würzmittel gehören zum Element Feuer. Probieren Sie und finden Sie die Gewürze und Kräuter heraus, die Ihnen am meisten zusagen.

Lichtelixier Wasser

In Lebensmitteln Wasser zu finden ist ein Kinderspiel, bestehen doch die meisten Obst- und Gemüsesorten zu einem mehr oder minder großen Teil aus dem nassen Element. Selbst Fleisch ist ein Wasserlieferant, vorausgesetzt, dass Sie es nicht zu verkohlten Schuhsohlen gebraten haben.
So offensichtlich dieses Element auch sein mag, wir übersehen es dennoch häufig. Es gibt haufenweise kluge Statistiken, die eindeutig belegen, dass die meisten Menschen viel zu wenig trinken. In diesem Punkt unterscheidet sich die Hexendiät auch nicht von allen anderen Diäten: Trinken Sie! Möglichst zwischen zwei bis drei Liter am Tag – das können Sie übrigens auch beibehalten, wenn Sie gerade nicht auf Diät sind. Ob man nun denen glauben soll, die sagen, dass nur durch Wassertrinken die Pfunde purzeln würden, oder ob man einfach gesund leben will – schließlich besteht der Mensch ja zum größten Teil aus Wasser –, das flüssige Lebenselixier ist fürs Überleben notwendig.

Trinken Sie mindestens zwei bis drei Liter am Tag! Behalten Sie das bei, auch wenn Sie nicht mehr auf Diät sind.

Nun wäre es müßig, wenn Sie sich mit Ihrem Pendel über der Wasserleitung oder einem Longdrink austoben würden, aber wie sieht es denn mit Ihren Lieblingskeksen oder einer Scheibe Brot aus? Da können Sie mal ausprobieren, ob und welche »Wasserwerte« Sie herausbekommen. Und Sie können es auch an Getränken probieren: Schauen Sie, welche Art von Flüssigkeit Ihnen zu diesem Zeitpunkt Ihrer Diät bekommt und welche Sie mal eine Weile oder ganz sein lassen wollen.
Wenn Sie möchten, können Sie sich Ihr Wasser mit Energie aufladen. Das ist ein simpler Vorgang, den nicht etwa nur die Heilige von Dingsda durchführen kann. Sie müssen keine ruinösen Beträge ausgeben, um sich die Kraft heiligen Wassers zu sichern. Das können Sie auch selbst machen. Die ein-

zig vernünftige Alternative wäre eine Heilige Quelle. Dort bekommen Sie Ihr Wasser umsonst, allerdings vermutlich nicht gleich literweise.
Nehmen Sie eine Flasche mit ganz normalem Mineral- oder Leitungswasser. Gerade Letzteres ist in den meisten Teilen des Landes oft ebenso gut oder sogar besser als diverse Mineralwässerchen, da es kaum ein anderes Lebensmittel gibt, für das so strenge Richtlinien gelten.
Stellen Sie sich Ihr Wasser in die Mitte und legen Sie eine ungerade Zahl kleiner Steine dazu. Legen Sie alles bereit, was Sie für Ihren magischen Kreis brauchen.

- **Machen Sie es sich bequem und schließen Sie den magischen Kreis. Setzen Sie sich zu Ihrem Wasser und den Steinen. Legen Sie die Steine in einem Kreis um das Wasser herum an und benetzen Sie einen Finger damit. Nun fahren Sie mit dem nassen Finger im Kreis herum, indem Sie in Schlangenlinien um die Steine gehen. Da Sie eine ungerade Zahl haben, entsteht dabei ein Liniengeflecht und keine gerade Linie.**

- ***Während Sie im Uhrzeigersinn Kreise ziehen, visualisieren Sie eine Lichtsäule, die ihr Zentrum genau über Ihrem Wasser hat. Verbinden Sie diese Lichtsäule nach oben und unten mit allen kosmischen Kräften, die Ihnen dafür passend erscheinen. Verstärken Sie das Licht durch Ihre Kreise und, wenn Sie wollen, mit Gesang, Summen oder Gebeten. Je nachdem, wonach Ihnen ist.***

- **Wenn Sie so weit sind, hören Sie auf, Kreise zu ziehen. Halten Sie Ihre Hände über das Wasser und schließen Sie die Augen. Schicken Sie das Licht nun ins Wasser.**

- ***Sobald es genug ist, setzen Sie sich zurück und legen Ihre Hände ab. Lassen Sie die Augen noch einen Moment geschlossen und spüren Sie nach, ob noch Energie herumwirbelt. Erden Sie sich auf jeden Fall, damit Sie nicht versehentlich abheben.***

- **Öffnen Sie den magischen Kreis wie gewohnt.**

Stellen Sie Ihr spezielles Wasser an einen Ort, wo niemand anders davon trinken kann. Es würde denen zwar nicht schaden, aber auch nicht sonderlich viel nützen. Ihnen allerdings bringt es zusätzliche Energie bei allem, was Sie vorhaben.
Wenn Sie möchten, können Sie etwas von dem kostbaren Nass all Ihren Drinks beigeben. Das Geniale an diesem Zauberwasser ist, dass Sie es sich mit einfachsten Mitteln selbst herstellen können.

Erd-Kartoffeln

Wenn Sie nun mehrere oder alle Übungen und Rituale durchgeführt haben, können Sie diese noch mit Lebensmitteln und passenden Gerichten abrunden. Zum Thema Erde passt die Kartoffel wie kaum ein anderes Gewächs. Falls Sie keine Kartoffeln mögen, nehmen Sie ein anderes Gemüse, das zum Element Erde gehört.
Führen Sie diese Übung am besten gleich in der Küche durch. Auch hier können Sie wieder wählen, ob Sie es nebenbei als kleine Übung anlegen wollen oder ob es gleich ein volles Ritual sein soll.
Legen Sie sich alles zurecht, was Sie brauchen, einschließlich einiger Erdknollen und etwas Salz.
Inzwischen sind Sie schon so geübt, dass Sie sich auch im Stehen so weit entspannen können, dass Sie ganz bei der Energie bleiben können.

Stellen Sie sich mit Kartoffeln und Salz vor die Spüle und gehen Sie in die Ruhe. Wenn Sie wollen, schließen Sie an dieser Stelle den magischen Kreis.

Nehmen Sie die erste Kartoffel in die eine Hand und ein bisschen Salz in die andere. Schließen Sie die Augen und reiben Sie das Salz über die Kartoffelschale. Dabei visualisieren Sie, wie die Kraft der Erde zwischen Salz und Kartoffel hin- und herwandert, ähnlich als wenn Sie durch Reiben einen Gegenstand elektrisch aufladen würden. Dabei fließt immer mehr Kraft in die Kartoffel. Wenn Sie mit dieser fertig sind, behandeln Sie die nächste genauso und so weiter, bis Sie mit allen Kartoffeln durch sind.

Bleiben Sie einen Moment lang ruhig stehen und entspannen Sie sich. Lassen Sie überflüssige Energie durch Ihre Füße in den Boden ablaufen. Kehren Sie in Ihren Körper zurück und öffnen Sie den magischen Kreis.

Die aufgeladenen Kartoffeln können Sie ganz normal verarbeiten. Während Sie sie als Salat, gekocht oder gebraten verspeisen, lassen Sie die Erdkraft des langsamen Wachstums in jede Ihrer eigenen Zellen fließen. Die Energie der Erde bringt uns eine Menge über das Thema Geduld bei, hat doch jede Jahreszeit ihre sinnvolle Bestimmung und keine Macht der Welt – von Genmanipulation oder Schnellwuchs in Gewächshäusern einmal abgesehen – verändert den natürlichen Prozess von Wachsen und Vergehen, der in der Natur seine Zeit braucht. Wenn Sie also mal wieder ungeduldig sind, weil die Pfunde nicht rasant schnell von Ihren Rippen fallen, lernen Sie von der Erde. Was sind schon ein paar Wochen oder Monate, wenn Sie in Zeitaltern denken. Auch Ihre Lebenszeit währt lang genug, sodass es sich nicht lohnt, über ein oder zwei »verpatzte« Tage zu lamentieren. Haben Sie also Geduld mit sich und Ihren Speckröllchen.
Die zweite Lektion der Erde geht über Beharrlichkeit. Sie können diese Beständigkeit in jeder Landschaft bewundern, besonders gut geeignet ist jedoch irgendetwas Felsiges in Ihrer Umgebung. Immer wenn Sie glauben, es ginge nicht schnell genug, gehen Sie auf einem Spaziergang zu Ihrem »persönlichen Felsen«. Falls Sie dummerweise in Norddeutschland leben, könnte das ein langer Fußmarsch werden, es sei denn, Sie nehmen einen Findling oder zur Not auch einen besonders alten und dicken Baum. Stellen oder setzen Sie sich zu Ihrem Objekt der Wahl und lassen Sie Ihre Aufmerksamkeit in Fels oder Baum hineinsinken. Nehmen Sie wahr, wie sie entstanden und gewachsen sind. Lassen Sie sich über die Jahrhunderte oder sogar Jahrtausende tragen. Zeit bekommt auf diese Weise eine andere Bedeutung und relativiert einiges, was uns im Alltag hektisch werden lässt.

Hartnäckige Fälle

Sie haben meditiert und ein echt cooles Verständnis für Wurstbelag und Schokoladenstückchen entwickelt und alle Vorbereitungen für die magische Wunderdiät erfolgreich abgeschlossen. Trotzdem bleibt Ihre Figur auch nach zwei Wochen Abnehmen bei Rubens-Formen. Falls das der Fall sein sollte, kehren Sie zum Anfang zurück und fangen ganz in Ruhe noch einmal von vorne an. Sie können dafür die Rituale und Übungen aus den vier Wochen noch einmal durchführen, oder Sie suchen sich von weiter hinten ein paar neue dazu, damit es abwechslungsreich bleibt. Auch wenn sich Ihnen jetzt ein tiefer Seufzer entringt, es hilft nichts. Irgendwo sind Sie abgebogen und im alten Trott gelandet. Vorausgesetzt, Sie haben keine gravierende Stoffwechselstörung, die auf diesem Weg nicht zu behandeln ist. Gehen Sie damit unbedingt zu einem Therapeuten Ihres Vertrauens.

Selbst wenn Sie schon einiges aus Ihrem Speiseplan verbannt haben, es war scheinbar noch immer zu viel des vermeintlich guten Lebens. Wenn Sie noch gar nichts rausgeworfen haben, leben Sie entweder schon längst so gesund und sind so schlank, dass Sie schleunigst dieses Buch einer Freundin schenken und sich mit einem Gläschen Sekt oder einem Müsliriegel zu Ihrem ausgesprochen ausgeglichenen Lebenswandel gratulieren sollten. Oder es fehlt – falls Sie sich in dieser Beschreibung nicht wiederfinden – ein Stück Ehrlichkeit und Konsequenz. Springen Sie deshalb aber bitte weder von der sprichwörtlichen Brücke noch der Autorin an den Hals.

Stärken Sie Ihre Willens- und Entschlusskraft mit vergnüglichen Ritualen und gehen Sie entspannt an »das Problem« heran.

Machen Sie lieber ein paar vergnügliche Rituale, die Ihre Willens- und Entschlusskraft stärken, Ihre Wahrnehmung schärfen und Sie entspannter an »das Problem« herangehen lassen. Wenn Sie möglicherweise von anderen hören, dass Sie doch eigentlich schon viel zu schlank wären, eigentlich nur noch Haut und Knochen seien – soll heißen, wenn Ihre Kleidergröße eindeutig unter 38 liegt –, dann könnten Sie mit der Diät (auch mit dieser!) auf dem besten Weg zur Magersucht sein. Dann müssten Sie sich über kurz oder lang den nächsten Ratgeber zulegen: Wie nehme ich erfolgreich zu. Sparen Sie sich die Mühe und das Geld und bleiben Sie, wie Sie sind. Wenn sich Ihr Problem eher in Gedanken denn in Fettröllchen manifestiert – Finger weg von weiteren Diätversuchen! Wenn Sie dieses Buch nutzen wollen, um sich langsam auszuhungern, kann Ihnen das niemand verbieten, es ist aber nicht der Sinn dieser Diät. Wagen Sie also nur einen neuen Versuch, wenn es sich wirklich um echte kleine oder große Rettungsringe handelt.

Übung für die Ehrlichkeit

Wenn Sie traurig Ihre Kleidergröße 48 oder mehr betrachten und es eben doch noch nicht geklappt hat, dann gehen Sie noch einmal in sich. Es sei gleich zu Anfang gesagt: Einen Grund, diese Übung nicht zu machen, gibt es nicht, auch wenn Sie die anderen Übungen zu den ähnlichen Themen aus den vorherigen Kapiteln bereits aus dem Effeff beherrschen. Und auch wenn Sie sich für den ehrlichsten Menschen der Welt halten, probieren Sie es aus, noch ein bisschen ehrlicher zu sein, denn diesmal geht es nicht um allgemeine Aufrichtigkeit, sondern um Ihr Selbstbild und all die guten Dinge, die Sie über sich selbst schon immer sagen und denken wollten. Bisher waren Sie allerdings so beschäftigt, sich mit Pralinen zu mästen, dass Sie leider nicht dazu gekommen sind.

Sie brauchen nichts weiter als einen ganz simplen Spiegel. Wählen Sie sich eine Zeit, in der Sie ungestört sind, zum Beispiel morgens, wenn Sie aufstehen, oder abends, wenn Sie schlafen gehen. Wenn Sie es morgens beim Aufstehen sehr eilig haben, bietet es sich an, diese Übung lieber auf den Abend zu legen. Der beste Ort, um sich ohne viel Aufsehen und Federnlassen mit einem Spiegel Auge in Auge gegenüberzustehen, ist das Badezimmer.

Stellen Sie sich locker vor den Badezimmerspiegel und achten zur Abwechslung mal nicht auf Fältchen oder andere Katastrophen. Sehen Sie sich tief in die Augen, lachen oder kichern Sie, wenn Ihnen das komisch vorkommt. Bleiben Sie mal einen Augenblick dabei und tun Sie nichts weiter, als sich anzusehen. Dann sagen Sie sich ehrlich Ihre Meinung.

Beginnen Sie unbedingt mit freundlichen Dingen, mit etwas, was Sie an sich selbst besonders schätzen. Und wenn

Sie eine Viertelstunde dort stehen, Ihnen wird schon etwas einfallen. Keine Banalität ist zu banal: Meine Zehennägel sind besonders schön geformt. Mein Lächeln ist umwerfend und so weiter. Keine dummen Sprüche bitte.

Machen Sie an dieser Stelle eine kleine Pause und spüren Sie nach, wie Sie sich fühlen: Komisch? Gestärkt? Peinlich berührt? Richtig gut?

Nun beginnen Sie, sich all die Kleinigkeiten zu sagen, die Sie weniger an sich mögen: Ich bin zu dick, mir fehlt Willenskraft und so weiter.

Wenn es Ihnen leichter fällt, sich selbst niederzumachen, herzlichen Glückwunsch, Sie befinden sich in bester Gesellschaft. Das geht den meisten Menschen so. Wir scheinen es viel einfacher zu finden, uns selbst (und anderen) so genannte unangenehme Wahrheiten um die Ohren zu schlagen, als mal etwas Positives zu sagen.

Halten Sie auch hier wieder einen Moment lang inne und spüren Sie nach, wie es Ihnen geht. Sie fühlen sich mit Sicherheit schlechter als nach den Nettigkeiten. Das ist eine höchst normale Erfahrung. Wer hört schon gern herbe Kritik? Und wenn wir auch manchmal peinlich berührt sind, wenn uns jemand – ganz zu Recht – über den grünen Klee lobt, tut es allemal gut.

Verwandeln Sie im dritten Abschnitt Ihrer Übung die negativen Aussagen über sich selbst jetzt versuchsweise in positive Sätze, ganz egal, ob Sie in diesem speziellen Moment auch daran glauben können. Aus einem Satz wie »Ich bin viel zu dick und futtere viel zu viel« wird dann vielleicht so etwas wie »Ich bin sehr gut genährt und genieße es, richtig viel zu essen«. Sie werden beim Umdrehen der Sätze eventuell über einige stolpern, bei denen Sie – wie möglicherweise bei diesem Beispiel – das Gefühl haben, der Satz stimme für Sie überhaupt nicht. Sie haben jedoch auf diese Weise eine einfache Methode an der Hand, zu erkennen, wo Sie sich selbst in die Tasche lügen. Sobald Sie eine positiv formulierte Aussage bekommen, die wirklich keinen Sinn macht, wissen Sie, woran Sie arbeiten können. Andere Sätze, die zum Beispiel die Proportionen Ihres Körpers betreffen, könnten im umgekehrten Sinn plötzlich durchaus ansehnliche Seiten Ihres Körpers beschreiben. So könnte zum Beispiel aus einer unwilligen Beschreibung von einem zu dicken Po, dicken Hüften und einem großen Busen so etwas werden wie »Ich habe überall weibliche Rundungen im Überfluss«. Was können Sie schon dafür, dass Rubens schon eine Weile tot, Kate Moss aber noch sehr lebendig ist?

Entscheidend bei Ihren umformulierten Sätzen ist, dass Ihr Unterbewusstsein sehr einfach denkt. Wenn Sie sich selbst fünfhundertmal am Tag überzeugend versichern, dass Sie gern Milch trinken, werden Sie das weiße Getränk über kurz oder lang geradezu lieben. Auch wenn es Sie jetzt noch schüttelt. Ihr inneres Selbst interessiert es überhaupt nicht, ob Sie schon an diesem Punkt sind oder ob Sie einfach eine Behauptung aufstellen.

(Vom positiven Denken handeln Regale voller Bücher. Wenn Sie das Ganze spannend finden, lohnt es sich, das eine oder andere zu kaufen. Stöbern Sie im Buchladen und lassen Sie sich inspirieren.)

Kehren wir zurück zum Thema Ehrlichkeit. Wenn Sie mit den allgemeinen Aussagen über sich selbst fertig sind, gehen Sie mehr ins Detail und kümmern sich um das Thema Essen. Sehen Sie sich im Spiegel tief in die Augen und sagen Sie sich selbst, was Sie von Ihren Essgewohnheiten halten. Bleiben Sie bei der Wahrheit. Wenn Sie beispielsweise sagen, dass ein Stück Schokolade keinen Schaden anrichten kann, fühlt sich das ehrlich an? Oder der Aperitif, den Sie schließlich nicht ablehnen konnten, ohne sehr unhöflich zu sein?

Sehen Sie genau hin, wie ehrlich Sie wirklich sind, seien Sie auch darüber ehrlich. Wenn Ihnen jemand etwas anbietet, dürfen Sie Nein sagen. Sie würden es schließlich auch tun, wenn Sie allergisch auf etwas reagieren würden. Warum sollten Ihre persönlichen Gründe für eine Ablehnung weniger wichtig oder richtig sein als die medizinischen? Gönnen Sie sich ein weiteres Stück Selbsterkenntnis und Selbstbestimmung. Nicht der Marsriegel entscheidet durch seine bloße Anwesenheit darüber, ob Sie ihn essen sollen oder nicht. Diese Entscheidung können Sie schon ganz allein treffen.

Verwandeln Sie negative Aussagen über sich selbst in positive Sätze. Dadurch »überlisten« Sie Ihr Unterbewusstsein.

Wenn Sie Ihre Übungen zur Ehrlichkeit noch ein paarmal durchgeführt haben, können Sie es wieder mit dem Abnehmen probieren. Machen Sie sich aber vor Beginn der neuen Runde ganz klar, ob Sie weiterhin nur so tun wollen als ob, oder ob es Ihnen wirklich ernst ist.

Kräuterbeutel gegen Schoko-Rückfälle

Auch wenn Sie noch so konsequent und motiviert dazu sind, endlich Ihre Traumfigur zu erreichen, den einen oder anderen Nasch- oder Knabberanfall könnten Sie dennoch erleben. Und wenn Sie gar zu denjenigen gehören, die sich schon sicher sind, dass etwas in dieser Richtung droht, dann lassen Sie sich von einem Kräuterbeutel unterstützen. Auch wenn er Kräuterbeutel heißt, können Sie auch andere Dinge hineingeben, kleine Halbedelsteine beispielsweise oder ein Blättchen Papier, auf dem Sie etwas aufgeschrieben oder gemalt haben. Wenn Sie sich Ihre Beigaben überlegen, sollten Sie darauf achten, dass der Inhalt insgesamt nicht zu umfangreich wird. Wenn Sie Ihr gutes Stück zum Beispiel unters Kopfkissen legen wollen, eignen sich keine eckigen oder scharfkantigen Steine, sonst ergeht es Ihnen wie der Prinzessin auf der Erbse. Falls Sie Ihren Beutel aber um den Hals oder sonst irgendwo am Körper tragen wollen, ist es noch wichtiger, für eine verträgliche Größe und ein angemessenes Gewicht zu sorgen. Immerhin schleppen Sie schon genug Pfunde mit sich herum.

Sie brauchen nur wenige Zutaten, auch beim Kräuterbeutel gilt: Je einfacher, desto besser. Nehmen Sie für Ihren Beutel am besten ein Stück ungefärbter Baumwolle und ein Band in einer passenden Farbe. Passend heißt in diesem Fall nicht Ton in Ton mit der Natur, sondern eine Bandfarbe zu wählen, die zu Ihrem Vorhaben passt. Wenn Sie mit dem Kräuterbeutel auf dem Boden der Tatsachen bleiben wollen, hilft alles, was mit dem Element Erde zu tun hat. Wenn Sie Ihre Gefühlskräfte in einer Beziehungskrise unterstützen möchten, können Sie Ihre Gefühlswelt aus dem Dornröschenschlaf holen (Wasser), Ihre Liebesfähigkeit allgemein stärken (Feuer) oder auch die Belastungen loslassen (Luft).
Überlegen Sie sich, welches Ziel Sie mit dem Kräuterbeutel verfolgen. Wenn Ihnen mehrere einfallen, fertigen Sie mehrere Beutel an, die jedoch nicht alle auf einmal entstehen sollten. Sie kommen sonst leicht durcheinander und Ihre Energie zerstreut sich eher, als dass sie gebündelt wird.
Suchen Sie sich einen ruhigen Platz aus und legen Sie sich alle Zutaten für Ihren Kräuterbeutel bereit. Sie können Ihre Mischung auch innerhalb eines magischen Kreises zusammenstellen oder auch einfach nur einige ruhige Minuten darauf verwenden. Wichtig ist nur, dass Sie sich wirklich konzentrieren, während Sie Ihren Kräuterbeutel zusammenstellen.

- Legen Sie wie üblich alles bereit und entspannen Sie sich, bevor Sie anfangen. Wenn Sie wollen, können Sie an dieser Stelle Ihren magischen Kreis schließen.

- *Halten Sie Ihre Hände mit den Handflächen nach unten über Ihre Zutaten und schließen Sie die Augen. Visualisieren Sie, wozu Sie diesen Kräuterbeutel fertigen wollen. Stellen Sie sich das Ganze so klar und ausgefeilt wie möglich vor. Es ist dabei nicht wichtig, ob Sie sich genau vorstellen, WIE Sie Ihr Ziel erreichen, sondern einzig das Ziel allein. Überlassen Sie es Ihren Helfern im Universum, den kürzesten und besten Weg zu finden.*

- Wenn Sie ein klares Bild oder Gefühl haben, dann öffnen Sie die Augen wieder. Mischen Sie Ihre Zutaten, indem Sie diese auf das Stück Stoff (wahlweise auch Leder) legen und mit dem Finger ein paarmal im Uhrzeigersinn »umrühren«. Visualisieren Sie dabei immer weiter Ihr Ziel. Sie können es auch laut aussprechen, das kann sehr hilfreich sein, wenn Sie leicht abzulenken sind. Traditionell wird dreimal gerührt, aber halten Sie sich nicht mit dem Zählen auf, wenn Sie das ablenkt. Wichtig ist, dass Sie ganz bei der Sache sind.

- *Wenn Sie fertig sind, binden Sie Ihren Kräuterbeutel zusammen und halten ihn für einen Augenblick zwischen Ihren Händen. Bekräftigen Sie Ihre Absicht mit einem deutlichen »So soll es sein« oder einem passenden Zauberspruch und geben Sie diese Energie durch Ihre Hände in den Beutel.*

- Wenn Sie im magischen Kreis gearbeitet haben, dann öffnen Sie ihn an dieser Stelle.

Zutaten für Kräuterbeutel

Sie können Kräuterbeutel für viele Lebenslagen herstellen und natürlich auch verwenden, wenn Sie mit Diäten gar nichts zu tun haben. Hier einige Mischungen, die besonders gut zu bestimmten »Urzuständen« passen, die oft zu Futteranfällen führen.

Liebeskummer mit Fressanfall

Geben Sie in Ihren Kräuterbeutel einige getrocknete Rosenblätter, etwas Salbei und einen kleinen Rosenquarz, um den Fressorgien wegen Liebeskummer den Garaus zu machen. Sie können auch noch Majoran hinzufügen, der beruhigt und entspannt aufgebrachte Liebesgefühle ebenfalls.

Die *Rosenblätter* – wer hätte das gedacht – sind ein Symbol für Liebe, und Sie können sich damit nicht nur in der Liebesmagie eine Partnerschaft wünschen, sondern auch nur Liebe an sich. Sie erleben dann wahrscheinlich nicht gerade die große Leidenschaft, bekommen aber von Familie, Freunden und dem Rest der Welt Zuwendung, die gerade bei Liebeskummer hilfreich und wichtig ist.

Wenn ein Naschanfall droht, kann ein Kräuterbeutel hilfreich sein. Sie können ihn am Körper tragen oder unters Kopfkissen legen.

Salbei steht für die Klarheit. In diesem Fall hilft er Ihnen, nicht von dem abzuweichen, was Sie sich vorgenommen haben. Er unterstützt Sie auch dabei, dass Sie trotz aller Tränen sehen können, was danach kommt: Ein Leben, das mindestens so gut ist wie das mit **ihm**.

Der *Rosenquarz* ist ein wahrer Wunderstein, ein kleiner Vorrat davon sollte in keinem Haushalt fehlen. Er eignet sich hervorragend dafür, Gefühle auszugleichen und allgemeine Harmonie zu fördern. Ihre freundschaftlichen Beziehungen zu anderen erblühen und gedeihen in seiner Gegenwart besonders gut.

Durchhalteparole für Frust und Stress

Wenn Sie zu den Frustfutterern zählen, helfen Ihnen alle Zutaten, die Klarheit und Willensstärke vermitteln. Sie können dazu auf Kräuter wie *Salbei* und *Rosmarin* zurückgreifen, die beide klärend wirken. Rosmarinöl in einer Duftlampe beispielsweise vertreibt auch noch die letzten Spinnweben im Kopf.

Falls Sie sich einen Kräutergarten angelegt haben, dann geben Sie ein paar frische Blätter *Melisse* dazu. Nicht nur der Tee aus diesem Kraut wirkt beruhigend, auch als Beigabe in einem Kräuterbeutel legt er sich wie Balsam auf angespannte Nerven und gefrustete Seelen. Wählen Sie frische Blätter oder weichen Sie auf *Majoran* oder *Thymian* aus. Letzterer unterstützt besonders Ihren Mut und hilft Ihnen, bei der Stange zu bleiben.

Kalorien zählen nicht

Wenn Sie bisher sämtliche Übungen, Rezepte und Rituale ausprobiert haben, dann sollten mittlerweile einige Gramm von Hüften und Oberschenkeln verschwunden sein. Außerdem könnte es sein, dass sich Ihr Essverhalten stark verändert hat. Wenn Sie bereits merken, dass diese Veränderungen bei Ihnen eingetreten sind, könnten Sie nun drangehen, Ihre Umwelt einzuweihen. Wägen Sie ab, ob Ihnen der stille Triumph für sich allein mehr bedeutet oder ob Sie sich gern loben und feiern lassen wollen.

Natürlich geht es bei allen Zaubereien, Meditationen und magischen Ritualen auch und gerade ums Essen. Sicher haben Sie schon die Rezepte ab Seite 117 ausprobiert und Ihre eigene Variante für Suppe, Auflauf oder Salat gefunden. Nehmen Sie auch Gerichte dazu, die Sie eventuell aus einer früheren Diät kennen oder mit denen Sie schon mal besonderen Erfolg beim Abnehmen hatten. Was Sie jedoch letztlich genau essen, ist nicht das Wichtigste, wenn Sie sich vorher klar gemacht haben, warum Sie etwas essen – lassen Sie mal Banalitäten wie Hunger beiseite. Trauen Sie sich, das eine oder andere Nahrungsmittel zu verspeisen, das Sie während einer Diät noch nie zu sich genommen haben. Wenn Sie also für Pommes schwärmen, essen Sie einmal eine Tüte ganz bewusst und mit voller Absicht. Absicht heißt hier, dass Sie sich – und sei es nur für einen Moment – ganz klar sind, wozu gerade diese Speise gut für Sie ist. Sie können daran wunderbar überprüfen, wie weit Ihre Wahrnehmung sich verändert hat oder wo vielleicht noch die eine oder andere fiese Falle lauert.

Neumondtanz für Erfolgreiche

An Neumond haben Sie es erst einmal geschafft, und ganz egal, ob Sie nun 200 Gramm oder zwei Kilo abgenommen haben, es lohnt sich, zu feiern. Wenn Sie Ihre Hexendiät mit jemandem zusammen machen, feiern Sie gemeinsam. Ansonsten genießen Sie Ihren Erfolg allein. Wenn Sie wollen, bitten Sie doch Ihre fleißigen Helfer aus der Anderswelt dazu,

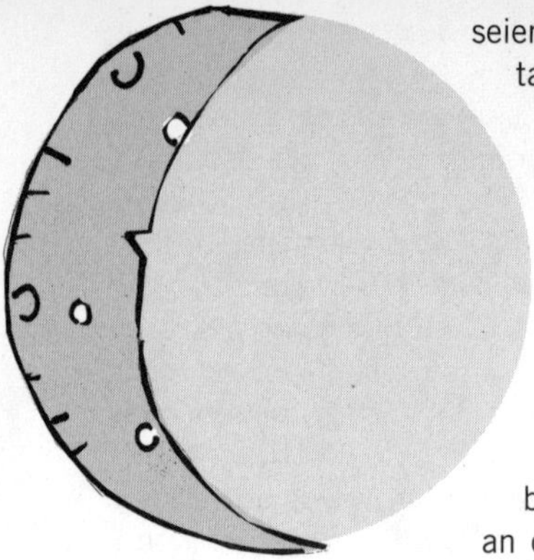

seien es nun Erzengel oder Elementargeister. Nicht nur die Menschen rechts und links freuen sich über ein Dankeschön.
Nehmen Sie sich den Abend frei und besorgen Sie sich Ihr Lieblingsräucherwerk oder ein ätherisches Öl, das Sie besonders mögen. Kochen Sie sich etwas Schönes – aber bitte mit Pendel – und tun Sie an diesem Abend etwas, das Sie noch nie gemacht haben. Beginnen Sie mit etwas Neuem. Sie können dazu wählen, was Sie wollen. Falls Sie noch nie in Ihrem Leben eine Socke gestopft haben, tun Sie das eben. Oder machen Sie den ersten Drachenflug Ihres Lebens. Wie alltäglich oder ausgefallen Ihre Wahl auch sein mag, wichtig ist, dass es sich in der Tat um etwas handelt, was Sie noch nie gemacht haben. Wenn Ihnen diese Idee Spaß macht, können Sie das auch zu einem festen Bestandteil Ihres Alltags machen. Entdecken Sie Möglichkeiten, wo Sie etwas Neues tun können, normale, verrückte, unglaubliche oder langweilige Dinge. Dabei werden Sie eine Menge über sich selbst lernen und garantiert nicht so schnell alt werden. Je neugieriger Sie sind, desto länger bleiben Sie jung.
Wenn Ihnen das für einen Abend noch nicht genügend Abenteuer waren, dann können Sie noch einen Tanz anhängen, der Sie mit Sicherheit vor Kraft strotzen lässt – auch wenn dieser Erfolg meist erst am nächsten Morgen zu spüren ist. Nach diesem Veitstanz könnte es sein, dass Sie sehr müde ins Bett sinken.
Wenn Sie es sich einfach machen wollen, wählen Sie für diesen Tanz die speziell aufgenommene CD *Initiations* von Gabrielle Roth aus. Dort werden musikalisch fünf Bewusstseinszustände präsentiert, die Sie nacheinander mit Bewegungen gestalten: fließend, abgehackt, chaotisch, harmonisch und ruhig. Lassen Sie dabei Ihrer Fantasie freien Lauf, es sieht Sie ja niemand. Können Sie die Musik nicht richtig laut stellen, tragen Sie einen Kopfhörer, damit Sie sich wirklich in die Musik hineingeben können.

Falls Sie keine Möglichkeit haben, sich diese Musik zu besorgen, können Sie auch selbst eine Kassette zusammenstellen, auf der Sie nacheinander Musikstücke aufnehmen, die für Sie die fünf Bewusstseinszustände darstellen: So könnten Sie zum Beispiel für Chaos moderne klassische Musik wählen, für Harmonie und Ruhe vielleicht eine Meditationsmusik oder etwas Ähnliches. Gestalten Sie Ihre Auswahl abwechslungsreich, aber wenn Sie eine Zusammensetzung gefunden haben, die für Sie funktioniert, dann bleiben Sie dabei. Wenn Sie diese spezielle Musikmischung dann immer wieder verwenden, haben Sie den Nebeneffekt, dass Sie sich ganz rasch auf die entsprechende Gemütslage einlassen können. Der Mensch ist schließlich ein Gewohnheitstier. Ebenso können Sie auch andere Mischungen zusammenstellen, zum Beispiel um sich auf ein Ritual einzustimmen oder einfach zum Entspannen. Die Auswahl an Musik für alle Lebenslagen ist heutzutage schier endlos. Nur bei moderner Rock- und Popmusik ist ein wenig Vorsicht geboten. Der starke Trommelschlag, der dieser Musik eigen ist, beeinflusst direkt Ihr vegetatives Nervensystem, wie auch die Schamanentrommel. Wenn Sie also auf der Suche nach Entspannung sind, greifen Sie lieber zu Mozarts Kleiner Nachtmusik.

- ***Wenn Sie Ihr Musikrepertoire gefunden haben, lassen Sie sich für Ihren Tanz etwa 15 bis 30 Minuten Zeit. Anfangs ist es vielleicht schwierig, sich die ganze Zeit zu bewegen. Lassen Sie sich nicht beirren, immerhin gibt es höchst angesehene Menschen, die den lieben langen Tag nichts weiter tun, als zu meditieren. Tanzen, hüpfen und verrenken Sie sich entsprechend der vorgegebenen Stimmungen. Zum Schluss gönnen Sie sich einige Minuten des Nichtstuns. Lassen Sie die Bewegung nachwirken, legen Sie sich bequem auf den Fußboden oder auf ein Sofa oder Bett. Sollten Ihnen dabei Gedanken durch den Kopf gehen, betrachten Sie diese wie vorüberziehende Wolken, lassen Sie sich nicht einfangen. Sie kennen das schon von den Grundübungen zur Entspannung (Seite 243 f.) und zum Ritual (Seite 228 ff.). Genießen Sie diese Entspannung und lassen Sie Ihren Atem ganz von alleine fließen.***

Wenn Sie dieses »Waschprogramm« Ihrer Gefühle einmal richtig durchgemacht haben, können Sie sich entscheiden, ob das schon genug ist oder ob Sie noch Ihren Siegestanz dranhängen wollen. Dafür brauchen Sie Ihre Lieblingsmusik und Ihren magischen Kreis. Sorgen Sie dafür, dass Sie innerhalb des Kreises genug Raum haben, um sich zu bewegen. Improvisieren Sie, indem Sie zum Beispiel mit einem Walkman bewaffnet auf eine Wiese ziehen und dort den Platz nutzen, oder schieben Sie ein paar Möbel im Wohnzimmer beiseite.

- **Stellen Sie sich einen Moment lang in die Mitte des Raumes und schließen Sie die Augen. Gehen Sie in die Ruhe und konzentrieren Sie sich auf die magische Kraft, mit der Sie Ihre Rituale durchführen.**

- ***Schließen Sie den magischen Kreis und stellen Sie die Musik an. Bewegen Sie sich in Dankbarkeit. Zuerst bedanken Sie sich bei sich selbst. Auch wenn Ihnen da zunächst nichts einfällt, denken Sie ein bisschen nach. Sie haben Durchhaltevermögen, Einfallsreichtum, Geduld, Mut (davon gleich in Mengen) und was nicht sonst noch alles bewiesen. Bedanken Sie sich dafür. Und wenn es Ihnen allzu schwer fällt, sich diese wunderbaren Eigenschaften selbst zuzuschreiben, dann bedanken Sie sich beim Universum, den Schutzengeln oder den Naturgeistern für ihre Unterstützung. Bedanken Sie sich für die Elemente, das Wetter, Ihre Nachbarn, die Musik, Ihre Kinder, Partner oder Freunde, für die Arbeitskollegen, Ihre Freiheit und alles, was Sie sonst noch mögen. Sie werden sich wundern, wie lang die Liste ist, wenn Sie erst einmal damit angefangen haben. Nur keine Panik, auch wenn Sie etwas vergessen, machen Sie das einfach zum Thema Ihres nächsten Tanzvergnügens.***

- **Wenn Ihnen nichts mehr einfällt, wofür Sie sich bedanken könnten, kommen Sie langsam zur Ruhe, bis Sie wieder in der Mitte des Raumes stehen. Bleiben Sie dort einen Moment lang still stehen und beobachten Sie Ihre Atmung. Kommen Sie ganz in Ihren Körper und in den Raum zurück. Dann machen Sie die Augen wieder auf und öffnen Ihren magischen Kreis.**

Wenn Ihnen nach all dieser wirbeligen Energie etwas schwindelig ist, setzen Sie sich ruhig hin und essen etwas. Wahlweise können Sie sich auch erden, indem Sie die Hände auf den Boden legen und die überflüssige Energie an Mutter Erde abgeben.
Zusätzlich zu Ihrem gelegentlichen Dankestanz können Sie diese Danksagung auch in Ihren Alltag übernehmen. Sie brauchen dafür nicht jedes Mal einen magischen Kreis zu ziehen. Es reicht, wenn Sie sich nach, vor oder statt einer Meditation hinsetzen und sich bedanken. Machen Sie es sich ruhig zur Gewohnheit. Sie werden erstaunt sein, um wie viel zufriedener Sie sich fühlen.

NUR DER MOND NIMMT WIEDER ZU

Jetzt haben Sie zwei Wochen hinter sich, in denen Sie mehr oder weniger abgenommen haben.

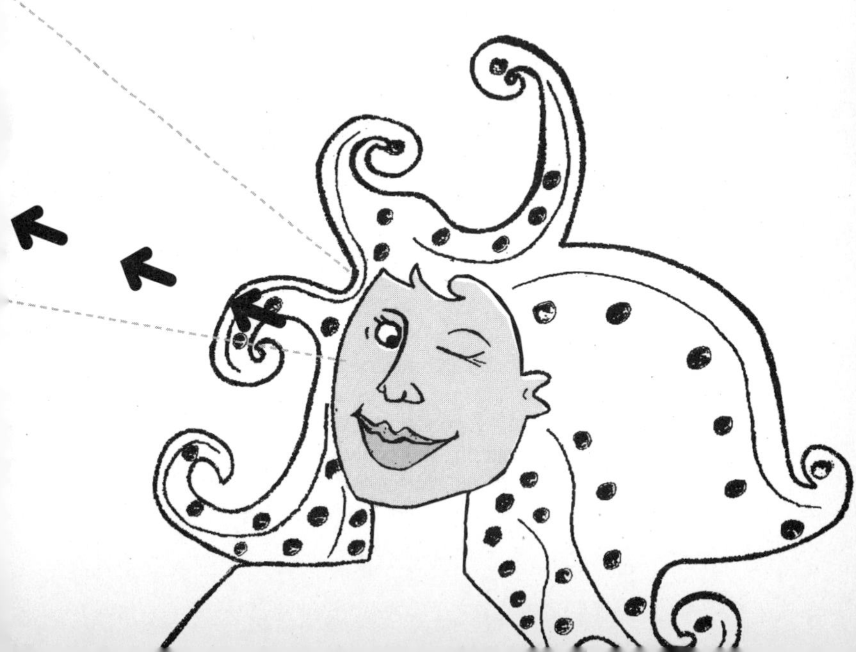

Auch wenn dabei nur ein halbes Kilo herauskommt, zählt das. In den nun folgenden Wochen von Neumond bis Vollmond soll dieser zulegen, Sie aber nicht. Es geht in dieser Zeit darum, einmal zu prüfen, inwieweit Sie Ihre Gewohnheiten bereits verändert haben.
Lassen Sie am ersten Tag gleich die Überlegungen vor dem Kühlschrank, das genaue Einschätzen von Mengen und Gerichten weg. Essen Sie, wonach Ihnen zumute ist, und beobachten Sie nur, was passiert. Ihre Wahrnehmung könnte bereits so weit gediehen sein, dass ganz automatisch Ihre Warnblinkanlage angeht, wenn Sie zu etwas greifen, das Ihnen nicht gut tut. Sollte das der Fall sein, haben Sie es geschafft und können Ihr neues Leben etwas genauer unter die Lupe nehmen. Überspringen Sie dann diese Seiten bis zu Seite 191 und machen Sie dort weiter.
Wenn Sie spüren, dass die Gefahr droht, wieder in den alten Trott und die alten Essgewohnheiten zu verfallen, können Sie die Übungen zur Ehrlichkeit oder Willensstärkung durchführen und ansonsten alles unternehmen, was Ihre Überzeugung und Ihren Willen, mit dem Abnehmen weiterzumachen, unterstützt. Dabei kann es ungemein hilfreich sein, sich selbst zu verwöhnen. Statt also verbissen und mehr oder weniger erfolgreich an Ihrem hehren Ziel des dünnen Menschen zu arbeiten, entspannen Sie sich zwischendurch. Entdecken Sie dabei ganz nebenbei, dass es auch andere sinnliche Genüsse gibt, mit denen Sie es sich gut gehen lassen können – und davon macht keiner dick.

Ein Fest für die Sinne

Jeder Mensch braucht sinnliche Befriedigung. Falls Sie im Sternzeichen des Stiers geboren sind, könnte das sogar eine Ihrer Lebensaufgaben sein. Falls Sie eher zu den bescheideneren Menschen gehören, reichen Ihnen wahrscheinlich schon minimalistische Freuden. Doch unabhängig davon, ob Sie eher zur Orgie oder zur Askese neigen, können Sie jeden Ihrer Sinne nutzen, um sich das zu gönnen, was Ihnen Essen allein gar nicht vermitteln kann: Zufriedenheit und Wohlbefinden.

Ohren auf!

In unserem Alltag werden wir mit Straßenlärm, Kaufhausmusik, Maschinengeräuschen, Radiogeplärre und jeder Menge anderem Krach zugemüllt. Leider haben Ohren keine Klappen, die sich gegen die tägliche Lärmlawine schließen ließen. Viele Menschen ertragen zum Beispiel mehr oder weniger laute Ohrgeräusche (Tinnitus), das heißt, sie tragen ihre persönliche Lärmquelle ständig bei sich. Da kann es dann passieren, dass sie am Strand sitzen und plötzlich das Gefühl bekommen, es sei schon lange nicht mehr so still um sie herum gewesen. Die Wellen rauschen in ihrem natürlichen und unregelmäßigen Auf und Ab an den Strand, vielleicht ist auch noch der Wind zu hören. Das ist es auch schon. Selbst wenn Sie keine Ohrgeräusche kennen, ist dieses sanfte, natürliche Rauschen beruhigend.

Nicht umsonst haben die Produzenten von Entspannungs-CDs schon längst entdeckt, dass sich Meeresrauschen gut verkaufen lässt. Falls Sie nicht zu den Fans von Wellengeräuschen gehören, können Sie es auch mit Bäumen probieren. Auch dort lässt jeder Windstoß Blätter rauschen und sorgt so für Entspannung.

Nutzen Sie einmal tagsüber jede Gelegenheit, Natur oder fließendes Wasser wahrzunehmen, egal, ob es sich dabei um einen ganzen Ozean oder nur um Wasser aus dem Hahn in der Büroküche handelt. Natur muss auch nicht gleich Urwald heißen. Wenn Sie keine andere Möglichkeit haben, reden Sie mit Ihrem Gummibaum, auch wenn der nicht rauscht. Besser ist es allerdings, wenn Sie sich ein Gewächs suchen, das draußen steht und sich im Wind wiegt.

Wenn Sie das Glück haben, bewegtes Wasser oder einen Baum in Sichtweite zu haben, nutzen Sie die Gelegenheit für eine Übung, die Sie sofort erdet und entspannt. Am besten halten Sie sich dabei draußen auf, aber wenn Sie nicht an die frische Luft gehen können, reicht es auch, wenn Sie den Blick aus dem Fenster nehmen. Denken Sie nur daran, es weit zu öffnen.

• Entspannen Sie sich kurz und machen Sie es sich bequem. Wenn Sie beispielsweise einen oder mehrere Bäume gewählt haben, blicken Sie sie an und beobachten Sie erst einmal nur, wie sie sich bewegen.

• Atmen Sie ruhig und gleichmäßig weiter. Hören Sie auf das Rauschen der Bäume, auf den Wind, und lassen Sie alle anderen Geräusche nur an sich vorüberziehen, ohne sich näher mit ihnen zu beschäftigen.

• Beginnen Sie dann, sich nach und nach zu den Bewegungen der Bäume oder Wellen zu wiegen. Wenn Sie dabei hören können, wie die Blätter oder das Wasser rauschen, umso besser. Doch auch ohne Geräuschkulisse entspannt diese Übung sehr schnell. Zusätzlich erden Sie sich auf diese Weise auch. Wenn Sie mal ein Ritual im Freien durchgeführt haben, können Sie sich hinterher auf diese Weise von überflüssiger Energie befreien.

Bliebe nur noch zu erwähnen, dass Sie bei dieser kleinen Sinnesübung hauptsächlich mit dem Element Luft gearbeitet haben. Allerdings nicht ausschließlich, denn Bäume gehören traditionell zum Element Erde, während ein Fluss oder Ähnliches natürlich zum Element Wasser gezählt wird. Vermutlich haben Sie es auch schon bei früheren Übungen und Ritualen gemerkt: So ganz einfach lassen sich die Elemente nicht voneinander trennen. Schließlich kommen sie in der Natur auch nur zusammen vor. Feuer würde ohne Luft nicht brennen, Wasser bricht sich über der Erde, die ohne Wasser oder Feuer nicht fruchtbar wäre. Die Verbindungen sind gar nicht alle aufzuzählen.
Während Sie Ihre Hexendiät machen, ist es dennoch ratsam, diese nicht ganz einfachen Trennungen vorzunehmen. Das macht es Ihnen leichter, sich auf die einzelnen Kräfte einzulassen. Wenn Sie dann als Fortgeschrittene zaubern, können Sie wieder kreuz und quer alles miteinander verbinden.

Eine Nasenlänge voraus

Bringen Sie abgestandene Küchengerüche in schlechte Stimmung oder haben Sie einfach die Nase voll vom Gestank der Autoabgase oder von Parfumwolken? Dann hat Ihre arme Nase mal Entspannung und Abwechslung verdient. Zwar können Sie den Geruchs- ebenso wenig wie Ihren Gehörsinn abschalten, allerdings haben wir das gelegentlich zweifelhafte Glück, dass wir uns an Gerüche gewöhnen, wenn wir ihnen eine Weile ausgesetzt sind. Wie sehr es uns irgendwo stinkt, merken wir erst dann, wenn wir wieder an die – zumindest teilweise – frische Luft kommen.

Gönnen Sie Ihrer Nase mit ätherischen Ölen oder frischen Kräutern etwas Abwechslung von der schlechten Alltagsluft.

Gönnen Sie also Ihrer Nase mal etwas Abwechslung. Am einfachsten ist es, Sie suchen sich ein paar ätherische Öle (Seite 223 ff.) aus, die Sie besonders gern riechen. Mal abgesehen davon, dass es auch schon Spaß macht, einfach nur der Nase nach diese Düfte auszuwählen. Zudem kann Ihnen Ihre persönliche Auswahl auch so einiges darüber verraten, welche Art von Energie Ihnen gerade fehlt, welche Sie als angenehm oder unangenehm empfinden. Wenn Sie die Düfte, die Sie nicht mögen, auch nicht kaufen möchten, aber dennoch gern wissen wollen, mit welcher Art von Energie Sie es da zu tun haben, dann schreiben Sie deren Namen auf. Schauen Sie entweder in einem Buch über Aromatherapie nach oder schauen Sie sich die Liste ab Seite 223 an. Vielleicht ist Ihr Duft ja dabei. Da es auch zum Thema Aromatherapie hervorragende Bücher mit ganz ausführlichen Beschreibungen zu den einzelnen Ölen gibt, beschränkt sich die Liste in diesem Buch nur auf einige besonders brauchbare oder gebräuchliche Düfte.

Wenn Sie nicht der Typ für ätherische Öle sind und auch keinen Hang zum Bad der Kleopatra haben, dann können Sie auch mit frischen Kräutern arbeiten, die Sie zum Beispiel in Kräutersäckchen einnähen und ans Fenster hängen oder unters Kopfkissen legen.

Mit *Rosmarin* bekommen Sie eine klare Sicht der Dinge und Kraft, um neue Aufgaben anzugehen – auch neue Diätvorhaben.

Bei *Thymian* können Sie sich bedanken, wenn Sie Ihre miese Stimmung losgeworden sind.

Basilikum stärkt Ihre Fähigkeit, sich auf andere Menschen – auch auf Ihren Partner – einzulassen.
Mit *Salbei* klären Sie sich und Ihre Umgebung.
Wenn Sie Spaß daran haben, mit frischen Kräutern zu experimentieren, lohnt es sich, im Garten, auf dem Balkon oder der Fensterbank einen kleinen Kräutergarten anzulegen. Einschlägige Bücher zum Thema gibt es in großer Auswahl, stöbern Sie und probieren Sie aus.

Augenschmaus

Wir alle sind Augentierchen, soll heißen, dass wir darauf getrimmt sind, unsere Umgebung hauptsächlich über optische Reize aufzunehmen. Durch das Fernsehen, Reklametafeln und vieles mehr sind wir daran gewöhnt, Informationen besonders über die Augen zu empfangen. Wie unterschiedlich sich Wahrnehmung unter anderen Lebensumständen gestalten kann, macht ein Beispiel deutlich: Vor ein paar Jahren erklärte mir ein Ranger in den Blue Ridge Mountains in den USA einen der wichtigsten Unterschiede zwischen einem Leben in der Stadt und auf dem Land: Auf dem Land riecht man die Gefahr als Erstes, dann hört man sie, und wenn man sie sieht, ist man meistens schon fast tot. In der Stadt sind die Sinne so überladen, dass erst die optische Wahrnehmung Dinge wirklich in unser Bewusstsein rückt. Wer hört schon auf einer Hauptverkehrsstraße irgendetwas anderes als den Lärm der Autos, vom Gestank mal ganz abgesehen. Die feineren Reize entfallen also für die meisten Großstadtmenschen fast völlig, sodass das Sehen zum wichtigsten Sinneseindruck wird. Und obwohl wir ständig von optischen Reizen überflutet werden, haben unsere Augen doch wenig zu sehen – und noch weniger davon ist in irgendeiner Weise erholsam, vergnüglich oder irgendwie unterstützend. Blinkende Lichter am Abend, herumjagende Autos, hektische Menschen, flackernde Bildschirme bei Computern und Fernsehern und einfallslose Architektur machen es den Augen nicht gerade einfach. Nichts davon tut unseren Augen oder dem Menschen, zu dem sie gehören, besonders gut. Auch wenn wir zum Glück eine ziemlich robuste Spezies sind, diese Art von ständiger

Besonders wenn Sie Ihre Arbeitstage vor dem Computerbildschirm verbringen, können sich Ihre Augen durch Farbübungen erholen.

Reizüberflutung braucht ein Gegengewicht, damit wir nicht anfangen – zum Beispiel mit Nahrungsmitteln – übermächtige Eindrücke und verdrängte Bedürfnisse unangemessen auszugleichen.
Gönnen Sie also Ihren Augen Erholung. Besonders wenn Sie Ihre Arbeitstage vor einem Computerbildschirm verbringen, haben Ihre Sehnerven etwas Abwechslung verdient.
Beginnen Sie mit ganz einfachen Dingen: Hängen Sie ein Kleidungsstück in einer kräftigen Farbe auf einem Bügel an einem Wandhaken oder über den Türrahmen auf und betrachten Sie einige Minuten lang die Farbe. Beobachten Sie, was Ihnen an Schattierungen auffällt, welche Gefühle Sie dabei haben. Wenn Sie dabei an bestimmte Gelegenheiten denken, zu denen Sie dieses Kleidungsstück getragen haben, verweilen Sie da nur ein bisschen, sonst driften Sie schnell weg. Bleiben Sie bei der Farbe.
Wenn Sie mögen, können Sie auch ein paar Assoziationsspiele dazu machen. Legen Sie sich etwas zum Schreiben und ein Notizheft bereit. Sprechen Sie laut die Farbe aus und schreiben Sie die ersten drei Begriffe auf, die Ihnen dazu einfallen. Denken Sie noch nicht über die Bedeutung nach, lassen Sie die Begriffe einfach stehen, bis Sie die Farbübung mit mehreren Beispielen durchgeführt haben.

Eine andere Variante der Farbwahrnehmung können Sie erzielen, wenn Sie sich beim Partybedarf bunte Glühbirnen kaufen und diese abends in einem möglichst kleinen Raum als einzige Lichtquelle einsetzen. Ansonsten verfahren Sie wie bei den Kleidungsstücken. Falls Sie Schwierigkeiten haben, sich zu konzentrieren, fällt es Ihnen unter Umständen leichter, mit den Glühbirnen zu arbeiten, weil dann jeder Gegenstand um Sie herum in Grün, Blau oder Gelb getaucht ist und Sie nicht so schnell abgelenkt werden können. Probieren Sie auch Farben aus, die zum Beispiel nicht zum Regenbogen gehören. Betrachten Sie sich die Welt doch mal in Rosa oder in ein zartes Flieder getaucht. Experimentieren Sie und probieren Sie über einen längeren Zeitraum hinweg und Sie können sehr genau herausbekommen, welche Farbe Ihnen in welcher Stimmung besonders gut tut.

Hier nun eine Auflistung der traditionellen Zuteilung der Farben und ihre Bedeutungen. Sollte Ihre persönliche Wahrnehmung davon abweichen, bleiben Sie bei Ihrer eigenen Auswahl. Schließlich geht es darum, ob Sie persönlich sich bei Grün entspannen und nicht, ob das allgemein so ist.

Rot ist die Farbe der Vitalität, des Lebensfunkens, der Sexualität und der starken Emotionen wie Wut. Wenn Sie häufig frieren – zum Beispiel während Ihrer Diät –, könnte diese Farbe Ihnen helfen, wieder warm zu werden.

Blau ist die Farbe der Heilung. Gerade wenn Sie während Ihrer Vorbereitungs- und Abnehmphase feststellen, dass es so einiges aus Ihrer Vergangenheit gibt, das Sie gern ins rechte Lot rücken wollen, wählen Sie diese Farbe für Kleidung und/oder Meditationen aus.

Grün kann sehr hilfreich sein, wenn Sie gern mehr Bodenhaftung hätten und auch sonst die materiellen Dinge im Leben nicht immer so ganz im Griff haben.

Gelb gehört zum Intellekt und zu Denkprozessen. Sie schieben damit Ihre grauen Zellen an und sind einfallsreicher, wenn Sie über schwerwiegenden Problemen grübeln.
Violett probieren Sie am besten aus, wenn Sie Ihre Verbindung zu anderen Welten und außersinnlichen Wahrnehmungen verstärken möchten.
Über die Heilweise von Farben, ihre Auswirkungen auf die Energiezentren des Körpers (Chakren), die Anwendung in Haus und Garten und vieles mehr gibt es Regale voller Bücher. Falls Sie Lust haben, sich intensiver mit diesem Thema zu beschäftigen, gehen Sie in Ihrem Buchladen stöbern oder schauen Sie mal, was Sie über das Internet abrufen können.

Leben zum Anfassen

Grabbeltische sind ein wahres Vergnügen für den Tastsinn: Sie ziehen nur dem Gefühl nach irgendetwas aus einem Stapel und sind gespannt, was Sie zu Gesicht bekommen werden. Wenn Sie nicht gerade allergisch auf Tierhaare reagieren, können Sie es auch mal in einem Streichelzoo versuchen. Allein schon die vielen verschiedenen Arten von Fell – von flauschig bis borstig – sind beeindruckend.
Wenn Sie weder auf Schlussverkauf noch auf Zoobesuche Wert legen, können Sie Ihren Tastsinn auch an ganz alltäglichen Gegenständen Ihres Haushalts ausprobieren. Sie können sogar ein Spiel mit Ihren Kindern daraus machen. Verbinden Sie sich die Augen und gehen Sie durch Ihre Wohnung. Ertasten Sie, wie weit es vom Sofa bis zur Tür ist: Können Sie die Wand links von sich spüren, auch ohne die Wand zu berühren? Oder wie steht es mit dem Luftzug von einem offenen Fenster im Bad? Sie können verschiedene Gegenstände ertasten, menschliche Gesichter oder auch Ihren eigenen Körper. Die Möglichkeiten, Ihren Tastsinn bewusst kennen zu lernen, sind unendlich, schließlich ist die Haut – Ihr Tastorgan – das größte Organ, das Sie besitzen.

Trainieren Sie Ihren Tastsinn, indem Sie jeden Gegenstand, den Sie in der Hand halten, bewusst wahrnehmen.

Trainieren Sie diesen Sinn, indem Sie einen oder mehrere Tage lang jeden Gegenstand, den Sie in der Hand halten, bewusst wahrnehmen. Schließen Sie dafür nur einen kurzen

Moment die Augen, falls das möglich ist, und empfinden Sie, wie sich der Gegenstand anfühlt: Ist er kalt oder warm? Rau, glatt, geriffelt, oder wie fühlt sich die Oberfläche sonst an? Sie können diesen Tasttest natürlich auch bei Lebensmitteln machen. Spüren Sie hin, wie sich eine Banane oder eine Orange anfühlt, bevor Sie sie zerkauen und nachdem Sie sie zerkaut haben. Oder ertasten Sie den Unterschied zwischen verschiedenen Apfelsorten und zwischen Treibhaus- und Walderdbeeren, um nur einige Beispiele zu geben.
Möglicherweise sind diese Tasterlebnisse für Sie ganz alltäglich. Oder Sie entdecken, dass Sie vor lauter Tasten gar nicht mehr ans Essen denken. Oder dass Sie weniger und andere Sachen essen. Wie schon die anderen Wahrnehmungsarten ermöglicht Ihnen auch das Tasten eine Reihe von Erlebnissen und eine Art von Zufriedenheit, die wir nur allzu oft durch die Ersatzbefriedigung Essen versuchen auszugleichen. Natürlich gibt es viele kluge Bücher zum Thema Ersatzbefriedigung, an dieser Stelle lassen wir jedoch mal außer Acht, was dazu führen könnte, dass Sie statt all Ihre Sinne beisammen zu haben und sie zu nutzen, nur Ihren Geschmackssinn ständig überstrapazieren. Wichtig ist, dass Sie Ihre anderen Sinne wiederentdecken und Ihre Wahrnehmung für alles andere schärfen. So fällt es Ihnen entschieden leichter, Ihrem Geschmackssinn einmal eine Pause zu gönnen.

Haben Sie zwei Wochen Sinnlichkeit und Erholung hinter sich, können Sie entweder mit der Hexendiät ganz aufhören oder sie hängen gleich die nächsten zwei Wochen dran. Entscheiden Sie, wie immer, nach Ihrem Gusto und der Anzeige der Waage am Ende der Zwischenwochen. Es kann durchaus sein, dass Sie ohne jegliche Anstrengung weiter abgenommen haben.
Sollten Sie allerdings zugenommen haben, heißt das, dass Sie sich wieder auf alte Gewohnheiten eingelassen haben. Gönnen Sie sich in den folgenden zwei Wochen des abnehmenden Mondes ganz einfach eine Pause. Steigen Sie dann zum Neumond noch einmal mit den zwei Vorbereitungswochen ein und machen Sie im Anschluss daran unverdrossen mit zwei Wochen Diät weiter. Wenn Sie dann zu den nächsten zwei Zwischenwochen kommen, bleiben Sie bei Ihrer detaillierten Beobachtung, was Sie essen. Reduzieren Sie nichts, aber sehen Sie genau hin. Vielleicht ist es nur wichtig, dass Sie Ihren Mahlzeiten zukünftig grundsätzlich mehr Aufmerksamkeit schenken und nie mehr nebenbei etwas zu sich nehmen. Auch wenn das zunächst vielleicht undurchführbar klingt, Sie müssen nicht alles in sich hineinfuttern, nur weil gerade der Fernseher läuft. Stricken Sie lieber oder legen Sie Patiencen, aber greifen Sie nicht einfach zu den Erdnüssen.

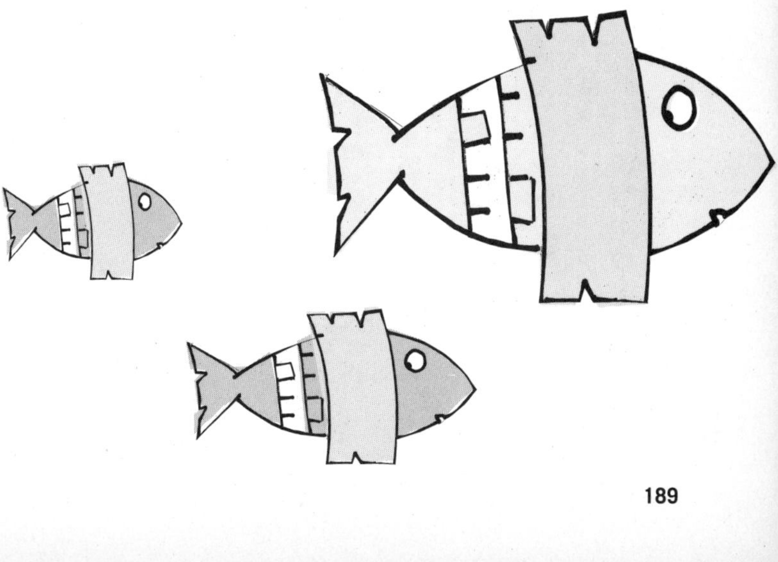

GELASSEN BIS ZUM SCHLUSS GESLIMT

Genug der Rezept- und Essübungen.

Schließlich tut sich im restlichen Leben auch noch einiges.

Angeschoben von Ihren Wünschen nach einer schlankeren Linie, haben Sie mittlerweile voll den Durchblick, was Ihre Ess- und Trinkgewohnheiten betrifft. Aber wie sieht es mit den fiesen Fallen der Familienfeste aus? Nicht zu vergessen ist an dieser Stelle auch die berüchtigte Leibesertüchtigung. Schwingen Sie sich also in die Turnschuhe und schnallen Sie sich an, denn es geht noch mal rund. Dafür winkt dann am Ende aber auch kurz und schlank der Erfolg all Ihrer Mühen.

Zwei weitere Wochen Hexendiät

Nachdem Sie nun zwei Wochen Vorbereitung, zwei Wochen Diät und noch einmal zwei Wochen – sozusagen zur Nachbereitung – hinter sich haben, könnte es sein, dass Sie Ihr Ziel bereits erreicht haben. Wenn Ihre Waage bereits das gewünschte Gewicht anzeigt, haben Sie es geschafft. Überblättern Sie dann dieses Kapitel und machen Sie gleich bei Seite 198 weiter.

Sollten Sie noch nicht zufrieden sein und noch weiter abnehmen wollen, können Sie weitere zwei Wochen dranhängen. Genau genommen, können Sie die Hexendiät im Zwei-Wochen-Rhythmus durchführen, bis Sie Ihr Zielgewicht erreicht haben. Sie können auf diese Weise auch zehn oder mehr Kilos abnehmen, vorausgesetzt, dass Sie nicht magersüchtig werden. Falls Sie sich nicht sicher sind, fragen Sie eine Ärztin oder einen Ernährungsberater nach Ihrem persönlichen Idealgewicht.

Wenn Sie entschieden haben, weiterzumachen, dann können Sie auch hier wieder selbst experimentieren und entweder jedes Jahr zu einer bestimmten Zeit ein paar Wochen Hexendiät einlegen – so, wie andere Menschen fasten – oder Sie machen erst einmal nur eine Runde. Oder Sie führen ein oder zwei Monate lang mehrere Zyklen durch.

Wenn Sie also gleich noch einmal zwei Wochen Hexendiät dranhängen wollen, können Sie entweder die gleichen Übungen und Rituale machen wie in den ersten zwei Wochen oder weiterführende damit verbinden. Testen Sie aus, was Sie lieber mögen. Vielleicht sind Sie ganz froh, wenn Ihnen alt-

vertraute Dinge begegnen und Sie sich nicht schon wieder auf neue Abläufe und Inhalte einstellen müssen. Oder Sie gehören zu den Menschen, die immer wieder alles ganz neu ausprobieren wollen.
Wenn Sie sich für die Übungen und Rituale aus den ersten zwei Wochen entscheiden, werden Sie feststellen, dass Sie einiges so machen wie beim ersten Mal, aber zu anderen Ergebnissen kommen. Auch wenn Sie alles noch so pingelig kopieren, Sie sind nicht mehr der gleiche Mensch wie vor vier Wochen. Sie haben neue Erfahrungen gewonnen, haben sich verändert, haben abgenommen. Wenn Sie also diesmal in den Kühlschrank blicken, ist Ihre Wahrnehmung bereits geschärft und Sie bekommen ganz neue, spannende Einblicke – nicht nur ins Kühlfach. Wenn Sie wollen, können Sie in den zweiten zwei Wochen auch andere Rituale durchführen, die nur mittelbar mit dem Abnehmen zu tun haben.

Sie haben ja schon festgestellt, dass es bei der Hexendiät nicht nur um den Verlust von Kilos an Hüften und Oberschenkeln geht.

Sie haben während dieser Hexendiät ja schon festgestellt, dass es beim Gewichtsverlust nicht nur um die Kilos auf Hüften und Oberschenkeln geht. Wenn Sie bei den Übungen zur Ehrlichkeit wirklich ehrlich waren, haben Sie mit Sicherheit bemerkt, dass da kleine oder große Fußangeln in Ihrem Innern nur darauf lauern, Ihnen ein Bein zu stellen. Und diese Einschätzung wird sich dann vermutlich nicht nur auf Ihre Essgewohnheiten beschränken. Wenn Sie bei Ihrer Innensicht mit größeren Problemen konfrontiert waren, wäre es gut, diese entweder nach der Diät oder auch in der zweiten Phase der Diät anzugehen. Sie haben dann bereits genug Erfahrung mit dem täglichen Kleinkram, dass Sie Ihre Energie und Fantasie für andere Dinge freihaben.

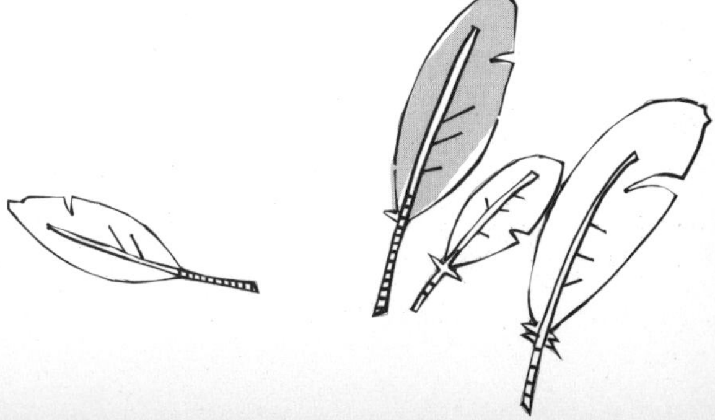

Der Klotz am Bein

Wenden wir uns gleich einmal einem der größten Klötze zu: einer alten Liebe. Damit sind nicht diese netten Menschen gemeint, die auch nach Jahren noch eine liebe Weihnachtskarte schicken und mit denen selbst die Trennungsphase nett war. Gemeint sind hier bittere Erinnerungen, unaufgeräumte und nicht erledigte Gefühle und Trennungen, die nie ganz sauber durchgeführt wurden. Ein wunderschönes Beispiel für verworrene Gefühle sind getrennte Paare, die ein gemeinsames Kind haben. Es kommt selten genug vor, dass die ehemaligen Partner es schaffen, die Beziehungs- und die Elternebene auseinander zu halten. Hier könnte ein klares Trennungsritual hilfreich wirken. Gleiches gilt, wenn Sie schon länger unglücklich verliebt sind und diesen Zustand nicht länger mit sich herumtragen wollen. Das letzte Wort im Satz ist auch hier wieder das Zauberwort, das alles möglich macht. Wenn Sie wollen, können Sie Exfreunde, Pfunde und anderen Ballast loswerden. Ohne diesen Willen bleibt alles beim Alten.

Wenn Sie einen Trennungszauber durchführen, bei dem es um einen anderen Menschen geht, ist Vorsicht geboten. Sehr leicht können Sie hier in Bereiche der Manipulation abgleiten und den freien Willen eines anderen Menschen beeinträchtigen. Das nennt man dann gemeinhin schwarze Magie. Es kann Ihnen so lange nichts passieren, wie Sie wirklich bei sich bleiben und nicht etwa offen oder insgeheim den anderen auf irgendeine Weise in eine bestimmte Richtung drängen wollen. Am besten kümmern Sie sich nur um Ihre eigenen Gefühle und machen sich klar, warum Sie noch an den alten Beziehungskisten hängen. Wenn Ihnen noch etwas an Ihrem Ex liegt, verbindet Sie vielleicht keine Liebe und Zuneigung mehr, aber Trauer und Wut sind immerhin auch Gefühle, die Sie für den anderen empfinden. Besser als gar nichts, werden Sie vielleicht denken. Vielleicht hängen Sie aber auch gar nicht an einem Menschen, sondern möchten sich von einem Job, einer Gewohnheit oder irgendetwas anderem in Ihrem Leben trennen. Das folgende Ritual können Sie mit kleinen Abwandlungen für jede Art von Trennung verwenden, auch wenn es hier als Ritual nach einer verflossenen Liebe beschrieben steht. Im Übrigen sei hier zu Ihrer Beruhigung noch angemerkt, dass eine Trennung nicht bedeutet, dass Sie mit dem entsprechenden Menschen nie wieder ein Wort reden oder dass Sie die ehemaligen Kollegen nicht mehr grüßen können. Trennung heißt hier nur, dass Sie innerlich frei werden und Ihre Handlungen keinerlei Zwang oder Abhängigkeit, die Sie noch an Vergangenes binden könnte, mehr beinhalten.

Wenn Sie sich entschieden haben, eine alte Liebe zu beenden, dann suchen Sie sich mehrere Gegenstände aus, die für Sie zu dieser Beziehung gehören. Wählen Sie am besten nur Dinge aus, die Sie wirklich loswerden wollen und die sich entweder problemlos verbrennen, vergraben oder ins Wasser werfen lassen. Fotos und Briefe sind besonders geeignet, da sie sehr persönlich sind.

Da Sie sich wieder in der Phase des abnehmenden Mondes befinden, können Sie dieses Ritual jederzeit durchführen, denn Sie wollen ja etwas loswerden.

Machen Sie dieses Ritual an mehreren Tagen hintereinander. Sie verstärken damit die Energie. Außerdem können Sie so das Loslassen nach und nach vonstatten gehen lassen. Gelegentlich haben wir uns mit altem Gefühlsballast so gut eingerichtet, dass es geradezu schockierend sein kann, ganz plötzlich ohne dazustehen. Wenn Sie sich langsam an den Gedanken gewöhnen, sich zu trennen, fällt die Veränderung nicht so dramatisch aus. Handelt es sich nur noch um ein paar leidige Überreste, brauchen Sie vielleicht auch nur einen Tag.

• Legen Sie sich Ihre Gegenstände (die mit Ihrer Trennung zu tun haben) und jeweils ein großes Blatt (zum Beispiel von einer Kastanie) bereit. Dazu kommt noch ein einfacher Bindfaden, eine Schere oder ein Messer und alles, was Sie üblicherweise für Ihr Ritual verwenden.

• *Machen Sie es sich bequem und gehen Sie in die Ruhe. Schließen Sie nun wie gewohnt den magischen Kreis und gehen Sie in die Mitte.*

• Nehmen Sie den ersten der Gegenstände in die Hand und betrachten Sie ihn. Sie haben inzwischen Ihre Wahrnehmung so gut trainiert, dass Sie sich voll und ganz auf die Energie Ihres Gegenstandes konzentrieren können. Lassen Sie noch einmal die alten Erinnerungen aufsteigen. Führen Sie dabei ruhig ein paar Selbstgespräche, es hört ja niemand – außer Ihren Helfern aus der Anderswelt, und die sind nicht so schnell zu beeindrucken. Gehen Sie so tief in die Erinnerungen hinein, wie Sie möchten. Es könnte sogar sein, dass noch einmal alter Kummer hochkommt, auch Tränen sind erlaubt. Gehen Sie mit, wenn Gefühle sich zeigen.

• *Treten Sie dann innerlich einen Schritt zurück und betrachten Sie nun die Erinnerungen und die Gefühle und machen Sie sich klar, was davon in die Vergangenheit gehört und heute keine wirkliche Bedeutung mehr für Sie hat.*

• Wenn Sie so weit sind, schicken Sie alles, was Sie wirklich loswerden wollen, in den Gegenstand in Ihren Händen. Umwickeln Sie ihn dann mit einem der Blätter und binden Sie alles mit einem Ende des Bindfadens zusammen. Schneiden Sie nun ganz bewusst diesen Teil vom Faden ab und sagen Sie dazu beispielsweise einen Satz wie: »Auf immer gelöst«. Sie können sich auch einen Zauberspruch ausdenken, der Ihre Absicht angemessen ausdrückt. Verfahren Sie auf die gleiche Weise, bis Sie alle Gegenstände gut verpackt und abgeschnitten haben.

• *Verweilen Sie einen Augenblick und machen Sie sich noch einmal ganz klar, dass Sie wirklich loslassen wollen und dass Sie nun nichts mehr an diese alte Situation bindet. Bekräftigen Sie das Ganze noch einmal mit einem lautstarken: »So soll es sein!«.*

Schicken Sie nun die Energie aus Ihrem Ritual auf die Reise. Falls Sie nicht sicher sind, ob Sie wirklich alles in Ihren kleinen Paketen verschnürt haben, schicken Sie über Ihre Hände den Rest hinterher. Visualisieren Sie Ihre Päckchen als voll aufgeladen mit allem, was Sie loswerden wollen.

- **Nachdem Sie die Energie losgeschickt haben, bleiben Sie noch einen Augenblick in der Ruhe und erden sich dann wie gewohnt.**

- ***Jetzt können Sie den magischen Kreis wie üblich öffnen.***

Die eingewickelten Gegenstände können Sie nun entweder an einem Ort vergraben, an den Sie garantiert nicht zurückfinden. Das heißt eine Stelle in einem Wald zum Beispiel, die Sie ganz willkürlich aussuchen und die möglichst nicht von anderen Menschen besucht wird. Oder Sie übergeben die Gegenstände dem Wasser, zum Beispiel einem Bach oder Fluss. Achten Sie darauf, dass wirklich genug Wasser vorhanden ist, um sie davonzutragen. Eine dritte Möglichkeit bietet ein Feuer. Wenn Sie zum Beispiel auf dem Land wohnen, können Sie in Ihrem Garten eines entfachen und dort die Gegenstände den Flammen übergeben.
Wichtig ist in jedem Fall, dass Sie sich abwenden und gehen, sobald Sie die Sachen vergraben, ins Wasser oder in die Flammen geworfen haben. Blicken Sie nicht zurück. Dieser Teil Ihrer Vergangenheit ist nun endgültig erledigt. Falls trotz allem noch Bindungen bleiben, klären Sie zuerst, warum Sie sich nicht lösen wollen. Dann können Sie dieses Ritual auch wiederholen. Nutzen Sie es aber nur, wenn Sie ehrlich loslassen wollen, sonst bekommen Sie auch hier einen Jojo-Effekt.

Sie haben jetzt sechs Wochen glücklich überstanden, Pfunde verloren und schwerwiegende Weisheiten gewonnen.

Sie haben die ersten sechs Wochen glücklich überstanden und können sich selbst zu Ihrem Erfolg gratulieren. Sie haben zwar an Pfunden verloren, an schwerwiegenden Weisheiten jedoch zugenommen. Bevor Sie nun endgültig zur leichtgewichtigen Heiligen mutieren, sei noch an eine andere Variante des einfachen Abnehmens erinnert, die Sie nach Belieben ebenfalls in Ihre Diätwochen einbauen können. Da es sich allerdings um eine Situation handelt, die nicht unbedingt jedem reproduzierbar erscheint, widmen wir uns dem Thema Liebe und Gewicht etwas ausführlicher. Kombinieren Sie bei Bedarf gern alle folgenden Übungen und Rituale mit Ihren Abnehmwochen.

Liebe, Lust und Leidenschaft

Lust und Leidenschaft verbrauchen nicht nur viele Kalorien, sondern sie bremsen vor lauter Glück auch noch den Appetit – ganz ohne Nebenwirkungen. Was aber, wenn gerade kein liebendes Wesen in der Nähe ist und Sie auf sich gestellt sind? Lebenslust zumindest ist nicht davon abhängig, ob Sie gerade himmelstürmend verliebt sind. Und auch diese Lust lässt Pfunde purzeln.

Lebenslust für Anfänger

Wenn Sie bisher dachten, dass Sie sich erst einmal so richtig verlieben müssten, um locker die Pfunde zu verlieren, haben Sie zwar einiges versäumt, aber in Zukunft eine Menge Spaß zu erwarten. Denken Sie zum Beispiel daran, wie Sie sich fühlen, wenn Sie einen schönen Urlaub hinter sich haben. Oder wenn Sie gerade mit einer satten Gehaltserhöhung, einer besonders guten Note in einer Prüfung oder sonst einem Erfolgserlebnis nach Hause gekommen sind. Genauso können Sie sich auch mit Ihrer Hexendiät fühlen. Und das muss nicht erst anfangen, wenn Sie schon Gewicht verloren haben.
Lebenslust pur ist zwar etwas, was wir häufig mit dem Gefühl verbinden, in einen Menschen verliebt zu sein, aber jede andere Verliebtheit tut es genauso. Egal, wie alt Sie auch sind, Sie haben Talente und kennen Dinge, die Ihnen Spaß machen, bei denen Sie sich entweder noch nie getraut haben, sie mal anzugehen, oder die Sie früher irgendwann mal gemacht haben, Ihnen jetzt aber irgendwie die Zeit dafür fehlt. Gemeint sind hier all die Dinge, bei denen Sie Herzklopfen

bekommen und/oder sich so rundherum wohl fühlen – als wenn Sie ein bisschen verliebt wären.

Gehen Sie auf Entdeckungsreise. Wenn Sie beim Lesen dieser Zeilen schon genau wissen, was Sie sich vornehmen wollen, dann brauchen Sie erst einmal nicht weiterzulesen. Fangen Sie an: Malen, schreiben, töpfern Sie in der Toskana oder was Ihnen sonst zum Glück noch fehlt. Es können auch ganz ausgefallene Sachen sein wie ein Fallschirmsprung oder etwas Ähnliches. Wichtig ist nur, dass Sie sich etwas heraussuchen, was Sie dann auch wirklich tun. Es geht nicht darum, dass Sie sich den Diamanten kaufen, den Sie schon immer haben wollten, sondern vielmehr darum, dass Sie zeitweilig Rembrandt oder auch die Callas sind – ja, Sie können auch ein paar Gesangsstunden nehmen, wenn Sie das schon immer mal machen wollten. Wenn Ihnen auf Anhieb nichts einfällt, lassen Sie sich auf eine kurze fantastische Reise ein.

Tun Sie Dinge, die Ihnen Spaß machen, bei denen Sie Schmetterlinge im Bauch haben. Gehen Sie auf Entdeckungsreise.

Suchen Sie sich einen bequemen Platz, an dem Sie sich günstigstenfalls hinlegen können. Es fällt Ihnen dann sehr viel leichter, sich zu entspannen, falls es länger als nur ein paar Minuten dauern sollte. Wählen Sie für Ihre »Reise« am besten nicht die Zeit vor dem Einschlafen, da Sie sonst unter Umständen nicht mehr wissen, was Sie eigentlich gesehen haben. Falls Sie sich allerdings immer sehr gut an Träume erinnern können, könnte die Zeit vor dem Einschlafen andererseits besonders günstig sein. Probieren Sie es aus, Sie können diese Übung ruhig mehrfach durchführen. Legen Sie sich unbedingt etwas zum Schreiben bereit, damit Sie nichts Wichtiges vergessen.

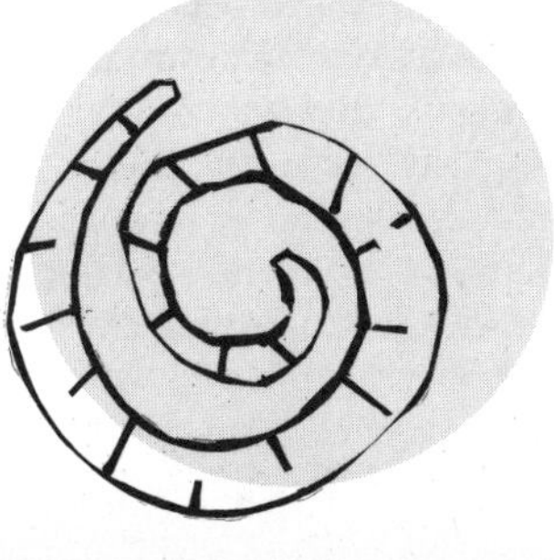

• Machen Sie es sich gemütlich und schließen Sie die Augen. Gehen Sie in die Ruhe und beobachten Sie Ihre Atmung.

• Stellen Sie sich vor, Sie stehen vor einer großen Halle, die auf einer grünen Wiese steht. Betrachten Sie Ihre Umgebung kurz und gehen Sie dann auf die großen Tore der Halle zu. Schieben Sie diese beiseite und treten Sie ein.

• Drinnen erwartet Sie eine riesige Werkstatt. Sie finden dort jedes Handwerk und jedes Hobby, das Sie sich nur vorstellen können. Schlendern Sie zwischen den Ständen herum und lassen Sie alles auf sich wirken, sich auch von der einen oder anderen Sache einfangen. Probieren Sie, wie es sich anfühlt, einen Klumpen Ton in die Hand zu nehmen, drücken Sie ein paar Tasten eines Synthesizers oder zupfen Sie an einer Harfe. Wenn Sie etwas sehen, was Sie besonders neugierig macht, merken Sie sich, was es ist, und gehen Sie weiter.

• Wenn Sie nach Herzenslust alles ausprobiert haben, verlassen Sie die Halle wieder und schließen das Tor hinter sich. Blicken Sie sich kurz auf der Wiese um und kehren Sie dann wieder in Ihren Körper zurück.

• Stellen Sie sicher, dass Sie wieder ganz und gar im Hier und Jetzt sind, und schreiben Sie auf, was Sie für sich entdeckt haben. Nun steht Ihrer neuen Hobbykarriere als Tiefseetaucherin oder Bodybuilder, als Töpferin oder Maler nichts mehr im Weg.

Je mehr Sie anfangen, für sich selbst gut zu sorgen, desto leichter fällt es Ihnen auch, locker und aufgeschlossen auf andere zuzugehen. Gut für sich selbst sorgen heißt, so eine Art Liebesbeziehung zu sich selbst aufzubauen. Schließlich heißt es doch, liebe deinen Nächsten wie dich selbst, nur dass dieser Teil meist kaum wahrgenommen wird. Pflegen Sie sich und gönnen Sie sich gute Dinge und Erlebnisse, damit Sie mit sich und in sich zufrieden sein können. Dann klappt es auch mit dem Nachbarn.
Mehr zum Thema Liebe finden Sie im *Liebeseinmaleins für freche Frauen.*

Familie, Freunde und andere böse Fallen

Jetzt haben Sie es geschafft, Ihren Kühlschrank zu entrümpeln und heilig zu sprechen, Ihre Keksecken auszumisten, Ehrlichkeitsübungen und Tastrituale durchzuführen und schon seit Wochen erfolgreich und glücklich Ihre zwei Wochen Wechseldiät zu machen – und dann kommt Weihnachten. Alternativ können Sie hier auch Geburtstage, Essenseinladungen oder andere Koch- und Essorgien einsetzen. Oder vielleicht ist es ja auch nur der nächste Kneipenbesuch mit ein paar Gläschen Wein oder Wodka-Martini.

Die Gelegenheiten, sich selbst und die Diät zu »vergessen«, sind vielfältig. Und die Verschwörer, die Sie in Versuchung bringen, kommen wie Muttern mit einem freundlichen Lächeln hereingeschwebt. Doch anders als am Anfang, wo Sie noch zur Geheimhaltung »verpflichtet« waren, geht es jetzt um die Wurst, soll heißen, darum, dass Sie sich zu dem bekennen, was Sie vorhaben. Schließlich haben Sie mehrere Tage oder Wochen Ihrer Diät hinter sich und können stolz auf sich sein. Das ist doch schon mal was, denn Sie mussten ja hart ran an Ihre eingefahrenen Gewohnheiten und Überzeugungen.

Und Sie sind beim Abnehmen, auch wenn sich das vielleicht noch nicht in Kilos, sondern erst in Gramm ausdrückt, so werden Sie aber sicher inzwischen dieses »leichte« Gefühl im Kopf haben, dem die Pfunde nur noch folgen können.

Schluss mit der Geheimhaltung! Jetzt geht es um die Wurst: Bekennen Sie sich zu dem, was Sie vorhaben.

Nehmen wir also Weihnachten, dann folgt noch Silvester und wer danach nicht mindestens zwei Kilos mehr drauf hat, der hat einfach nicht richtig gefeiert. Wieso eigentlich muss eine schöne Weihnachtsfeier auch eine Fressorgie sein? Verstehen Sie das bitte nicht falsch: Stollen, Schokokringel und Lebkuchen sollen schon sein. Aber wieso immer gleich pfundweise? Probieren Sie doch mal aus, wie sich ein Lebkuchen genießen lässt, wenn Sie es bei nur einem belassen und dabei den herrlichen Weihnachtsgeschmack nach Gewürzen und anderen Zutaten ganz bewusst genießen. Erinnern Sie sich an Ihre Übung vor dem Kühlschrank am Anfang Ihrer

Diät? Gleiches gilt auch für Schokolade. Oder schmeckt eine ganze Tafel wirklich besser als ein Stück? Eben. Wieso verputzen Sie dann bitte gleich die ganze Tafel – wegen des guten Geschmacks sicher nicht, der verändert sich, wie eben festgestellt, ja nicht.
Gerade bei Familienfeiern schlägt gern der Gewohnheitsteufel zu. Denn an Weihnachten wurde zu Hause schon immer gut gespachtelt und daran hat man sich eben gewöhnt. Wenn Sie allerdings auch über Weihnachten – wahlweise Ostern, Pfingsten, Hochzeit, Geburtstag und, und, und – Ihre selbst bestimmte Wahrnehmung zulassen und nicht einfach wahllos Nahrungsmittel verspeisen, werden Sie nach Weihnachten mit Sicherheit keine drei bis vier Kilos mehr auf den Rippen haben – selbst wenn Sie keine Pfunde verloren haben. Ihr Ziel ist es, im ganz normalen Leben das Gewicht zu halten, das Sie für sich als angenehm und angemessen empfinden.
Aber selbst wenn mal eine Feier so richtig dafür gesorgt hat, dass die Waage ein paar dicke Striche nach oben saust, wirklich dick macht nicht das, was Sie zwischen Weihnachten und Neujahr essen, sondern das, was Sie zwischen Neujahr und Weihnachten zu sich nehmen. Also nur keine Hektik und weiter im Text. Ignorieren Sie einfach außergewöhnliche Ereignisse. Gedanken müssen Sie sich erst machen, wenn Sie den Eindruck bekommen, dass sich eine Ausnahme an die andere reiht. Dann sind Sie schon wieder mittendrin in den ach so fiesen kleinen Gewohnheiten. An diesem Punkt hilft nichts, als noch einmal mit der Vorbereitung anzufangen und eine gute Prise Ehrlichkeit hinzuzufügen. Vielleicht stellen Sie dann doch fest, dass Sie lieber noch eine Weile mit dem ernsthaften Abnehmen warten wollen.

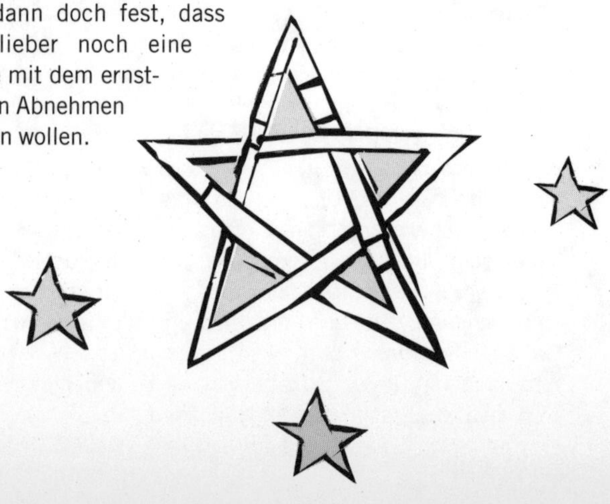

In vino veritas

Wein oder nicht Wein, das ist hier die Frage, denn wir wissen inzwischen, dass die flüssigen Kalorienbomben nicht minder gefährlich sind als die süßen oder fetten. Aber natürlich nicht nur Wein, sondern Alkohol insgesamt. Falls Sie zur Gattung der Abstinenzler gehören, haben Sie kein Problem. Überschlagen Sie dieses Kapitel einfach. Sollten Sie aber gelegentlich gern mal ein Schlückchen trinken, ist das schon schwieriger. Denn mit dem Trinken ist es wie mit dem Essen: Sie können es nicht prinzipiell sein lassen. Schränken Sie Ihren Alkoholkonsum nicht nur ein, weil er dick macht, sondern weil er vor allem Ihr Urteilsvermögen beeinträchtigt. Ihr Körper braucht einige Tage, um dieses Gift – denn nichts anderes ist Alkohol – aus Ihrem Körper zu entsorgen. Damit ist die gesunde Funktion aller Organe zeitweilig eingeschränkt. Das ist an dieser Stelle kein moralisches Urteil zum Thema Wein oder Wasser, sondern lediglich eine Feststellung der physischen Gegebenheiten. Es könnte sein, dass Sie nicht nur unfähig sind, Auto zu fahren, sondern ebenso wenig meditieren können. Alkohol enthemmt Sie vielleicht, Ihre spirituelle Aufnahmefähigkeit wird aber stark gebremst.

Geben Sie also nicht frustriert Ihre Diät auf, wenn Sie mal eine Nacht durchgezecht haben und am nächsten Tag einfach kein Ritual und keine Meditation funktionieren will. Das ist ganz normal. Lassen Sie Ihrem Körper Zeit, sich zu entgiften, und danach fühlen Sie sich wieder wie neu.

Falls Sie sich einschränken wollen, kann eine Regel, die eine liebe Tante einmal sehr kategorisch von sich gab, hilfreich sein: »Nie ohne Gesellschaft«. Erstaunlicherweise funktioniert diese Regel ziemlich gut, sie reduziert Frust- und Langeweiletrinken drastisch – und funktioniert übrigens genauso gut mit Süßigkeiten. Und wenn Sie mit Freunden unterwegs sind, handeln Sie am besten genauso wie bei allen anderen

Lebensmitteln. Machen Sie auch beim Glas Wein die Probe, ob Sie es wirklich in diesem Augenblick für nützlich halten. Hören Sie genau hin, ob Sie den Cocktail wirklich trinken wollen oder ob es nur eine der vielen Gewohnheiten ist, die Sie schon länger aus Ihrem Leben verbannen wollten. Nein zu sagen vergrault keine Freunde und tut oft richtig gut. Erfinden Sie zur Abwechslung mal neue Getränke, die Sie erfrischen, gut schmecken und keinen Alkohol enthalten. Oder mixen Sie. Probieren Sie auch hier wieder aus, was Ihnen am besten entspricht. Auch zum Thema Nein sagen finden Sie zahlreiche Bücher in den entsprechenden Buchläden.

Mutterns Küche und andere Versuchungen

Spätestens wenn Sie Ihnen nahe stehende Menschen in ihrem »natürlichen« Lebensraum beobachten möchten, ist es ganz wichtig, dass Ihre Lieben nicht wissen, dass Sie eine Diät machen. Sollten Sie schon im Voraus geplaudert haben, werden Sie möglicherweise erleben, dass jede Essenseinladung etwas gekünstelt wird oder nicht mehr stattfindet: »Ich weiß doch, meine Liebe, du bist gerade auf Diät, sonst hätte ich dich natürlich auch eingeladen, aber ich dachte, dass wäre einfach zu viel für dich.« Und das sagt ausgerechnet die Freundin, die Ihnen noch vor einer Woche im Café den dritten richtig süßen Cappuccino ausgegeben hat und dazu noch einen klitzekleinen Amaretto.

Beantworten Sie Fragen zur Diät nur ausführlich, wenn Sie wissen, dass Ihr Gegenüber Ihre Bemühungen wirklich schätzt.

Und wie sieht es mit Mutterns Küche aus? Da duftet es auch immer so verführerisch. Und wie sollten Sie schon ihrem extra für Sie liebevoll gekochten Menü entkommen?

Haben Sie also bisher erfolgreich und geheimnisumwittert Ihre Diät durchgeführt, können Sie inzwischen auf so viele Erfolge im Kopf und/oder auf der Waage zurückblicken, dass Sie ruhig die Katze aus dem Sack lassen können. Spätestens wenn Sie den nächsten Besuch bei Muttern antreten oder das oben erwähnte Weihnachtsfest vor der Tür steht, werden Sie sicherlich Fragen und Bemerkungen zu hören bekommen, auch wenn Sie gerade ein veritables Steak – allerdings ohne Beilagen – verspeist haben.

Damit Sie nicht neuen Stress an die Stelle des alten setzen, bekennen Sie Farbe. Erklären Sie Freunden und Familie bei dieser Gelegenheit, dass Sie gerade abnehmen wollen und deshalb darauf achten, was Sie essen. Mehr brauchen Sie nicht zu sagen. Sie können natürlich auch mehr erklären und beschreiben. Richten Sie die Ausführlichkeit Ihrer Antworten danach, ob Ihr Gegenüber etwas damit anfangen kann und Ihre Bemühungen wirklich schätzt. Halten Sie Ihre Erklärungen möglichst kurz. Wer Genaueres wissen will, wird schon nachfragen. Plappern Sie nicht, denn das zerstreut Energie.

Böse Kritiker und überschwängliches Lob

Auch wenn Sie sich bedeckt halten und sehr überzeugend wirken, kann es passieren, dass Sie echten Skeptikern begegnen. Das können zum Beispiel Menschen sein, die nichts so sehr fürchten wie Ihren Erfolg mit der Diät, denn dann hätten sie ja eine Entschuldigung weniger, warum sie es nicht auch geschafft haben. Oder Sie begegnen jemandem, der von sich selbst so wenig hält, dass er andere abwerten muss, um nicht selbst klein und hässlich zu wirken. Oder, oder, oder – der Saboteure gibt es viele. Dabei meinen es die meisten gar nicht böse und denken oft sogar, dass ihre negative Sicht der Welt irgendjemandem weiterhilft, weil sie so ungemein realistisch sind. Wirklich realistisch ist dagegen der Weg, den Sie eingeschlagen haben und der Sie Pfund um Pfund verlieren lässt – unbeeindruckt von Unkenrufen und gerunzelten Stirnen.

Ebenso tödlich können übergroße Lobeshymnen sein. Wer Ihren Diäterfolg als den größten Erfolg seit der Erfindung der Kopfschmerztablette hinstellt, mag zwar damit Recht haben, hilfreich ist es aber oft nicht. So wunderbar es sich von so einem Podest auch in die Ferne blicken lässt, so zugig ist es da oben und alle warten nur darauf, dass man einen Fehler macht. Und wenn Sie dann mal über die Stränge geschlagen haben – was ja, wie Sie inzwischen wissen, überhaupt kein Problem ist –, stehen schon die Besserwisser neben Ihnen, die schon immer gewusst haben, dass das alles Quatsch ist, was Sie da machen. Dieser Hexenkram ist doch der pure Unsinn, eine vernünftige Diät aus dieser oder jener Frauenzeitschrift wäre doch viel sinnvoller – obwohl keiner so recht glaubt, dass Sie es diesmal schaffen werden. Bemühen Sie sich, wegzuhören, und schalten Sie Ihre Ohren auf Durchzug. Was immer die anderen sagen, hat mehr mit denen selbst als mit Ihnen zu tun.
Machen Sie sich am besten von der Meinung anderer Menschen unabhängig. Leichter gesagt als getan, meinen Sie vielleicht, aber mit ein wenig Übung durchaus zu schaffen. Brauchen Sie Abstand, machen Sie folgende Übung, oder wenn es allzu dicke kommt, auch ein Trennungsritual (Seite 194 ff.), in dem Sie sich von all den Meinungen anderer Leute verabschieden, die Ihnen wenig hilfreich sind.

Übung zum Inselfeeling

Ein schlauer Denker hat einmal gesagt, dass ein Mensch keine Insel sei. Er meinte damit, dass wir alle miteinander verbunden seien und niemand einfach nur so vor sich hin leben könne, ohne diese Verbindung irgendwie in Anspruch zu nehmen oder zu beeinflussen. Recht hatte er, allerdings kann ein gelegentliches »Inselfeeling«, das es Ihnen ermöglicht, auf Abstand zu gehen, überhaupt nicht schaden.
Besonders wenn Sie einen sehr hektischen Alltag haben, egal, ob das nun durch kleine Kinder, einen stressreichen Beruf oder beides bedingt wird. Gönnen Sie sich wenigstens innerlich eine einsame Insel.

Suchen Sie sich einen ruhigen Platz. Wenn Sie nicht übermüdet sind, können Sie diese Übung auch vor dem Schlafengehen durchführen.

Stellen Sie sich einen Ort vor, an dem Sie schon einmal waren und an dem Sie sich sehr wohl fühlten. Dieser Ort sollte ein fließendes Gewässer haben, am besten gleich einen ganzen Ozean, aber auch die heimische Ostsee reicht aus.

Wenn Sie einen solchen Ort ausgewählt haben, gehen Sie in die Ruhe und entspannen sich. Diese Meditation lässt sich besonders gut im Liegen durchführen, sofern Sie eine bequeme Unterlage haben. Machen Sie es sich für diese »Reise« so gemütlich wie nur möglich.

Schließen Sie die Augen und gehen Sie in Gedanken zu dem Gewässer, das Sie sich ausgesucht haben. Blicken Sie in die Weite. Wenn Sie sich einen Fluss gewählt haben, kommt mit dem Strom ein Boot geschwommen, das sich auf Sie zubewegt. Wenn Sie sich am Meer befinden, driftet das Boot vom Horizont her auf Sie zu. Sobald das Wassergefährt Sie erreicht hat, steigen Sie ein. Auf dem Fluss werden Sie zum Meer getragen, wenn Sie schon an einem Strand sind und dort einsteigen, geht es gleich weiter. Ihr Boot trägt Sie zum Horizont hin, während der Fahrt wird es immer wärmer, sonnig und sommerlich. Kurz darauf sehen Sie eine Insel in der Ferne auftauchen und schnell näher kommen. Ihr Boot trägt Sie direkt darauf zu.

Wenn Sie am Strand angekommen sind, steigen Sie aus, Ihr Boot wartet auf Sie. Laufen Sie im Sand auf und ab, gehen Sie Kokosnüsse pflücken oder was Sie sonst schon immer mal auf einer Südseeinsel machen wollten. Wenn Sie eine Hängematte wünschen, schnippen Sie einfach mit dem Finger und sie erscheint. Sie wollen eine Hütte, tun Sie das Gleiche. Wenn Sie nur am Strand liegen wollen – und das auch noch ohne Kleider, nur zu. Es ist Ihre Insel.

Genießen Sie Ihren Aufenthalt, so lange Sie möchten. Es gibt weder einen Mindestaufenthalt noch eine Vorschrift, wie lange Sie bleiben dürfen. Wenn Sie sich so richtig wohl fühlen, können Sie auch mal Kontakt zu Ihrem Schutzengel, geistigen Lehrern oder Krafttieren aufnehmen – vorausgesetzt, Sie haben das schon einmal gemacht. Vielleicht haben die ja Lust, mit Ihnen zusammen Sonne zu tanken.

Wenn Sie so weit sind und für dieses Mal gehen wollen, kehren Sie zu Ihrem Boot zurück und steigen ein. Es wird Sie in Windeseile zurück zum Meeres- oder Flussufer bringen – der Rückweg geht sehr viel schneller als der Hinweg. Sobald Sie wieder festen Boden unter den Füßen haben, stellen Sie sich in Gedanken breitbeinig hin und schließen die Augen.

Kehren Sie in Ihren Körper zurück, werden Sie sich wieder ganz bewusst, wie Sie daliegen, und bewegen Sie Ihre Gliedmaßen ein wenig, um wieder ganz anzukommen. Nun können Sie die Augen wieder öffnen. Seien Sie vorsichtig beim Aufstehen, es könnte Ihnen schwindelig werden.

Diese Übung eignet sich besonders, wenn Sie mal wieder von vielen Leuten bestürmt werden, Ihre Diät so oder so zu machen, es lieber ganz bleiben zu lassen oder es diesmal wenigstens richtig zu machen. Sie können sich so eine Auszeit nehmen, ohne gleich in den Urlaub zu fahren oder sonst etwas Ausgefallenes zu tun. Es fällt Ihnen auf diese Weise leichter, sich nicht von den Bedürfnissen anderer Menschen auffressen zu lassen, und Sie können leichter erkennen, wenn jemand dabei ist, eigene Vorstellungen und Wünsche auf Sie zu übertragen, die mit Ihren gar nichts zu tun haben. Wahlweise können Sie auch dazu übergehen, freundlich, aber bestimmt darauf hinzuweisen, dass Ihr Leben ganz allein Ihre Angelegenheit ist. Sie brauchen dabei nicht gleich jemanden anzuschreien. Machen Sie stattdessen einen Scherz oder gehen Sie auf ein anderes Thema über, indem Sie sagen, dass Sie keine Lust hätten, Ihre Diät oder Ihr Gewicht zu diskutieren. Es müssen schon sehr dickfellige oder unverfrorene Menschen sein, die darauf nicht reagieren würden. Und auch wenn es beim ersten Mal Grenzenziehen noch etwas holprig abgeht und Sie den einen oder anderen Freund oder ein Familienmitglied dabei vor den Kopf stoßen, lassen

Sie sich nicht beirren. Sie üben schließlich und können sich ganz souverän für einen Fehler oder ein nicht gelungenes Wort entschuldigen. Wer Sie mag, wird das ohne weiteres verstehen. Lassen Sie sich Zeit und wagen Sie etwas! Haben Sie nicht auch den Sprung in eine andere Gewichtsklasse erfolgreich gewagt?

Schutzübung für Fettnäpfchentreter

Wenn Sie nun eindeutig gesagt haben, dass Sie bestimmte Fragen nicht beantworten wollen, oder wenn jemand Sie ständig nervt und dauernd wissen will, wie viel und ob Sie weiter abgenommen haben, dann können Sie diesen Plagegeistern auch mit einem Ritual auf den Leib rücken.
Sie brauchen dafür nicht etwa Ihre lieben Verwandten, Freunde oder Arbeitskollegen in Frösche oder Ähnliches zu verwandeln, auch wenn die Versuchung manchmal groß sein kann. Ganz im Gegenteil, mit Ihrem kleinen Schutzritual werden Sie nicht nur Frieden vor diesen lästigen Fragern bekommen, sondern ihnen auch noch etwas Gutes tun, auch wenn es vielleicht schwer fällt.
Sie können das Ganze als eine einfache Übung machen oder auch im magischen Kreis arbeiten. Sie brauchen dann außer den üblichen Utensilien noch eine weiße Feder, eine weiße Kerze und ein weißes Band (möglichst eine Naturfaser). Legen Sie sich alles zurecht und gehen Sie in die Ruhe.

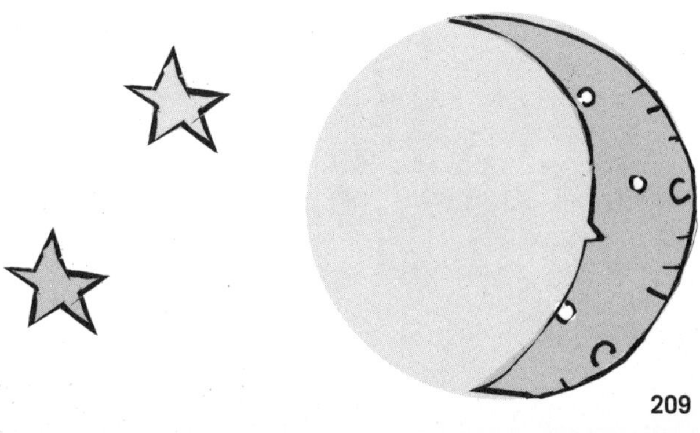

• Schließen Sie Ihren magischen Kreis und gehen Sie in die Mitte.

• *Nehmen Sie die Kerze zwischen die Hände und reiben Sie sie leicht, während Sie visualisieren, wie diejenigen, die Sie nerven, von einer ganz spannenden und für sie wirklich wichtigen Angelegenheit abgelenkt werden. Malen Sie sich diese Ablenkung nicht näher aus und achten Sie besonders darauf, dass Sie eine freudige Angelegenheit visualisieren. Schließlich wollen Sie keine unangenehmen Überraschungen erleben, wenn Ihre Magie dreifach zu Ihnen zurückkommt. Stellen Sie sich vor, wie erfreut sich diese nervende Person der neuen Sache zuwendet und wie uninteressant Sie in diesem Augenblick für diejenige sind, geradezu unsichtbar.*

• Wenn Sie so weit sind, stellen Sie die Kerze in der Mitte ab und zünden sie an. Ein kräftiges »So soll es sein« oder einen kurzen Zauberspruch können Sie gern noch anhängen.

• *Nun nehmen Sie die Feder in die Hand und visualisieren, wie alle, die Sie im Augenblick nicht als unterstützend empfinden, viel wichtigere Dinge vorhaben und Sie glatt vergessen und übersehen. Auch hier ist es wieder wichtig, möglichst keine bestimmten Situationen zu visualisieren, sondern alles sehr einfach zu halten. Überlassen Sie es dem Universum, die passenden Ereignisse auszuwählen.*

• Wenn Sie so weit sind, nehmen Sie Ihren weißen Faden zur Hand und befestigen daran Ihre Feder. Sie können auch hier wieder Ihren Zauber mit einem lautstarken »So soll es sein« oder einem Zauberspruch bekräftigen, während Sie den Knoten schlingen. Legen Sie die Feder neben der Kerze ab.

• *Vergessen Sie ganz am Schluss nicht zu betonen, dass es allen nützen möge, damit wirklich alle Betroffenen etwas davon haben.*

• Nun öffnen Sie wie gewohnt den magischen Kreis und erden sich.

Die noch brennende weiße Kerze können Sie entweder ganz abbrennen lassen oder Sie zünden sie mit einem kurzen Gedanken an Ihr Ritual abends vor dem Zu-Bett-Gehen an, bis sie vollkommen abgebrannt ist.
Die Feder nehmen Sie am besten sofort anschließend an Ihr Ritual mit nach draußen und hängen sie dort auf. Sie können dafür einen Strauch oder Baum im Garten oder auch einen Nagel auf dem Balkon wählen. Wichtig ist, dass sie möglichst viel Luftzug abbekommt und dass Sie gelegentlich hinsehen können. Jedes Mal, wenn Sie einen Blick auf Ihre Feder werfen, erneuern Sie kurz Ihren Wunsch.
Falls Sie Ihren Zauber zu gut gemacht haben, kann es Ihnen passieren, dass zum Beispiel liebe Freunde, die Sie schon mehrfach besucht haben, plötzlich Ihre Eingangstür nicht mehr finden. Oder jemand, der normalerweise die Zuverlässigkeit in Person ist, auf einmal Ihren Geburtstag vergisst. Grämen Sie sich deshalb nicht. Wenn solche Ereignisse überhand nehmen, können Sie mit einer einfachen Meditation Ihren Schutzengel oder einen spirituellen Lehrer/Begleiter bitten, das für Sie ins Reine zu bringen. Zur Not bitten Sie sie, Ihren Zauber aufzuheben. Nehmen Sie dann Ihre Feder vom Band und übergeben Sie alles einem der Elemente (vergraben, verbrennen und so weiter).

Plagegeistern und Fettnäpfchentretern können Sie mit einem einfachen Ritual auf den Leib rücken.

Sport und andere Mordarten

Auch dieses leidige Thema darf in einem Buch über Diäten nicht fehlen. Immerhin haben Sie in den letzten Kapiteln schon mal Ihren Kopf in Bewegung gesetzt. Jetzt folgt noch der Rest nach. Keine Bange, Sie müssen jetzt nicht wie Joschka Fischer für einen Marathon trainieren, aber was Ihr Nachbar schafft, können Sie schon lange.
Es ist schon ein Unglück: Kaum sind ein paar Kilos zu viel da, verliert man jede Lust, einfach loszujoggen, denn leider sieht man eher wie ein gestrandeter Walfisch aus, an dem das Fett nur so herumschlabbert (ob diese Beschreibung nur der eigenen Paranoia oder der Wahrheit entspricht, sei mal da-

hingestellt). Schicke Sportklamotten passen da schon gar nicht, und wer sich die geschminkten Schnepfen – hier spricht der pure Neid – im flotten Fitnessdress ansieht, könnte schon allein von diesem Anblick vor Frust Heißhunger auf Kekse bekommen. Was also tun?

Ran ans Reck

Es hilft nichts, auch bei der Hexendiät muss Bewegung sein. Fangen Sie auch hier wieder ganz locker an. Aus dem Kapitel zu den zwei Zwischenwochen kennen Sie ja schon die getanzten fünf Befindlichkeiten (Seite 175 f.). Nehmen Sie sich die mal jeden Tag vor, auch wenn Sie es nur eine Woche lang durchhalten. Lassen Sie dafür mal eine Stunde vor der Glotze ausfallen oder stehen Sie morgens 20 Minuten früher auf. Stottern Sie ein paar Überstunden ab und gehen Sie früher nach Hause. Kochen Sie kein riesiges Abendessen, sondern begnügen Sie sich mit einer Scheibe Brot und Aufschnitt. Mit anderen Worten: Sparen Sie sich irgendwo in Ihrem Alltag etwas Zeit zusammen, falls Sie nicht sowieso schon erkannt haben, dass Sie davon im Überfluss haben. Die Möglichkeiten, sich diese Zeit zu gönnen, sind vielfältig. Die Entschuldigungen und Ausflüchte dagegen kleinlaut. Erzählen Sie jetzt nicht, dass Sie dafür absolut keine Zeit hätten, denn das bedeutet nur, dass Sie andere Dinge viel wichtiger nehmen als Ihr eigenes Wohlbefinden. Es liegt ganz bei Ihnen, ob Sie so ein Leben führen wollen oder nicht. Aber erklären Sie dann bitte andere nicht für verantwortlich, wenn Ihre Waage irgendwann unter Ihnen zusammenbricht.
Wenn Sie sich durchgerungen haben, es mit dem Tanzen ganz allein für sich selbst zu probieren, werden Sie sehr schnell merken, wie großartig Sie sich fühlen, wenn Sie sich richtig ausgetobt haben. Es gibt nichts Besseres, als auf die-

se Art Frust in Energie umzuwandeln. Sobald Sie so weit sind, gehen Sie zu größeren Taten über. Wählen Sie eine Sportart aus, auf die Sie wirklich Lust haben, ein Fitnessstudio, das Ihnen rundherum gefällt, oder eine Joggingstrecke, die landschaftlich wunderschön ist. Egal, für welche Art von Bewegung Sie sich entscheiden, beginnen Sie nicht gleich mit einer olympiareifen Vorstellung. Sonst enden Sie und Ihr Enthusiasmus womöglich mit ein paar Zerrungen oder Ähnlichem beim Orthopäden.

Gönnen Sie sich auch hier wieder die zwei Wochen, die Sie schon von Ihrer Diät kennen. Sie haben die Wahl: Entweder Sie entwickeln Ihr Sportprogramm, während Sie schon beim Abnehmen sind, oder Sie verfrachten diesen Teil Ihrer Diät in die zwei Wochen des zunehmenden Mondes. Letzteres lohnt sich besonders dann, wenn Sie mit den Übungen und Ritualen zur Diät schon genug um die Ohren haben und Ihr Kopf keine Kapazitäten mehr frei hat, um sich auch noch um Bockspringen oder Volleyball zu kümmern. Wie bei allen anderen Programmteilen können Sie auch hier wieder kombinieren und ausprobieren.

Beginnen Sie am ersten Tag damit, sich erst einmal »warm zu bewegen«. Rennen Sie jetzt aber bitte nicht in einem Affenzahn um den Couchtisch. Wenn Sie wollen, können Sie allerdings auf derselbigen sitzen bleiben. Welche Bewegungen auch immer Sie ausführen, achten Sie zu Anfang darauf, sie nicht zu schnell oder ruckartig zu machen. Ihre Muskeln sind noch völlig untrainiert und können daher Ihr Körpergewicht nicht halten. Selbst wenn Sie rank und schlank wären, hätten Sie da ein Problem und müssten es langsam angehen lassen.

Auch bei der Hexendiät muss Bewegung sein. Übertreiben Sie jedoch nichts und fangen Sie auch hier wieder ganz locker an.

Bewegen Sie als Erstes alle Gliedmaßen, bis Sie Wärme spüren. Drehen Sie zum Beispiel Ihre Füße und Ihre Hände gleichzeitig oder lassen Sie vorsichtig Ihre Arme kreisen. Lassen Sie allen Bewegungen ihren natürlichen Lauf, drücken, ziehen oder überdehnen Sie nichts. Gehen Sie nur bis zu den Grenzen Ihres momentanen Bewegungsradius, bis Sie spüren, dass die Muskeln dehnbarer werden. Wenn Sie zum Beispiel Ihren Kopf drehen, achten Sie darauf, ihn nicht nach hinten fallen zu lassen. Falls Sie sich nicht ganz sicher sind, welche Bewegungen Sie unbedingt vermeiden sollten, fragen

Sie auch hier wieder Fachleute. Nehmen Sie alltägliche Bewegungen und wiederholen Sie diese, bis Ihnen warm wird: Kopfschütteln, Winken, Treppen steigen und so weiter.
Gleichzeitig beginnen Sie damit, mal etwas genauer hinzusehen, wie Sie sich eigentlich bewegen. Sind Sie eher träge, das heißt, sitzen Sie viel, und auch wenn Sie stehen könnten, tun Sie es nicht? Eine gute Investition wäre dann beispielsweise ein Stehpult bei der Arbeit, damit Sie nicht ununterbrochen an Ihrem Schreibtisch festkleben. Wenn Sie trotz allem lieber sitzen oder Ihre Tätigkeit keine andere Möglichkeit zulässt, wie sieht es dann mit dem so genannten aktiven Sitzen, etwa auf einem Ball, aus? Probieren Sie einmal aus, wie sich Ihre Bewegungsabläufe verändern, wenn Sie ganz bewusst darauf achten, welche Handreichungen Sie wie durchführen. Wenn Ihnen das an Ihrer Arbeitsstelle zu stressig ist, versuchen Sie es im Haushalt. Wenn Sie beispielsweise Staub saugen, können Sie ohne weiteres testen, wie sich Ihr Rücken gerade oder gebückt anfühlt. Oder Sie können sich mal beobachten, wie Sie eine Kiste anheben oder eine Flasche öffnen.
Das Entscheidende bei all diesen Kleinigkeiten ist, dass Sie ein Gespür dafür bekommen, dass Ihre Muskeln ununterbrochen im Einsatz sind, auch wenn Sie nicht durchtrainiert sind. Es liegt nun an Ihnen, es sich auch hier zu erleichtern oder Ihren Muskeln die Arbeit zu erschweren. Auch wenn es paradox klingt, je stärker Ihre Muskeln sind, desto entspannter fühlen Sie sich. Verspannungen entstehen unter anderem, weil Ihre Muskeln zu schlecht trainiert sind und damit einseitig belastet werden.
Sobald Sie Ihre Muskeln stärken, werden Sie sich wohler fühlen. Nicht nur, weil Sie für Ihre Bewegungen nicht mehr so viel Kraft aufwenden müssen, sondern auch, weil Ihr Körper beim Sport Hormone ausstreut, die regelrecht glücklich machen. Verfallen Sie nun aber auch nicht gleich ins andere Extrem und werden zum Leistungssportler. Schließlich sind Sie gerade dabei, eine Ihrer übertriebenen Leidenschaften wieder ins Lot zu bringen, das reicht fürs Erste völlig aus.

Doch zurück zum Kraftaufwand. Wie Sie schon aus Ihren Übungen und Ritualen wissen, werden Sie immer besser und sicherer im Umgang mit Elementen und Ritualgegenständen, je öfter Sie es ausprobieren. Genauso wie sich Ihr Kopf daran gewöhnt, Dinge jetzt anders zu tun als noch zu Beginn Ihrer Diät, genauso gewöhnt sich auch Ihr Körper um. Aber ebenso wie bei den Ritualen wird sich Ihr Körper nur dann anders anfühlen, werden sich Ihre Muskeln anders bewegen, wenn Sie regelmäßig üben. Zudem fällt es Ihnen in einem trainierten Zustand viel leichter, sich zu konzentrieren, da keine größeren Mengen von Energie mehr gebraucht werden, um ganz einfache Bewegungen auszuführen.
Sie können – wenn Sie das unbedingt wollen – die Hexendiät auch völlig unsportlich durchführen, mehr Spaß macht es jedoch allemal, wenn Sie gleichzeitig Ihren Muskeln etwas Gutes tun.
Das Einfachste ist es, in einem guten Sportstudio Mitglied zu werden. Dann können andere ein Trainingsprogramm für Sie zusammenstellen und die Profis dort erklären Ihnen genau, wie und was Sie am besten machen, um sich am wohlsten zu fühlen.
Wenn Sie darauf keine Lust haben oder es Ihnen das Geld dafür nicht wert ist, können Sie auch Rad fahren oder einfach flott gehen. Walking nennt man das auf Neudeutsch. Sie werden überrascht sein, wie viel Sie schon mit einfachsten Mitteln erreichen können. Wichtig ist nur, dass Sie – wie bei der Diät – täglich etwas tun. Und sei es nur für eine Viertelstunde. Die haben Sie mit Sicherheit übrig. Wenn Sie wirklich keine Möglichkeiten haben und es draußen junge Hunde regnen sollte, können Sie immer noch eine einfache Übung an einer Treppenstufe durchführen. Gehen Sie mit einem Fuß die Stufe hinauf und folgen Sie mit dem anderen nach. Nun setzen Sie den ersten wieder auf die nächste Stufe, der zweite folgt. Und so weiter. Wechseln Sie auch mal das Anfangsbein, variieren Sie die Geschwindigkeit, bewegen Sie die Arme dazu, machen Sie das Ganze seitwärts oder was Ihnen sonst noch in den Sinn kommt. Halten Sie das fünf Minuten lang durch. Sie brauchen dabei nicht in Schweiß gebadet zu sein, aber ein bisschen Anstrengung sollte schon sein.
Wenn Sie sich nun entschieden haben, es doch mit Bewegung zu versuchen, könnte es immer noch sein, dass Ihnen Ihr Gewicht im Wege steht. Nicht nur, dass Sie so einige Ki-

los mitschleppen müssen, sondern Sie werden vermutlich auch nicht gerade darauf erpicht sein, dass andere Sie hecheln und ächzen sehen. Wenn Ihnen der Mut fehlt, können Sie ein Ritual mit einem Mut-Stein, der Ihnen dabei helfen kann, die ersten Hürden zu überwinden, durchführen. Schon beim zweiten oder dritten Mal werden Sie merken, dass die anderen sowieso andere Sorgen haben, als sich anzusehen, was Sie so treiben oder was für einen Bauchumfang Sie haben. Sie denken ja schließlich auch nicht pausenlos darüber nach, welche Kleidergröße Ihre Nachbarin oder die Küchenhilfe in der Kantine hat.

Ritual für Mut machende Steine

Auch dieses Ritual funktioniert hervorragend mit einfachsten Mitteln. Sie brauchen dafür die üblichen Dinge für Ihren magischen Kreis und einen kleinen Stein Ihrer Wahl. Leicht zu beschaffen und nicht sehr kostspielig ist beispielsweise ein Zitrin, ein Bergkristall, der generell gelb ist und meist in einer satten goldenen Färbung scheint. Der Kontakt mit diesem Stein stärkt Ihre innere Entschiedenheit und lässt Sie leichter für Ihr höheres Selbst arbeiten. Und da es Ihrem höheren Selbst garantiert bestens gefällt, wenn es Ihnen rundherum gut geht – und das mit etlichen Kilos weniger –, können Sie in Diätfragen auf die Unterstützung des Zitrins bauen. Der schwarze Onyx ist hilfreich, wenn Sie dazu neigen, sich Illusionen zu machen oder vor Hirngespinsten zu fürchten. Dieser Stein stärkt Ihre Wahrnehmung der Wirklichkeit. Wenn Sie also meinen, alle Welt starre nur auf Ihre Oberschenkel, werden ein Onyx-Ritual und ein bisschen gesunder Menschenverstand Sie schnell eines Besseren belehren. Oder wählen Sie einen Sodalith. Dieser Mineralstein fördert inneren Frieden und hilft dabei, Ängste, Nervosität und Stress abzubauen, also genau der richtige Stein, wenn Sie sich mit Ihren Speckröllchen nicht so richtig unters Volk wagen.
Um Ihren Mut-Stein so richtig aufzuladen, wählen Sie wenn möglich einen Tag in der Phase des zunehmenden Mondes aus. Machen Sie in besonders dringenden Fällen Ihr Ritual dann, wenn es notwendig ist, ungeachtet davon, wo Sonne oder Mond stehen.

- **Stellen Sie alles an seinen Platz, machen Sie es sich für einen Moment bequem. Schließen Sie die Augen und gehen Sie in die Ruhe.**

- ***Nun schließen Sie wie gewohnt Ihren magischen Kreis. Gehen Sie in die Mitte und nehmen Sie Ihren Stein zwischen die Hände. Konzentrieren Sie sich völlig darauf, wofür Sie ihn einsetzen wollen. Wenn Sie mögen, können Sie an dieser Stelle visualisieren, wie Sie beispielsweise über die Dorfstraße joggen oder selbstbewusst ins Fitnessstudio gehen. Reiben Sie dabei den Stein zwischen Ihren Händen und bitten um Unterstützung für Ihr Vorhaben. Sie können sich dabei an eine bestimmte Gottheit, Ihren Schutzengel oder wen auch immer wenden, um mit ihnen zusammenzuarbeiten. Holen Sie sich alle Unterstützung, die möglich ist.***

- **Wenn Sie den Stein mit Ihrem Wunsch aufgeladen haben, stehen Sie auf und gehen zunächst nach Osten. Halten Sie dort Ihre Hände mit dem Stein in den Rauch Ihres Räucherwerks und bitten Sie die Hüter des Ostens, Ihren Wunsch zu hören und Sie zu stärken. Verfahren Sie danach genauso im Süden (halten Sie den Stein über die Flamme), im Westen (geben Sie etwas Wasser auf den Stein) und im Norden (berühren Sie Ihren Erdstein mit Ihrem Wunschstein).**

- ***Gehen Sie zurück in die Mitte und legen Sie den Stein ab. Bleiben Sie noch einen Augenblick sitzen und erden Sie sich.***

- **Nun öffnen Sie wie gewohnt Ihren magischen Kreis.**

Diesen Stein können Sie nun mitnehmen, zum Beispiel zum Joggen oder wenn Sie zum Sport gehen und sich unsicher fühlen. Tragen Sie ihn in einer Tasche Ihres Jogginganzugs oder halten Sie ihn beim Laufen in der Hand. Probieren Sie aus, wie es für Sie am günstigsten ist. Eine weitere Möglichkeit ist, einen kleinen Medizinbeutel für Ihren Stein anzufertigen und ihn um den Hals zu tragen. Allerdings sollten Sie dann bei allen Sportarten, die mit Sportgeräten ausgeführt werden, sehr vorsichtig sein. Ein solcher Medizinbeutel könnte dabei zu Verletzungen führen.

Falls Sie zu den hartnäckigen Sportmuffeln zählen und Ihnen absolut nicht nach Bewegung ist, bietet es sich an, auch zu diesem Thema mal eine Runde Ehrlichkeit einzulegen.
Wenn Sie Kindern zusehen, die praktisch den ganzen Tag lang laufen können, ohne aus der Puste zu sein, dann fällt es schwer, sich vorzustellen, dass daraus eines Tages unsportliche Erwachsene werden könnten. Versuchen Sie mal herauszubekommen, bis zu welchem Lebensalter Sie sich noch gern bewegt haben. Vielleicht gab es ein bestimmtes Ereignis in der Schule oder im Sportverein, das Sie dazu bewogen hat, auf Ihren Spaß am Sichaustoben zu verzichten. Wenn Sie auf ein solches Ereignis stoßen, reicht es manchmal schon, nur davon zu wissen, um es Ihnen leichter zu machen. Wenn Sie allerdings mit diesem Ereignis eher traumatische Erinnerungen verbinden oder gar keine Idee haben, woher Ihre Bewegungsunlust kommen könnte, machen Sie dazu mal eines der Ehrlichkeitsrituale.

Sie haben es geschafft! Feiern Sie diesen Erfolg täglich, sei es in Gedanken, mit einem Fest oder einem Ritual.

Es kann in diesem Zusammenhang wieder sehr sinnvoll sein, sich professionelle Hilfe durch Psychologen oder andere Heilerinnen zu holen. Achten Sie auch hier darauf, dass Sie nicht das Gefühl haben, allein dazustehen, wenn es um Schwierigkeiten in Ihrem Leben geht.

Sie haben es geschafft

Gratulation. Die Seiten dieses Buches sind zerfleddert und Sie entschieden leichter. Feiern Sie diesen Erfolg täglich – und sei es nur mit einem dankbaren Gedanken an die ungeheuren Kräfte, die tief in Ihrem Innern schlummern. Sie haben sich eine neue Welt geschaffen, auch wenn sie äußerlich teilweise noch so aussieht wie vorher.
Falls Sie Lust haben, können Sie den krönenden Abschluss Ihrer Diät mit einem Freudenfest feiern oder einfach nur still und leise mit einem Zitronen-Ritual.
Sie brauchen dafür Ihre üblichen Gegenstände für ein Ritual, ein halbes Dutzend frischer und ungespritzter Zitronen, etwas Wasser – und hinterher eine Dusche.

- Legen Sie sich alles im Bad bereit und schließen Sie Ihren magischen Kreis.

- *Schälen Sie die Zitronenschalen mit den Fingern ab und lassen Sie diese in das Waschbecken fallen. Mit dem Duft visualisieren Sie, wie Sie zukünftig leicht und fröhlich durch Ihr Leben hüpfen, weil Sie nicht nur körperlich leicht und beschwingt sind.*

- Nun erinnern Sie sich an so viele komische Ereignisse in Ihrem Leben, wie Ihnen einfallen oder bis die Zitronen alle abgeschält sind. Drücken Sie nun den Saft ins Wasser.

- *Mit diesem Wasser-Zitronen-Gemisch reiben Sie sich den ganzen Körper ab. Wenn Sie sich dabei vorkommen, als wären Sie gerade vier Jahre alt geworden, umso besser. Wenn Sie kichern wollen, kichern Sie. Je alberner Sie sich vorkommen, desto besser. Genießen Sie einfach die pure Lebensfreude und lachen Sie.*

- Wenn Sie rundherum klebrig sind, bleiben Sie einen kurzen Augenblick still stehen und spüren Sie der Lebenskraft nach, die Sie mit jedem Atemzug trägt.

- *Nun öffnen Sie Ihren magischen Kreis wieder – und ab unter die Dusche.*

Achtung: *Wenn Sie leicht zu Hautreizungen neigen, verwenden Sie ausschließlich den Saft der Zitrone und keinesfalls auch Teile der Schale.*

KLEINES HEXEN-EINMALEINS

Was immer Sie für Ihren magischen Alltag brauchen, finden Sie hier sortiert von A wie Altar bis Z wie Zaubersprüche.

Altar

Denken Sie bei Altar nicht sofort an Kirchenschiffe oder Ähnliches. Sie brauchen Ihr Wohnzimmer nicht zur gotischen Kathedrale umzugestalten, um einen Altar oder Kraftplatz zu schaffen. Wenn Ihnen der Begriff Altar zu hochgegriffen ist, nennen Sie Ihre besondere Ritualecke einfach Kraftplatz. Um magisch zu handeln, brauchen Sie weder an einen bestimmten Gott zu glauben noch überhaupt an irgendetwas. Allerdings kommen Sie nicht darum herum, an irgendeine Macht zu appellieren, die über Ihr Ego hinausgeht. Egal, ob Sie sich nun einem bestimmten Glauben zugehörig fühlen oder nicht, schaffen Sie sich zumindest einen kleinen persönlichen heiligen Platz. Das hilft beim Zaubern, denn dies ist ein Ort, an dem Sie sich besonders wohl fühlen und an dem Sie in Zukunft regelmäßig mit Magie arbeiten. Das hat den großen Vorteil, dass Ihr Gehirn nach einiger Zeit schon von ganz allein auf Magie umschaltet, sobald Sie an diesem Platz ein Ritual vorbereiten. Wir sind alle Gewohnheitstiere, und wenn Sie an Ihrem Altar oder Kraftplatz immer ähnliche Dinge tun, fällt es Ihnen leichter, sich voll darauf zu konzentrieren.

Sie können Ihren Kraftplatz auf einer Kommode, auf einem kleinen Tisch oder auch auf dem Fußboden einrichten. Achten Sie nur darauf, dass dort nichts von anderen durcheinander gebracht wird. Falls kleine Kinder oder neugierige Haustiere in der Nähe sind, können Sie das Ganze auch in einem Schränkchen unterbringen oder in einer Schublade. Letztere eignet sich übrigens besonders fürs Büro oder jedes andere Umfeld, wo Sie nicht ganz so offen damit umgehen wollen oder können.

Legen und stellen Sie auf Ihren Altar alles, was Ihnen für Ihre Rituale wichtig ist: Steine, Federn, Bilder, einen Kelch, Holz, Statuen, Muscheln, Kerzen und jede Art von Dekoration, die Ihre Beziehung zu Ihrem Kraftplatz ausdrückt. Sie können das Ganze auch nach Jahreszeiten unterschiedlich gestalten, ganz wie Sie wollen. Wichtig ist nur, dass Sie Ihren Altar nicht überladen und ihn in Ordnung halten, sodass immer alles gebrauchsfertig ist und Sie jederzeit alles zur Hand haben. Je öfter Sie sich liebevoll um Ihre Kraftecke kümmern, desto leichter fällt es Ihnen, dort magisch zu handeln und Rituale durchzuführen.

Ätherische Öle

Wenn Sie gern mit Duftlampen oder Massageöl arbeiten oder ätherische Öle zu anderen Zwecken verwenden möchten, achten Sie unbedingt darauf, nur natürliche Öle zu verwenden. Das geht schon mit dem Basisöl los. Wenn Ihnen jemand ein himmlisch duftendes Kokosöl als echt verkaufen will, lehnen Sie dankend ab. Das echte Produkt riecht überhaupt nicht nach Kokos, sondern nur angenehm nach Öl. Und das auch nur, wenn Sie eine ausgesprochen feine Nase haben.

Ähnlich wählerisch sollten Sie ebenfalls bei anderen Produkten sein. Gehen Sie auf der Suche nach Ölen durchaus in mehrere Geschäfte und vergleichen Sie Beratung und Preise. Nur dort, wo alle Fläschchen unterschiedlich kosten, sollten Sie überhaupt kaufen. Ein gutes Rosmarinöl ist schon für wenige Mark zu bekommen, wenn Sie allerdings Rosen- oder Jasminöl möchten, müssen Sie richtig tief in die Tasche greifen. Dort kann ein einziger Milliliter – je nach Herkunftsland – bis zu 35 oder 40 Euro kosten.

Falls Sie sich weitergehend mit diesem Thema beschäftigen möchten, sei hier das Buch *Aromatherapie von A–Z* von Patricia Davis empfohlen. Die folgende Liste ist eine kurze Zusammenstellung von Ölen, nach denen immer wieder gefragt wird und/oder die vom Preis her besonders günstig, von der Verwendung besonders einfach sind:

Bergamotte: Dieser Duft wird den meisten Menschen vom Earl-Grey-Tee, der mit Auszügen aus dieser Birnenart versetzt wird, bekannt sein. Der Duft des Öls ist ganz ähnlich und hilft, wenn Sie sich von aller Welt mit Ansprüchen verfolgt fühlen oder gerade der Energiefluss rund ums Geld nicht stimmt. Geben Sie einige Tropfen in Ihre Duftlampe und visualisieren Sie eine farbige Kuppel über sich, die Sie vor allem und jedem schützt, das Sie nicht ausdrücklich in Ihrem inneren Kreis wünschen. Als Farbe können Sie bei jeder Kuppel-Meditation eine andere wählen oder sich eine aussuchen, die Sie grundsätzlich bevorzugen. Falls Sie unterwegs sind und diese Schutzkuppel gern bei sich tragen möchten, nehmen Sie die Flasche mit dem ätherischen Öl mit und riechen Sie ab und zu daran. Vergessen Sie nicht, dabei einen kurzen Moment in Ihre Kuppel-Meditation zu gehen, damit Sie sich daran gewöhnen, diesen Duft mit einem bestimmten inneren Zustand zu verbinden. Diese Gewohnheit wird es Ihnen erleichtern, sich angenehmen neuen Erfahrungen zu öffnen, statt bei den alten Fressgewohnheiten zu bleiben.

Eukalyptus: Dieser Duft ist jedem bekannt, der schon einmal eine Erkältung hatte. Falls Sie Eukalyptus nicht zu sehr an Schnupfen und Heiserkeit erinnert, können Sie ihn getrost für alles einsetzen, was Ihnen Heilung bringen soll. Setzen Sie diesen Duft ein, wenn Sie alte Gewohnheiten loslassen und wenn Sie sich endgültig von jemandem oder etwas trennen möchten. Der Duft des Eukalyptus wird Ihnen dabei heilsam zur Seite stehen.

Grapefruit: Dieser frische herbe Duft eignet sich besonders, wenn Sie mit sich selbst ins Reine kommen wollen. Ähnlich wie Salbei (siehe unten) ist Grapefruit gut zur Reinigung. Und wenn Sie einmal mehr das Loslassen üben möchten, lassen Sie sich dabei von ein paar Tropfen Grapefruit unterstützen. Sie können natürlich auch das Original genießen, sprich eine Grapefruit essen, um den gleichen Effekt zu erzielen. Visualisieren Sie dabei, wie alles, was Sie belastet, mit dem Duft der Frucht davonschwebt.

Jasmin: Jasmin ist wie das Öl der Rose (siehe unten) außerordentlich teuer und deshalb nur in kleinen Portionen auf dem Markt. Falls Sie dennoch mit diesem Öl arbeiten möchten, nutzen Sie es für Meditationen, um Ihre spirituelle Aufnahmefähigkeit zu erhöhen und alte (Gefühls-)Wunden zu heilen.

Lavendel: Dieses zart duftende Kraut hat es in sich. Es vertreibt nicht nur seit Großmutters Zeiten die Motten aus dem Kleiderschrank, sondern es schenkt auch Entspannung und Schlaf. Wenn Sie sehr aufgedreht oder über irgendetwas sehr unglücklich sind, beruhigt das Lavendelkraut. Mischen Sie es beispielsweise mit Rosengeranie, Ylang-Ylang oder Orange und gönnen Sie sich Ihr Lieblingsbuch, um innerlich wieder ausgeglichen und fröhlich zu werden. Sie können auch einige Tropfen einem Körperöl beigeben, dass Sie dann wie ein Parfum an einige wenige Körperstellen tupfen.

Nelke: Hier handelt es sich um die Gewürznelke und nicht den Blumenduft. Dieses Öl können Sie wunderbar einsetzen, wenn Sie Mut und Durchhaltevermögen für Ihre Diät brauchen. Da es unverdünnt bei Hautkontakt einen Ausschlag verursachen kann, sollten Sie auch dieses Öl lieber nur mit Vorsicht und in einer Öllampe verwenden.

Petitgrain: Dieses Öl aus den Zweigen, Blüten und grünen Früchten bestimmter Zitrusarten ist nicht jedermanns Sache. Wenn Sie dieses Öl jedoch mögen, kann es Ihnen sehr gute Dienste leisten, wenn Sie sich auf Ihre magische Arbeit konzentrieren möchten. Ich habe damit sehr gute Erfahrungen gemacht, wenn ich trotz aller Hektik den Kopf für ein wichtiges Ritual frei bekommen wollte (siehe auch Rosmarin).

Rose: Dieses Öl sei hier nur erwähnt, weil es kaum etwas Besseres gibt, wenn Sie äußerst niedergeschlagen sind und glauben, aus dem schwarzen Loch kaum wieder herauskommen zu können. Echtes Rosenöl ist sehr teuer und wird deshalb nie in großen Flaschen angeboten. Falls Ihnen ein Öl angeboten wird, das pro Milliliter weniger als 15 Euro kostet, lehnen Sie ab. Es kann sich dabei nur um ein synthetisches Öl handeln, das keinerlei Wirkung hat. Besonders bei Liebeskummer und allen Verletzungen, die mit einer Beziehung zu tun haben, ist Rosenöl sehr hilfreich.

Rosengeranie: Dieses Öl läuft manchmal auch unter Geranie und erinnert nicht nur dem Namen nach an Rosenöl, ist aber frischer und nicht annähernd so teuer wie dieses. Der wunderbar anregende blumige Duft lässt Sie fröhlich werden. Verwenden Sie ihn, wenn es mit Ihren Vorsätzen nicht so klappt, wie Sie es sich vorgestellt haben, und wenn Sie sich schutzbedürftig fühlen. Mit Ylang-Ylang und Lavendel gemischt, bekommen Sie einen ausgesprochen romantischen Duft, den Sie sich ruhig auch mal allein gönnen können.

Rosmarin: Dieses Öl eignet sich wie Petitgrainöl dazu, Ihre Konzentration zu steigern. Falls Sie also Petitgrain nicht schätzen, versuchen Sie einmal Rosmarinöl. Sie bekommen es für wenig Geld, und wenn Sie es sich zur Gewohnheit machen, es bei sich zu tragen, hilft es Ihnen nicht nur, sich auf einen magischen Zirkel zu konzentrieren. Auch bei der Arbeit oder in anderen Situationen (zum Beispiel nachts beim Autofahren) hilft dieser Duft, aufmerksam zu sein. Schnuppern Sie dann kurz ein paarmal an der Flasche oder geben Sie einige Tropfen in eine Duftlampe. Sie können damit zwar keinen verlorenen Schlaf ausgleichen, aber für den Augenblick reicht es aus.

Salbei: Dieses Gewürzkraut eignet sich nicht nur zum Kochen, sondern auch, wenn Sie sich oder Ihre Wohnung reinigen wollen. Sie brauchen dafür kein Vollbad zu nehmen, obwohl ein paar Blätter im Badewasser eine angenehme Vorbereitung auf einen neuen Lebensabschnitt sein können. *Vorsicht*: Das Öl kann zu Irritationen der Haut führen, wenden Sie es auf keinen Fall unverdünnt an, am besten nur in der Duftlampe. Falls Sie fürs Ausräuchern sind, können Sie auch hier auf Salbei zurückgreifen, der in einschlägigen Geschäften angeboten wird.

Weihrauch: Dieser Duft erinnert an Kirchen, Gebet und Meditation. Dieses leicht halluzinogene Öl können Sie dennoch unbesorgt einsetzen, wenn es mit der Konzentration nicht so klappt. Wenn es Ihnen schwer fällt, abzuschalten, gibt es nichts Besseres als Weihrauch, um sich ganz und gar auf eine Meditation einzustellen. Nicht zuletzt wegen dieser spirituell »erhabenen« Eigenschaft verwenden diverse Religionen dieses Harz als Räucherwerk. Falls Sie an einen kirchlichen Gebrauch gewöhnt sind, kann es sein, dass diese alten Erfahrungen sehr stark in den Vordergrund treten. Falls Sie dabei ungute Erinnerungen und Gefühle haben sollten, weichen Sie lieber auf einen anderen Duft aus.

Ylang-Ylang: Dieser süße Duft gehört im Grunde zu jeder Art von Liebeszauber, aber wer sagt eigentlich, dass nicht auch eine gesunde Portion Eigenliebe ganz hilfreich sein kann. Wenn Sie traurig sind oder sich genervt fühlen, nehmen Sie sich in Begleitung dieses Duftes eine Auszeit. Es gibt kaum einen besseren Duft, um sich so richtig zu entspannen. Dieses orientalisch-exotische Aroma eignet sich besonders gut als Beigabe für Massage- oder Badeöle, wenn Sie Ihre sinnlichen Seiten betonen wollen. Sie können Ihrem Badewasser einige Tropfen beigeben oder sich mit einem entsprechenden Trägeröl eine duftende und luxuriöse Körperpflege herstellen. Falls Ihnen der Duft allein zu schwer ist, mischen Sie etwas Lavendel dazu, da auch dieser gut hautverträglich ist. Sollten Sie sich nicht ganz sicher sein, ob die Verwendung dieser Öle für Ihre Haut angeraten ist, fragen Sie vorher einen Aromatherapeuten oder Ihre Hausärztin.

Zeder: Dieser würzige Duft erinnert an Spaziergänge in südlichen Gefilden. Wenn Sie Unterstützung bei Ihren Meditationen brauchen, lassen Sie sich etwas Zedernduft um die Nase wehen, Sie stärken damit alles, was mit Spiritualität zu tun hat.

Zimt: Nicht nur zur Weihnachtszeit lässt sich Zimtöl hervorragend zur Entspannung einsetzen. Nach einem langen harten

Arbeitstag oder wenn Sie mal ordentlich gestresst sind, lässt Zimtöl Sie wieder aufatmen. Wenn Sie zusätzlich noch eine heiße Milch mit Honig und Zimtpulver dazunehmen, schlafen Sie anschließend wie ein Baby.
Achtung: Dieses Öl nicht auf die Haut geben, da es Hautirritationen hervorrufen kann!
Zitrone: Dieses Öl können Sie gut verwenden, wenn Sie sich mit Ihrer Ungeduld, mit Unzulänglichkeiten oder einfach nur mit einigen Fältchen und Rundungen aussöhnen wollen. Visualisieren Sie sich dabei als glücklichen und heilen Menschen. Eine Zitronen-Meditation eignet sich besonders gut, um Ihre Hexendiät damit abzuschließen (Seite 219).
Zypresse: Dieses Öl können Sie verwenden, wenn Sie leichter über einen Verlust hinwegkommen wollen. Wenn Sie also während Ihrer Hexendiät feststellen, dass Sie einfach haufenweise Kummerspeck auf den Rippen haben, nutzen Sie die lösende und besänftigende Kraft der Zypresse, um es Ihnen leichter zu machen.

Aufmerksamkeit

Magie folgt der Aufmerksamkeit. Klingt an sich logisch und einfach, sodass es sich kaum lohnen sollte, darüber einen eigenen Abschnitt im kleinen Hexeneinmaleins zu schreiben. Klar, wenn ich ein Ritual mache, bin ich bei der Sache. Wozu soll ich also noch lange darüber nachdenken, ob ich aufmerksam bin oder nicht. Mal Hand aufs Herz: Wie lange ist es her, dass Sie wirklich nur mit einer einzigen Sache beschäftigt waren, minutenlang und ohne sich von irgendetwas ablenken zu lassen – auch nicht von einem ungebetenen Gedanken? Denken Sie mal daran, wie Sie am Schreibtisch gesessen sind, um endlich diesen Auftrag abzuarbeiten – tja, und dann kam dieser wichtige Anruf. Also haben Sie mit dem Gesprächspartner gesprochen und dabei noch schnell die Post geöffnet. Oder Sie waren gerade beim Abwasch und da kam Jule herein und wollte von Mama ein Glas Saft. Na klar, werden Sie vermutlich denken, ganz alltägliche Situationen. Sie sind in der Tat schon so alltäglich geworden, dass wir uns gar nicht mehr wundern, wenn wir allzeit bereit auf jede Störung reagieren und uns von dem ablenken lassen, was wir gerade in den Fingern haben. Es ist sogar schon so, dass es ein

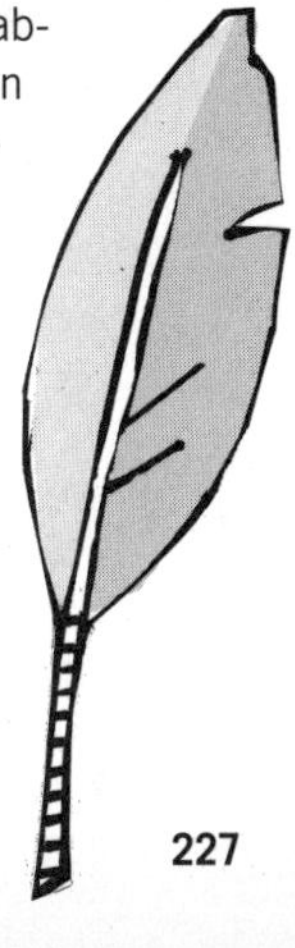

Stirnrunzeln hervorruft, wenn wir nicht alles stehen und liegen lassen, wenn wir unterbrochen werden. So erwartet doch jeder, dass ich ein Gespräch unterbreche, sobald das Telefon oder das Handy klingelt. Der Anrufbeantworter hat nicht etwa dazu geführt, dass ich ungestört arbeiten kann und dann mit einem Gesprächspartner spreche, wenn es passt, sondern ich bin jederzeit erreichbar. Das Handy wird nicht etwa zur Mailbox umgestellt, sondern sein Klingeln erhebt jede noch so lächerliche Lappalie zur Staatsaffäre, die keinen Aufschub duldet. Auch wenn es nur Karin ist, die mal eben Hallo sagen wollte.

In der Magie sind solche Ablenkungsmanöver verhängnisvoll, denn sie kosten wie im Rest des Lebens Kraft, in diesem Fall magische Kraft. Wenn ich mich während eines Rituals ablenken oder meine Gedanken schweifen lasse, kann es nichts werden. Die gebündelte Energie verpufft über der Frage, was es denn zum Abendbrot geben soll. Nicht, dass diese Frage nicht wichtig wäre, nur eben nicht zu diesem Zeitpunkt. Wenn Sie feststellen, dass es Ihnen schwer fällt, sich von den alltäglichen Kleinigkeiten zu lösen, dann üben Sie das vorher. Machen Sie kein Ritual, bis Sie nicht wirklich bei der Sache bleiben können, sonst löst sich Ihre Mühe nur allzu leicht im Nichts auf.

Ähnliches gilt auch fürs Abnehmen. Auch dort wird Ihre volle Aufmerksamkeit gebraucht. Seien Sie sich bewusst, dass Sie Ihre Kilos verlieren, noch während Sie aufmerksam essen. Mampfen Sie nichts in sich hinein, nur weil Sie gerade angeblich wahnsinnig hungrig sind. Wenn Sie nicht wirklich Zeit zum Essen haben, nehmen Sie sich welche. Außer einem Großbrand in einer Raffinerie gibt es kaum alltägliche Situationen, wo nicht mal eine halbe Stunde zwischendurch Zeit ist. Falls Sie einen Arbeitsalltag haben, der das nicht zulässt, ist es höchste Zeit, etwas zu verändern – und zwar bevor Sie überhaupt daran denken, eine Hexendiät zu machen.

Basisritual

Es gibt unzählige Rituale; manche sind alltäglich, zum Beispiel so, wie jemand allmorgendlich sein Frühstücksbrot belegt oder sich die Zähne putzt. Andere sind bedeutend und scheinbar kompliziert – zumindest wenn man sie nicht

kennt – wie etwa die Hochzeitszeremonie in einer griechisch-orthodoxen Kirche.
Jede dieser rituellen Handlungen hat mit magischen Ritualen etwas gemeinsam: Bekannte Abläufe wiederholen sich und bringen damit Ihren Geist in eine bestimmte Stimmung (fürs Kauen, Heiraten oder Zähneputzen). Wenn Sie ein magisches Ritual vorhaben, bedienen Sie sich ebenfalls immer wiederkehrender Abläufe, selbst wenn Sie nicht jedes Mal genau die gleiche Handlung durchführen. Wenn Ihnen bisher die Übung in magischen Dingen fehlt, brauchen Sie sich nicht erst ein paar Jahre mit Harry Potter auseinander zu setzen, bevor Sie Ihren Zauberstab schwingen dürfen. Sie können gleich loslegen. Allerdings empfiehlt es sich, Ihre Rituale zu Beginn Ihrer magischen Karriere relativ einfach zu halten. Je weniger Sie über den Ablauf als solches nachdenken müssen, desto mehr Energie bleibt für Ihr Ritual.

Je einfacher, desto besser – zumindest am Anfang – gilt dabei auch für Zutaten und Bekleidung. Verwenden Sie einfache Haushaltsgegenstände, bevor Sie sich in größere Ausgaben für spezielle Hexenutensilien stürzen. Auch jeder ganz gewöhnliche Gegenstand bekommt durch ein Ritual etwas Besonderes und wird durch Ihre magische Handlung zum Zauberutensil. Das Wasserglas aus der Küche reicht für den Anfang völlig aus. Wenn Sie weiter mit Ritualen arbeiten möchten, können Sie entweder bei alltäglichen Haushaltsgegenständen bleiben oder aber Sie besorgen sich außergewöhnliche Gegenstände für Ihre magischen Rituale. Das ist heutzutage nur eine Frage des Geschmacks. Für unsere Vorfahrinnen dagegen ging es dabei um Leben und Tod. Sie benutzten für ihre Rituale alltägliche Gegenstände, um nicht anhand ausgefallenen Geschirrs oder dergleichen von Hexenjägern »überführt« werden zu können. Nicht, dass es einen Unterschied gemacht hätte, aber aus dieser Zeit besteht eine starke Tradition, Gebrauchsgegenstände zu verwenden.
Auch bei Ihrer Bekleidung ist es sinnvoll, beim Einfachen zu bleiben. Schließlich wollen Sie sich auf Ihr Ritual konzentrieren und nicht etwa durch einen herabfallenden Zauberhut oder einen brennenden Kleidersaum abgelenkt werden. Letzteres heizt vielleicht Ihrem Ritual ein, doch der Erfolg auf ma-

gischem Gebiet bleibt aus – ganz im Gegensatz zur Feuerwehr.
Neben den wenigen grundsätzlichen Zutaten für Ihr Ritual brauchen Sie einen Kraftplatz (siehe Seite 249 f.), an dem Sie Ihre Utensilien aufbauen. Legen Sie sich rechtzeitig alles bereit und proben Sie den Ablauf eventuell vorher, um zu wissen, ob Sie genug Platz für alle Bewegungen haben oder ob nicht doch noch etwas fehlt.

Für Ihr Ritual brauchen Sie in jedem Fall Gegenstände, die die vier Elemente (Seite 238) darstellen: Räucherwerk für den Osten, Kerzen für den Süden, Wasser für den Westen und Erde für den Norden.
Reinigen Sie alle Gegenstände, die Sie für Ihr Ritual benutzen wollen, bevor Sie damit beginnen. Egal, ob Ihre Utensilien nagelneu oder im Haushalt häufig gebraucht werden, jede »fremde« Energie, die nicht zu Ihrem Vorhaben passt, sollte vorher entfernt werden (siehe auch Reinigen und Segnen, S. 255). Schließlich wollen Sie nur die Kräfte in Ihr Ritual aufnehmen, die da auch hingehören, und nicht etwa noch den Krach mit der Schwiegermutter, die sich neulich Ihre rituelle Salatschüssel ausgeborgt hatte.
Wenn Sie mit allen Vorbereitungen fertig sind, schließen Sie Ihren **magischen Kreis**:

Stellen Sie die Gegenstände für die Elemente in die entsprechenden Himmelsrichtungen. Achten Sie darauf, dass Sie genug Raum haben, innen wie außen einen Kreis abzugehen. Wenn dazu der Platz nicht ausreichen sollte, bilden Sie mit den Gegenständen einen Kreis auf dem Boden oder einer anderen geeigneten Fläche (zum Beispiel auf einem Altar).

Sie schließen den Kreis, indem Sie nacheinander die Elementarwesen bitten, Ihren Kreis zu schützen und Sie in Ihrem Vorhaben zu unterstützen. Sie gehen dabei im Uhrzeigersinn vor und fangen im Osten an. Wenn Sie keinen rechten Draht zu Elementarwesen haben, können Sie zum Beispiel auch Göttinnen, Erzengel oder die Hüter der Himmelsrichtungen rufen. Nehmen Sie dafür Ihre eigenen Worte oder reimen Sie (Zaubersprüche, siehe Seite 260 f.), ganz wie Ihnen zumute ist.

Für den *Osten (Element Luft)* entzünden Sie Ihr Räucherwerk. Denken Sie daran, Kohletabletten schon vorher anzuzünden, da sie eine Weile brauchen, bis sie durchgeglüht und brauchbar sind. Eine praktische Alternative zu Kohletabletten sind runde Metallnetze (zum Beispiel von der Firma Spinnrad), die Sie über ein Teelicht legen. Sie können dafür eine Duftlampe mit einem Einsatz für das Wasser verwenden. Nehmen Sie den Einsatz für Ihr Ritual einfach heraus und ersetzen Sie ihn durch das Netz. Dann entzünden Sie das Teelicht und streuen ein wenig Ihres Räucherwerks auf das Netz. Der Vorteil ist, dass Ihnen keine dichten Rauchschwaden den Atem verschlagen und Ihnen nur die feinstoffliche Energie Ihrer Mischung in die Nase steigt. Eine feuerfeste Unterlage versteht sich von selbst, falls Kerze oder Räucherwerk Glut verlieren.

Für den *Süden (Element Feuer)* entzünden Sie eine Kerze in einer passenden Farbe. Gehen Sie auch hier auf Nummer Sicher und sorgen Sie für einen festen Stand, weit entfernt von allem, was anbrennen könnte, Sie selbst eingeschlossen. Ihre Kerze für die Himmelsrichtung können Sie auch bei anderen Ritualen verwenden. Wenn Sie beispielsweise ein besonderes Thema über einen längeren Zeitraum begleiten – wie hier Ihre Diät –, dann verbindet die immer wieder entzündete Kerze auf Dauer alle Rituale miteinander. Wenn Sie Ihre Kerze zwischenzeitlich oder danach für etwas anderes verwenden wollen, achten Sie darauf, sie zu reinigen. Halten Sie sie dazu unter fließendes Wasser und visualisieren (Seite 257 f.) Sie, wie sich die darin befindliche Energie auflöst, bis sich die Kerze »neu« anfühlt.

Für den *Westen (Element Wasser)* nehmen Sie, wenn Sie können, frisches Quellwasser, das aus der Leitung oder Flasche tut es auch. Achten Sie darauf, dass es kein abgestandenes Wasser ist, es sei denn, Sie verwenden Regenwasser. Doch auch dieses sollte nicht schon Monate altes aus der abgedeckten Regentonne sein. Wasser ist ein Element, das ständig in Bewegung ist; stehendes Gewässer in der Natur ist sehr selten, irgendein Austausch findet immer statt. Wählen Sie also Wasser aus, das dieser Energie möglichst entspricht. Regenwasser können Sie im Zweifelsfalle aus einem kleinen Becken schöpfen, das eine so große Oberfläche hat, dass es ständig verdunstet. Damit haben Sie Wasser innerhalb des natürlichen Kreislaufs.

Für den *Norden (Element Erde)* nehmen Sie Erde, Sand oder einen Stein. Sie können auch so etwas wie Vogelsand (ohne chemische Zusätze!) oder Blumenerde kaufen. Besser ist es jedoch, wenn Sie etwas verwenden, zu dem Sie bereits eine Beziehung haben. Besser heißt in diesem Fall, dass Sie erheblich mehr Energie produzieren, wenn Sie Gegenstände und Ritualformen wählen, mit denen Sie wirklich etwas zu tun haben. Wenn Sie noch keine Übung haben, ist es oft sehr hilfreich, sich ein paar Tage mit dem Ritual zu beschäftigen, sich liebevoll einen guten Zeitpunkt auszusuchen, alle Gegenstände bereitzulegen, den Raum vorzubereiten und vor Beginn vielleicht sogar noch eine reinigende Dusche zu nehmen (siehe Reinigen und Segnen, Seite 255 f.).

Nachdem Sie die Geister (Engel, Hüter, Götter ...) der vier Himmelsrichtungen gerufen haben, drehen Sie sich weiter im Uhrzeigersinn der Mitte zu, Sie bilden damit eine Spirale, die sich im Uhrzeigersinn dreht und im Zentrum Ihres Kreises endet. Auf diese Weise schließen Sie den magischen Energiekreis.
Nun kommen Sie zum eigentlichen Ritual, bei dem Sie so nachdrücklich wie möglich visualisieren (siehe Seite 257 f.) und sich vorstellen, wie Sie erhalten, was Sie möchten. Je stärker Sie sich etwas vorstellen und je mehr Ihre Gefühle bei der Sache sind, desto besser werden die Ergebnisse Ihrer magischen Anstrengungen sein.

Halten Sie das Bild Ihres Wunsches eine Weile und schmücken Sie es nach allen Regeln der Kunst aus. Wenn Sie dann das Gefühl bekommen, gleich zu platzen, lassen Sie diese Energie mit Schwung los. Sie können dieses Loslassen auch noch mit einer entsprechenden Hand-, Arm- oder Körperbewegung verbinden, zum Beispiel so, als wenn Sie einen Schwarm Vögel in die Luft werfen

würden. Sie können auch pusten, schreien, in die Luft springen oder was auch immer Ihnen passend erscheint.

Wenn Sie mit allem fertig sind, öffnen Sie Ihren Kreis wieder, indem Sie sich von den Elementarwesen verabschieden oder von denjenigen, die Sie stattdessen gerufen haben. Diesmal geht es gegen den Uhrzeigersinn und Sie fangen im Norden an. Ob Sie Ihre andersweltlichen (siehe Seite 40 f.) Helfer nun als Totemtiere, Engel oder intellektuelle Konzepte verstehen, spielt keine Rolle. Wichtig ist nur, dass Sie eine klare Vorstellung haben, mit wem Sie da magisch »telefonieren«, sonst kriegen Sie unter Umständen nur ein »falsch verbunden« zurück. Ein bisschen Recherche lohnt sich also, bevor Sie einen Donnergott oder eine Waldfee herbeibitten.

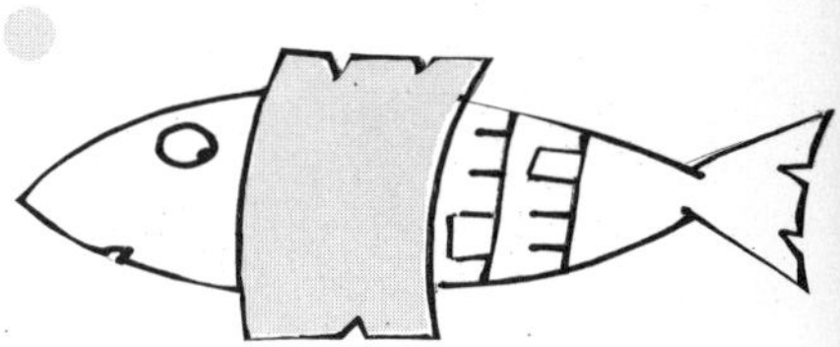

Sie sollten sich bei jedem Ritual erden, entweder bevor Sie den magischen Kreis öffnen oder gleich hinterher. Sie lassen dabei alle Energie abfließen, die Sie eventuell aus Ihrem Ritual noch bei sich tragen. Am einfachsten ist es, wenn Sie sich auf den Boden setzen oder in die Hocke gehen und die Hände mit den Handflächen nach unten auf die Erde legen. Schließen Sie die Augen und geben Sie alles ab, was Ihnen an Energie unpassend oder zu viel erscheint.

Wenn Sie Ihren magischen Kreis wieder geöffnet haben, können Sie einen traditionellen Spruch aufsagen, der deutlich den Abschluss Ihres Rituals markiert:

Der Kreis ist offen, doch ungebrochen.
Froh auseinander und bald wieder getroffen.

Nach Ihrem Ritual legen Sie die Dinge, die Sie noch weiterverwenden wollen – wie zum Beispiel Ihren Erdstein – beiseite. Achten Sie darauf, dass die Gegenstände, die Sie für magische Zwecke benutzen, möglichst getrennt von anderen aufbewahrt werden – und wenn Sie sie nur in einen Schuhkarton packen und in eine Schrankecke legen. Noch besser ist es natürlich, wenn Sie sich dafür einen besonderen Platz in Ihrer Wohnung schaffen, wo Sie ohne Störungen durch Haustiere, Kinder oder Lebensgefährten arbeiten können (siehe Altar, Seite 222).

Kerzen, die Sie in der Mitte Ihres Kreises für eine bestimmte Zauberei verwendet haben, sollten Sie auch nur dafür benutzen. Wenn Sie das Wachs nicht wieder einschmelzen wollen, um eine frische Kerze daraus zu machen, wiederholen Sie ein Miniritual jeden Abend vor dem Zu-Bett-Gehen, bis Ihre Kerze ganz heruntergebrannt ist. Oder lassen Sie – vorausgesetzt, Sie haben verständnisvolle Mitbewohner – die Kerze in der Badewanne oder Dusche stehen, bis sie abgebrannt ist (da kann nichts Feuer fangen, wenn Sie den Duschvorhang rechtzeitig in Sicherheit bringen).

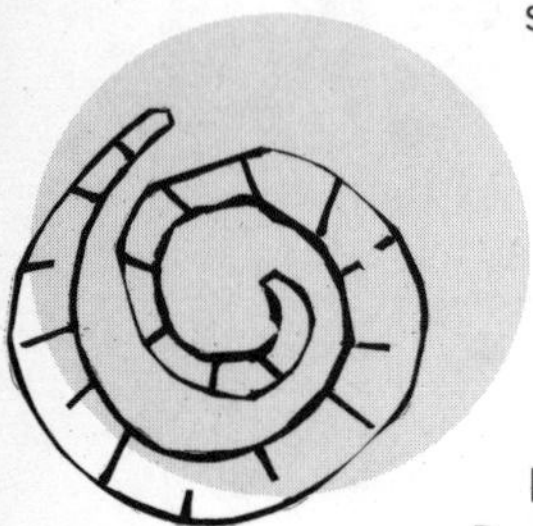

Das Wasser von Ihrem Ritual gießen Sie in ein fließendes Gewässer. Auch wenn Elbe, Isar oder Rhein nicht vor Ihrem Fenster vorbeifließen, aus ganz praktischen Erwägungen heraus gelten bei modernen Hexen auch normale Abflüsse als fließend. Lassen Sie also ein bisschen Wasser laufen und gießen Sie Ihr magisches dazu.

Ihr Räucherwerk entsorgen Sie bitte erst dann, wenn nichts mehr glüht und alles abgekühlt ist. Am besten wäre es, die Reste der Erde zu übergeben, zum Beispiel in einem Blumentopf auf Ihrer Fensterbank oder im Garten.

Basisritual II – die Götter rufen

Auch wenn Sie sich sonst selten oder gar nicht ausgiebig auf ein Ritual vorbereiten, bei diesem sollten Sie es tun. Wenn irgend möglich, führen Sie dieses Ritual unter freiem Himmel durch. Suchen Sie sich dafür einen Kraftplatz (siehe Seite 249 f.), falls Sie sich noch keinen zugelegt haben.

Beginnen Sie mit einer reinigenden und erfrischenden Dusche oder einem Bad (das bitte nicht zu heiß und ausgiebig sein sollte, weil es Sie sonst müde und nicht wie gewünscht aufmerksam macht). Wählen Sie passende Kleidung für diese Gelegenheit aus, schließlich besuchen Sie nicht irgendwen. Und selbst in den eigenen vier Wänden geht es einem manchmal auf den Wecker, wenn jemand immer nur in

Jogginghosen herumläuft. Lassen Sie aber auf keinen Fall praktische Erwägungen außer Acht. Entscheidend ist, dass Sie sich wohl fühlen. Wenn Sie also auf einen Berg steigen wollen, ziehen Sie Bergschuhe an, und am Ufer eines Flusses kann es vernünftig sein, Gummistiefel dabeizuhaben – auch Hexen können von nassen Füßen einen Schnupfen bekommen. Stellen Sie sicher, dass Sie an dem gewählten Platz so lange ungestört bleiben können, wie Sie es brauchen. Zur Not nehmen Sie eine Vertrauensperson mit, die Störungen fern hält, während Sie beschäftigt sind.

Stellen Sie sich entspannt an Ihren Kraftplatz, mit dem Rücken zu der Himmelsrichtung, die Ihnen am angenehmsten ist.

Falls Sie einen Gegenstand mitgebracht haben, der Ihnen den Kontakt mit der Gottheit erleichtern soll, legen Sie ihn vor Ihre Füße auf den Boden, breiten Sie die Arme aus und stellen Sie Ihre Beine so weit auseinander, dass Sie mit Ihrem Körper ein Pentagramm bilden. Schließen Sie die Augen.

Etwa an der Stelle, wo sich Ihr Sonnengeflecht (Solarplexus) befindet, liegt der Mittelpunkt Ihres Pentagramms. Senden Sie von hier einen Sonnenstrahl aus, der Sie in eine goldene Lichtwolke einhüllt. Schicken Sie eine kleine Energiekugel an Ihren Armen und Beinen entlang, folgend den Seiten des Pentagramms. Beginnen Sie bei Ihrer linken Hand. Senden Sie die Energiekugel von dort in Ihre rechte, danach in Ihren linken Fuß. Dann schicken Sie das Licht von dort zu Ihrem Kopf und dann in Ihren rechten Fuß, danach zum Ausgangspunkt in der linken Hand. Machen Sie diese Energieübung so lange, bis Sie spüren, dass Sie ganz mit Licht gefüllt sind. Nun lassen Sie die Arme sinken und stellen sich bequem hin. Wenn es Jahreszeit und Umgebung zulassen, können Sie sich an dieser Stelle auch hinlegen. Sorgen Sie aber dafür, dass Ihnen nicht kalt werden kann, da Sie das zu sehr ablenken würde.

Beginnen Sie mit der üblichen Atemübung. Visualisieren Sie dabei, wie das goldene Licht mit dem Atem in Sie hinein- und wieder aus Ihnen herausfließt. Es ist wichtig, dass Sie spüren, wie Sie der Atem mit allen Lebewesen und aller Materie verbindet. Spüren Sie, wie sich das Universum um Sie herumbewegt. Bleiben Sie so lange dabei, bis Sie diese Einheit spüren. Falls es Ihnen nicht gelingt, kommen Sie einfach in Ihren Körper zurück und probieren es ein anderes Mal wieder. Versuchen Sie nie, etwas zu erzwingen. Wenn es nicht die richtige Zeit ist, wird es auch nicht funktionieren, was auch immer Sie versuchen.

Sie sind ein Teil dieses Universums. Lassen Sie Ihre Aufmerksamkeit sich ausbreiten. Nehmen Sie mit immer noch geschlossenen Augen Ihre Umgebung wahr. Strecken Sie Ihre gedanklichen Fühler aus, sehen Sie sich und den Kraftplatz, strecken Sie sich weiter. Spüren Sie die Funken, die andere Lebewesen darstellen: Tiere, Menschen, Pflanzen, Steine oder was auch immer. Wenn Sie zurückblicken, sehen Sie, wie Sie eine dünne, aber ungemein stabile goldene Schnur mit Ihrem Ich verbindet. Wie weit Sie auch reisen, an dieser goldenen Verbindung entlang können Sie jederzeit zu Ihrem Körper zurückkehren.

Lassen Sie nun langsam Ihr Bewusstsein weiterwachsen, bis Sie das Leben an und für sich spüren. Sie nehmen es als Wärme, Helligkeit, Licht oder Ähnliches wahr.

Wenn Sie hier angekommen sind, bitten Sie die göttliche Kraft darum, sich in einer Gestalt zu zeigen, die Sie verstehen können. Keine Bange, Sie werden nicht das Angesicht Gottes sehen, es sei denn, Ihre Lebensuhr ist abgelaufen. Erklären Sie möglichst genau und in Ihren eigenen Worten, wofür Sie Beistand brauchen. Sie können auch eine ganz bestimmte Göttin oder einen Gott bitten, zu Ihnen zu kommen. Was oder wer Ihnen auch immer erscheint, hören Sie ihm oder ihr zu.

Wenn Sie fertig sind, bitten Sie das Wesen, den Gegenstand, den Sie mitgebracht haben, zu segnen. Dann bedanken und verabschieden Sie sich.

Werden Sie sich des goldenen Fadens bewusst, der Sie mit Ihrem Ich verbindet. Ziehen Sie sich an Ihrer goldenen Schnur zurück, bis Sie das Gefühl haben, wieder bei sich selbst zu sein. Kommen Sie weiter zurück, bis Sie Ihre eigene Lebenskraft spüren können, und kehren Sie zu dem Platz zurück, an dem Sie sich befinden. Spüren Sie, wie sich die goldene Schnur immer weiter zusammenzieht und Sie zu Ihrem Körper zurückholt.

Achten Sie unbedingt darauf, sich mit Ihrem Körper wieder gut zu verbinden.

Wenn Sie dieses Ritual im Liegen durchgeführt haben, setzen Sie sich behutsam auf, damit Ihnen nicht schwindelig wird. Bleiben Sie eine Weile ruhig sitzen, bevor Sie aufstehen. Wenn Sie gestanden sind, bleiben Sie noch eine gute Weile ruhig stehen und lassen das Erlebte auf sich wirken.

Vermeiden Sie es, gleich im Anschluss mit dem Auto zu fahren oder irgendwelche Geräte zu betätigen. Lassen Sie sich genug Zeit, wieder ganz im Hier und Jetzt anzukommen. Schreiben Sie auf, was Sie gesehen und erlebt haben.
Am günstigsten ist es, wenn Sie bis nach Hause einen flotten Fußmarsch zu absolvieren haben. Kekse knabbern oder andere körperliche Tätigkeiten sind ideal, um sich wieder richtig mit dem eigenen Körper zu verbinden.

Buch der Schatten
Jede echte Hexe hat ein »Buch der Schatten«. Wenn Sie auf mittelalterliches Zubehör stehen, können Sie sich zum Beispiel ein in Leder gebundenes Buch mit edlem Pergamentpapier besorgen. Auf dem Pergament sollten Sie dann aber auch nur mit Gänsekiel oder doch zumindest Feder schreiben. Wenn Sie es eher modern mögen, kaufen Sie sich ein dickes Tagebuch (falls Sie mehr mit Ritualen machen wollen) oder ein einfaches Heft (wenn Sie lieber sparsam sind). Schreiben können Sie mit allem – von Bleistift bis Füller und Kugelschreiber.
Sie benutzen Ihr Buch der Schatten immer, wenn Sie sich eine Sache merken wollen. Es ist so eine Art magisches Tagebuch, in dem Sie nachblättern kön-

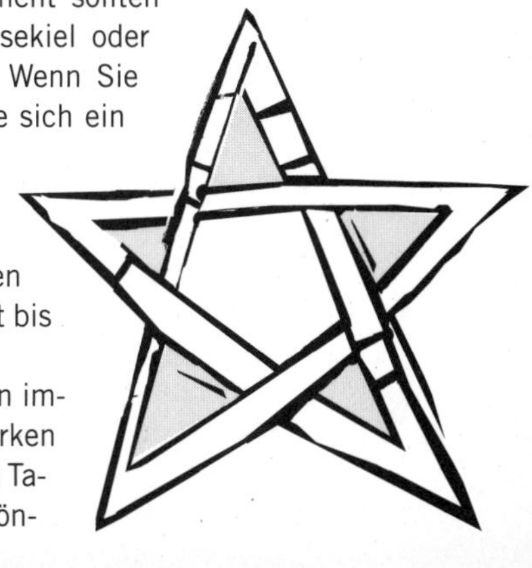

nen, wenn Ihnen der eine oder andere Zauberspruch entfallen ist oder wenn Sie noch mal nachschlagen wollen, wie Sie denn nun im letzten Jahr Ihr Neumondritual zu Neujahr durchgeführt haben. Schreiben Sie Ihre Beobachtungen, Erfahrungen, Rezepte, einfach alles auf, was Ihnen persönlich wichtig ist. Falls Sie gleichzeitig ein Traumtagebuch führen möchten, verwenden Sie dafür lieber ein anderes Buch. Sie kommen sonst leicht durcheinander und es kann über die Jahre sehr unübersichtlich werden. Ganz moderne Hexen verwenden übrigens Computerdisketten. Das hat den Vorteil, dass Sie jeden Begriff in Sekundenschnelle wiederfinden können. Sie ersparen sich so langes Blättern und Suchen.

Die Elemente

Die einfachste Art der Magie beruht auf der Arbeit mit den Elementen Feuer, Erde, Luft und Wasser. In unserer westlich-europäischen Kultur stehen diese Elemente traditionell mit bestimmten Himmelsrichtungen und Elementarwesen in Verbindung. In anderen Kulturen und Traditionen sehen die Zuordnungen teilweise völlig anders aus. Machen Sie es sich leicht und bleiben Sie zu Anfang möglichst bei einer Tradition, damit es nicht zu Verwirrungen kommt. Wenn Sie Übung haben, können Sie die verschiedenen Traditionen ohne weiteres miteinander verbinden und neue Rituale erfinden.

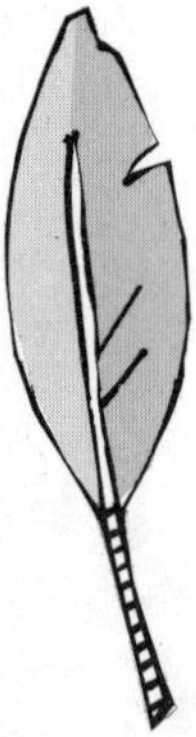

Im Osten – gen Sonnenaufgang – finden wir das Element Luft. Besondere Aufmerksamkeit verdienen die Luftgeister vor allem, wenn es um kreative Projekte geht, wenn Verständigung und Austausch gefragt sind oder wenn klares Denken erforderlich ist. Zum Element Luft gehören die Sylphiden. Häufig werden diese Elementarwesen als zarte und zerbrechliche Geister dargestellt, bei denen sich jeder fragt, wie die denn einen Orkan hinkriegen sollten. Wie so oft täuscht hier der erste Eindruck. Den zarten Wesen geht ein sanftes Lüftchen ebenso einfach von der Hand wie eine Sturmböe.

Wer mit dem Element Luft arbeiten will, sollte deshalb vorsichtig sein und sich nicht von der scheinbaren Nettigkeit dieser Elementarwesen täuschen lassen. Die Elemente haben immer beide Eigenschaften: die des Nährenden und Aufbauenden sowie auch die des Zerstörenden. Dabei geht es nicht

um Gut oder Böse. Wasserfluten oder Windhosen an sich sind nicht bösartig, auch wenn sie Menschenleben kosten oder Häuser zerstören. Seien Sie sich einfach bewusst, mit welch ungeheuren Elementarkräften Sie da ganz locker in Ihrem Ritual umgehen. Ein wenig Ehrfurcht ist da durchaus angebracht. Sie erreichen Ihr Ziel garantiert nicht, wenn Sie erwarten, dass sich gefälligst »jemand« kümmert, weil Sie doch so eine ungeheuer mächtige und wichtige Hexe sind. Seien Sie höflich und genau. Falls Sie nicht weiterwissen, bitten Sie um Einsicht und Unterstützung, denn Sie können davon ausgehen, dass jeder Elementargeist wesentlich klarer als Sie weiß, was im Augenblick anliegt.
Wenn Sie den Luftwesen ein Geschenk machen wollen, singen Sie für sie. Es kommt nicht darauf an, ob es klingt wie bei Caruso. Wenn Ihnen lauter Gesang nicht liegt, summen Sie den Sylphiden eine Melodie, erfinden Sie aus dem Stegreif etwas Passendes. Ein Lied eignet sich besonders gut, um sich für einen Dienst zu bedanken.

Luftrituale betreffen die folgenden Lebensbereiche:

- alle intellektuellen Fähigkeiten, Lehren und Lernen, das Erinnerungsvermögen

- alle Bereiche der Kommunikation; Gespräche, Reden halten, Gruppen und Projekte organisieren, Reisen, das Schreiben von Texten

- Drogenabhängigkeit

Zum Süden gehört traditionell das Element Feuer, das zum Beispiel für kreative Funken sorgt und für alles, was mit Liebe und Leidenschaft zu tun hat. Zu diesem Element gehören die Salamander, die Sie sich wie kleine Feuer speiende Drachen vorstellen können.

Auch bei den Feuerwesen ist eine gute Portion Vorsicht angebracht, denn sie sind von wahrhaftig feurigem Gemüt. Schließlich können Sie selbst mit einer winzigen Streichholzflamme ein ganzes Haus abfackeln, selbst wenn das Elementarwesen aus einer Kerzenflamme kommt. Seit ich einmal mit viel Glück einen Hausbrand überlebte, habe ich

einen sehr gesunden Respekt vor diesem Element. Wenn Sie zum Beispiel in Norddeutschland hinter dem Deich wohnen, wird es Ihnen mit dem Element Wasser ähnlich gehen; gehören Sie eher zu den Gebirgsbewohnern, flößen Ihnen vermutlich Erdrutsche dieses sonst so verlässlichen Elements gehörigen Respekt ein. Achten Sie einmal darauf, welches der Elemente Ihnen in Ihrer Wohnumgebung am nächsten liegt. Vielleicht entdecken Sie dabei, dass Sie schon länger ein besonderes Verhältnis zu einem der Elemente hatten, ohne dass es Ihnen so recht bewusst wahr.
Bevor Sie sich auf die Elementarwesen einlassen, nehmen Sie zunächst ganz allgemein Verbindung mit dem jeweiligen Element auf, zu Sylphiden und Salamander können Sie später immer noch kommen.

Feuerrituale betreffen die folgenden Lebensbereiche:

- Erfolg (gleich ob im Sport, Beruf oder in anderen Bereichen)

- jede Art des Kräftemessens, dazu gehören auch Wetten, Gerichtsverfahren und Kriege

- Vertreiben von Krankheit

- physische Kraft und Sexualität

In den Westen gehört das Element Wasser, das vor allem den Bereich der Gefühle regiert. Außerdem liegt nach Westen die »nächste Welt«, das Reich der Toten, so liegen dort nach der keltischen Überlieferung die Inseln der Glückseligkeit, zu der die Toten gehen. Holen Sie sich aus dieser Richtung Kraft, wenn Sie sich in familiäre Bindungen, die Ihnen immer wieder die Pfunde auf den Hüften wachsen lassen, verstrickt fühlen.

Im Wasser sind die Wasserfrauen zu Hause, zum Beispiel Undinen oder Meerjungfrauen. Wenn Sie dabei an abstoßende Wasserweiber denken, die verliebte Jünglinge in ein nasses Grab locken, liegen Sie schon ganz richtig. Die andere Seite wäre die verführerische Sirene, die nicht nur Odysseus auf Abwege bringen konnte. Beide Darstellungen entsprechen

keineswegs dem Wesen dieser Elementargeister, sondern entspringen eher der Furcht oder dem Wunschdenken der Chronisten. Richtig ist allein ihre Vielseitigkeit. Sie tauchen als Regentropfen, winzige Eiskristallwesen oder schleierhaft durchsichtige Wesen auf, die Sie zum Beispiel in einem Fluss oder im Meer »sehen« könnten. So, wie ihr Element sind auch die Wassergeister: ständig dabei, sich zu verwandeln.
Wenn Sie in der Nähe eines Flusses oder anderen Gewässers wohnen, können Sie den Geistern »Ihres« Gewässers gelegentlich etwas Gutes tun, indem Sie ab und zu eine kleine Gabe (Wein, Saft oder ähnliche Flüssigkeiten) vorbeibringen. Auch ein oder zwei Tropfen eines Duftwässerchens wissen die Undinen zu schätzen.

Zum Element Wasser gehören folgende Lebensbereiche:

- Liebe, Freundschaft, Partnerschaft

- alle zwischenmenschlichen Verbindungen, Zuneigung

- Geburt und Kinder, das Zuhause und die Familie, die Vorfahren

- Meditation, Spiritualität, Hellsichtigkeit

- Medizin, Krankenhäuser, helfende Berufe, das Heilen von Wunden

Zum Norden gehört in der europäischen Tradition das Element Erde. Hier ist alles gut aufgehoben, was mit Materie zu tun hat. Ob Sie nun einem gebrochenen Knochen mehr Festigkeit verleihen wollen oder ob Ihnen mehr danach ist, Millionär zu werden, bei den Elementargeistern der Erde, den Zwergen, sind Sie damit an der richtigen Adresse. Wenn Sie jemanden kennen lernen wollen, der etwas von Reichtümern versteht, treffen Sie sich mit einem Erdgeist. Bevor Sie nun aber den nächstbesten Reichtumszauber beginnen, überlegen Sie sich genau, worum Sie die Götter bitten wollen. Denken Sie daran: Sie könnten es Ihnen gewähren – und schon hätten Sie nicht nur den gewünschten Lottogewinn, sondern auch gierige Verwandte am Hals, deren Namen Sie noch nicht einmal kennen.

Zwerge kennen Sie aus den Märchen – und damit meine ich nicht die ewig nörgelnden Miesepeter aus Grimms »Schneewittchen« (sollten Sie die als nett oder wohlwollend in Erinnerung haben, dann lesen Sie das Märchen am besten noch einmal) oder die fröhlich-vertrottelten Chaoten aus der Disney-Variante. Wie so oft sind auch hier die Darstellungen übertrieben. Es kann Ihnen allerdings schon passieren, dass Sie beispielsweise in Ihrem Garten auf einen oder mehrere höchst übellaunige Zwergengestalten treffen. Das liegt nicht daran, dass es ihnen Spaß macht, ständig schlecht gelaunt zu sein, sondern vielmehr am Zustand unserer Erde. Wenn Ihnen zwischen Ihre heiß geliebten Pflanzen gleich kübelweise Gift und anderes unverträgliches Zeug gekippt würde, verginge Ihnen vermutlich ebenfalls die gute Laune. Besonders die Menschen des westlichen Kulturkreises haben sich nicht gerade durch einen pfleglichen Umgang mit Mutter Natur hervorgetan. Wen wundert es da noch, wenn die Erdgeister so einiges an Wiedergutmachung von uns erwarten. Beginnen Sie mit einfachen Dingen im eignen Garten oder in Ihrem Umfeld. Die Erdgeister werden Sie geradezu lieben, wenn Sie gelegentlich helfen, einen Wald aufzuräumen, oder auch nur Ihren organischen Abfall kompostieren. Also nur nicht aufgeben.

Wenn Sie Zwergen sonst noch etwas Gutes tun wollen, schenken Sie ihnen etwas Kostbares. Das müssen ja nicht gleich die Klunker vom Juwelier sein. Bewahren Sie einfach Ihre restlichen Kupferpfennige auf. Auch alten Schmuck, den Sie nicht mehr tragen oder der Ihnen kaputtgegangen ist, können Sie als freundliche Gabe ans Zwergenvolk nutzen.

Zum Element Erde gehören die folgenden Lebensbereiche:

- Fruchtbarkeit, gesunde Nahrung, Ökologie

- Geld, Geschäfte, Investitionen und damit zusammenhängende Jobs und Beförderungen, die Börse, alle materiellen Dinge

- Antiquitäten, Museen, Hausbau

Entspannung

Wenn Sie sich verkrampft an Ihrem Essbesteck festhalten, kann es mit der Diät nie was werden. Ebenso wenig brauchen Sie Verspannungen im Körper oder in Ihren Gedanken. Je ruhiger und lockerer Sie sind, desto besser klappt es, nicht nur mit Ihrem Abnehmen, sondern auch mit Ihren Ritualen. Energie fließt nur dort, wo sie nicht blockiert wird. Blockaden können auf der materiellen Ebene Schmerzen oder Verspannungen im Körper sein. Auf spiritueller Ebene stören ständige Selbstzweifel und der ewige Kritiker im Kopf Ihre Entspannung. Doch ohne Entspannung finden Sie auch nicht die rechte Konzentration für Rituale, Übungen oder überhaupt irgendetwas, was Sie in Ihrem Leben erreichen wollen.

Auf Befehl entspannen geht schon gleich gar nicht. Wer krampfhaft entspannen will, hat schon von vornherein schlechte Karten. Fangen Sie doch mit ganz einfachen Atemübungen an. Wenn Sie es schaffen, sich einmal drei Minuten lang nur auf Ihre Atmung zu konzentrieren, haben Sie schon einen ersten Schritt getan.

- Stellen Sie sich irgendwo in der Wohnung eine Eieruhr hin und setzen Sie sich an einen gemütlichen Platz.

- Machen Sie es sich bequem und schließen Sie die Augen. Nun beobachten Sie Ihren Atem, wie er in Sie hinein- und aus Ihnen herausfließt. Lassen Sie auftauchende Gedanken an sich vorüberziehen. Sie sind jetzt nicht wichtig. Nichts ist so von Bedeutung, dass es nicht drei Minuten lang warten könnte (logischerweise sollten Sie vorher den Herd abstellen, damit Sie wirklich die drei Minuten »übrig« haben).

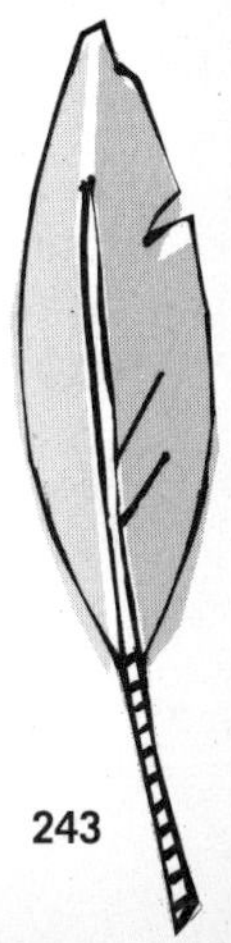

Wenn Ihr »Wecker« klingelt, kommen Sie mit Ihrem Bewusstsein wieder zurück und öffnen die Augen.

Sie können diese einfache Übung mehrmals täglich und in beliebiger Länge durchführen.

Erdung, sich erden

Nachdem Sie ein Ritual durchgeführt haben, ist es sehr wichtig, dass Sie wieder ganz und gar in der alltäglichen Wirklichkeit ankommen. Selbst wenn Sie allein gearbeitet haben, gehen Sie mit großen Mengen von Energie um. Wenn Reste davon in Ihrem Alltag herumsausen, könnte es sein, dass Sie zum Schlafen zu aufgekratzt sind oder über eine Treppenstufe stolpern. Im schlimmsten Fall könnten Sie sogar gefährliche Unfälle verursachen, wenn Sie wie Hans-guck-in-die-Luft in Ihr Auto steigen. Stellen Sie sich vor, Sie wären eine Batterie, die zu stark aufgeladen wurde.
Um diese Energie wieder loszuwerden, setzen Sie sich auf den Boden und legen beide Hände neben sich mit der Handfläche nach unten. Dann visualisieren Sie (siehe Seite 257 f.), wie überschüssige Energie aus Ihnen heraus in den Boden fließt. Dabei spielt es keine Rolle, ob Sie direkt auf dem Boden, sprich der Erde sitzen, oder sich im zehnten Stock eines Hochhauses aufhalten. Wichtig ist nur, dass Sie die Energie loslassen und die gute alte Mutter Erde bitten, diese dorthin zu übernehmen, wo sie nützlich sein kann. Falls Sie sich nicht setzen können oder wollen (zum Beispiel draußen), gehen Sie in die Hocke und legen die Hände auf den Boden.

Essen und Trinken

Generell empfiehlt es sich, vor einem Ritual nichts zu essen und nur wenig zu trinken. Wenn Sie einen vollen Bauch haben – selbst wenn es ein Diätgericht gewesen sein sollte –, ist Ihr Organismus nicht so wach, wie er sein könnte. Es lohnt sich, erst nach der Zauberei zu essen. Zum einen sind Sie dann viel entspannter und können es mehr genießen, zum anderen erdet Sie ein Essen auch gleich noch, selbst wenn Sie nur einen Schluck Wasser trinken. Darüber hinaus macht Magie grundsätzlich immer hungrig. Sie werden überrascht feststellen,

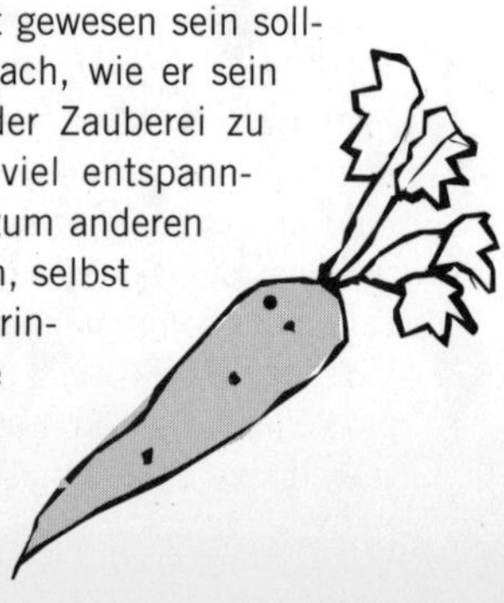

dass Sie nach einem einfachen Ritual und ein paar simplen Meditationen geradezu einen Bärenhunger bekommen, so als wären Sie gerade stramm gewandert. Denken Sie sich nichts dabei, das gehört dazu. Wenn Sie allerdings gerade Ihre Diät machen, halten Sie vitaminreiche Nahrung parat, mit der Sie Ihre Energiespeicher wieder auffüllen können. Obst ist besonders gut geeignet.

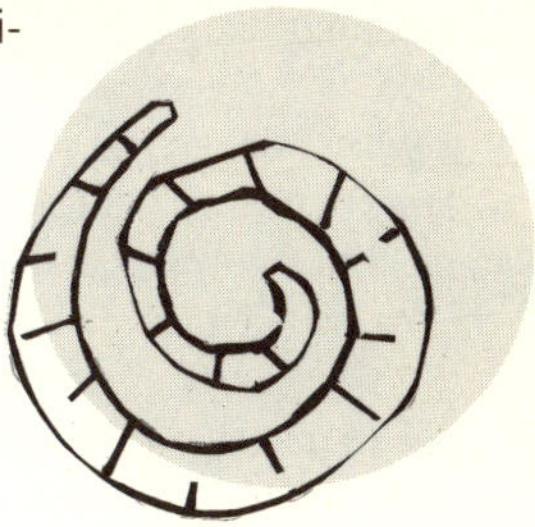

Jahreszeitenfeste

Das traditionelle Hexenjahr beginnt im Gegensatz zu unserem üblichen Kalenderjahr bereits im November. Von dort ausgehend, gibt es über das Jahr verteilt acht große Feste, vier hängen mit dem Sonnenstand zusammen, vier sind Mondfeste.

Das hexische Jahr beginnt um den *1. November*, dem *Samhain* oder *Halloween*. Zu dieser Jahreszeit wird es in unseren Breiten deutlich kälter, die Natur und alle ihre Energien ziehen sich in den Winterschlaf zurück. In dieser »Traumzeit« fällt es besonders leicht, Verbindungen zwischen unserer Welt und der Anderswelt herzustellen. Deshalb eignet sich die Nacht auf den ersten November besonders gut für Weissagungen und prophetische Träume. Wählen Sie den nächstgelegenen Neumond zum Feiern.

Das nächste Fest im Hexenkalender ist die *Wintersonnenwende*, die am *21. oder 22. Dezember* gefeiert wird. Dieses Sonnenfest liegt auf dem Scheitelpunkt des Winters. Obwohl alles noch dunkel und unbewegt wirkt, beginnt zu diesem Zeitpunkt bereits das neue Sonnenjahr, die Tage werden wieder länger, die Energie-Gezeiten der Erde verändern sich kaum merklich von abnehmend zu zunehmend. Wenn Sie diese feinstoffliche Energie wahrnehmen möchten, könnte es sein, dass Sie teilweise aus dem üblichen Weihnachtstrubel aussteigen müssen – und sei es nur für ein heißes Bad oder ein kleines Sonnenritual. Besonders wenn Sie zu dieser Jahreszeit Ihre Diät durchführen, kann Ihnen diese Unterstützung helfen. Fügen Sie Ihrem Badewasser Düfte hinzu, die zur Jahreszeit gehören und/oder die Ihr Diätvorhaben unterstützen. Sollte es Ihnen im Winter an Energie mangeln, kochen Sie in dieser Jahreszeit besonders viel mit feurigen Kräutern und Gewürzen.

Sechs Wochen nach Mittwinter beginnt im Hexenkalender um den *2. Februar* das Frühjahr mit dem Lichtfest *Imbolg*. Im christlichen Kalender steht hier Lichtmess, das Lichterfest. In dieser Zeit werden die Tage spürbar länger und die Sonne scheint bereits etwas wärmer. In den meisten Gegenden ist im Februar die Zeit der Dauerfröste vorbei und die ersten lauen Lüftchen wehen bereits – der Frühling lässt sich erahnen. Wenn Sie an diesem Tag ein Ritual durchführen möchten, wählen Sie ein Thema für einen Neuanfang aus. Wenn Sie beispielsweise Anfang November gute Vorsätze für eine Diät gefasst haben, ist jetzt die Zeit gekommen, damit Ernst zu machen. Sie wollen mit dem Rauchen aufhören: Heute ist der erste Tag Ihres neuen Nichtraucherdaseins. Es ist ein guter Tag, um sich von einer Sucht abzuwenden, egal, ob es sich dabei um Süßigkeiten, Alkohol, Nikotin oder einen Helferkomplex handelt.

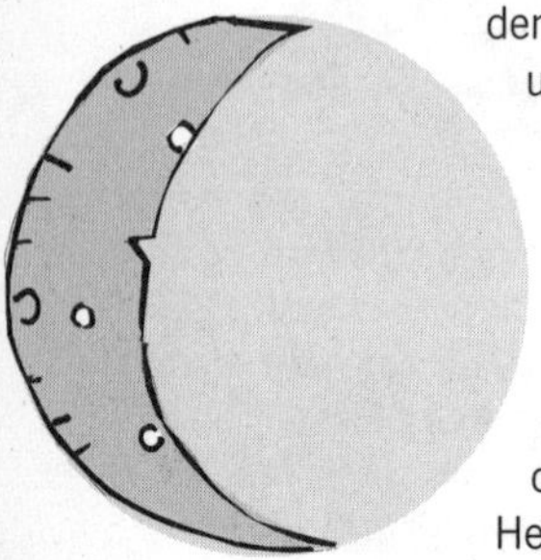

Es geht dabei nicht so sehr darum, vom altvertrauten Schema abzulassen, sondern eher darum, den Schritt in ein neues Terrain zu wagen. Feiern Sie diesen Tag in der Phase des zunehmenden Mondes, auch wenn das vielleicht nicht zu Ihrem Taschenkalender passt.

Das nächste Jahreszeitenfest liegt mitten im Frühling und es handelt sich wiederum um ein Sonnenfest. Die erste *Tagundnachtgleiche* des Jahres läutet am *21. März* laut gängigem Kalender den »offiziellen« Frühling ein. Die Länge der Tage und Nächte sind hier genau im Gleichgewicht. Die Energie dieser Zeit ist gut für alles, was mit Balance und Ausgleich zu tun hat. Hier eine einfache Übung, mit der Sie Ihrem inneren Gleichgewicht auf die Sprünge helfen können:

Stellen Sie sich entspannt in die Mitte eines Raumes, in dem Sie viel Platz um sich herum haben. Schließen Sie für einen Moment die Augen und gehen Sie in die Ruhe.

Wenn Sie die Augen wieder öffnen, strecken Sie die Arme aus und heben einen Fuß vom Boden. Stehen Sie nun ein paar Minuten entspannt in dieser Haltung – das ist schon alles (denken Sie daran, Ihr Standbein leicht zu beugen).

Machen Sie diese Übung so lange Sie möchten oder können. Spüren Sie dabei deutlich, wie Sie ausbalancieren: mit dem Fuß, dem Rücken, den Armen – und mit Ihren Gedanken.

Wenn Sie das Ganze ein wenig schwieriger gestalten möchten, schließen Sie bei dieser Übung die Augen und spüren Sie, wie sich Ihr Gleichgewichtsgefühl verändert.

Das nächste Fest im Hexenjahr ist wiederum ein Mondfest: die *Walpurgisnacht*. Die Nacht auf den *1. Mai* markiert nach dem vorchristlichen Kalender den Beginn des Sommers. Falls Sie in dieser Nacht keinen Vollmond haben, warten Sie mit Ihrer Feier bis zum nächsten. Schreiben Sie auf, ob und wie sich die Energie Ihres Festes damit verändert, und vergleichen Sie es mit anderen Jahren. Anfang Mai ist die Sonne inzwischen heiß genug für einen Sonnenbrand und die Natur erblüht in wunderschönen Farben. Falls Sie Lust auf ein Feuer haben, entzünden Sie eines im Freien, sofern das Wetter mitspielt. Falls Sie nicht nach draußen gehen möchten oder können, kochen Sie ein Liebesmahl und laden Sie jemanden ein. Sie werden dabei feststellen, dass Sie umwerfende Mahlzeiten auch im Rahmen Ihrer Hexendiät zubereiten können. Wenn Sie der Jahreszeit entsprechend ein Liebesmahl zubereiten, muss es dabei nicht unbedingt um die ganze Menschheit gehen. Die *Walpurgisnacht* steht für alles, was mit Familie, Liebesbeziehungen und Kindern zu tun hat.

Zu *Mittsommer* feiern Sie wieder ein Sonnenfest. In der christlichen Tradition beginnt um den *20. und 21. Juni* der Sommer. Im alten Kalender liegt hier – wie der Name schon sagt – der Höhepunkt des Sommers. Selbst in kälteren Regionen laden das milde Wetter und die langen Abende zum Feiern und Genießen der Fülle und des Glücks ein. Schwelgen Sie mit Ihrer Diät in der Vielfalt der Genüsse, die Ihnen der Sommer in Form von frischem Obst, Gemüse und Gewürzen bietet. Gönnen Sie sich die verschwenderische Vielfalt, gerade wenn Sie zu diesem Zeitpunkt bei Ihren zwei Wochen des Abnehmens sind.

Mit dem Mondfest *Lammas* um den *1. August* beginnt im alten Kalender der Herbst. Das erste Erntefest des Jahres feiern Sie am besten bei abnehmendem Mond. Die Tage werden spürbar kürzer, auch wenn es noch schön warm ist. Allmählich beginnt wieder die Zeit des Sichzurückziehens, in der es leichter fällt, eine Bestandsaufnahme Ihres Lebens und Ihrer Ziele anzupeilen. Probieren Sie einmal eine neue Meditation aus, lassen Sie sich zu dieser Zeit auf neue spirituelle Herausforderungen ein. Dabei geht es nicht um feste Vorsätze oder spezielles Wissen. Wählen Sie Dinge aus, die Sie spielerisch bei Ihrer Richtungssuche unterstützen können. Lassen Sie alles wirken, gönnen Sie sich die Ruhe freundlicher Betrachtung, die zunächst ganz absichtslos bleiben kann.

Die zweite *Tagundnachtgleiche* des Jahres ist ebenfalls ein Sonnenfest und liegt um den *21. September*, mitten im Herbst. Die ersten Blätter färben sich bereits, und es wird Zeit, sich auf die ruhige Hälfte des Jahres vorzubereiten. Am besten fasst der Dichter Rainer Maria Rilke in seinen Herbstgedichten diese Jahreszeit in Worte. Besorgen Sie sich eine seiner Gedichtsammlungen oder schauen Sie im Internet unter *www.rilke.de* nach. Beschäftigen Sie sich in dieser Zeit besonders mit Dingen, die Ihre innere Wahrnehmung schärfen: Basteln Sie Amulette, Traumfänger und ähnliche magische Gegenstände. Auch zu dieser Tagundnachtgleiche können Sie die Gleichgewichtsübung vom Frühjahr (siehe Seite 246 f.) durchführen und spüren Sie nach, wie sich die Energie seitdem verändert hat.

Kraftgegenstände

Ein Kraftgegenstand kann vieles sein. Jeder noch so alltägliche Gegenstand verwandelt sich in einen solchen, wenn Sie ihn hauptsächlich oder ausschließlich für Rituale verwenden. Ebenso verhält es sich auch mit Utensilien, die Sie für einen ganz bestimmten Zweck aufladen.

Als Kraftgegenstände für ein Ritual eignen sich Haushaltsgegenstände aus möglichst natürlichen Materialien: eine

Holzschale beispielsweise oder ein Glaskelch. Je stärker eine Substanz in ihrer Herstellung verändert wurde, desto mehr unberechenbare Energie haben Sie dann in Ihrem Ritual. Besonders wenn Sie noch nicht so geübt sind, ist es einfacher, auf solche Störungen zu verzichten. Sobald Ihnen alles flott von der Hand geht, werden Sie vermutlich sowieso lieber zu Keramik, Holz oder Glas greifen, da sich Ihre Wahrnehmung verändern wird. Utensilien aus möglichst klaren Herstellungsvorgängen werden Sie im Umgang mit Magie angenehmer finden.
Bevor Sie einen Gegenstand für ein Ritual oder etwas Ähnliches verwenden, reinigen Sie ihn. Wählen Sie dabei ein angemessenes Medium, auch wenn Ihnen ein einschlägiges Buch vielleicht empfiehlt, prinzipiell nur Wasser zur Reinigung zu verwenden. Wenn Sie zum Beispiel mit einem Stück Leder arbeiten, ist das Reinigen mit Wasser schon mal nicht möglich. Außer Wasser können Sie auch noch Salz nehmen, etwas beräuchern oder auch nur darauf pusten. Egal, was Sie verwenden, achten Sie darauf, dass Sie sich konzentrieren und den Gegenstand – sozusagen in Ihrem Kopf – von allem klären, was dort nicht hingehört.

Kraftplatz

In erster Linie ist ein Kraftplatz das, was Sie dazu machen. Ihr Altar wird zum Kraftplatz, wenn Sie dort häufiger rituelle Handlungen durchführen. Gleiches gilt auch für andere Altäre, ob nun in einer Kirche oder im Wald. Selbst berühmte Kraftplätze wie Stonehenge oder die Externsteine sind für Sie nur dann sinnvoll, wenn Sie mit diesen Orten etwas anfangen können. Wenn Sie keinen »Draht« dazu haben, werden Sie im Zweifelsfall nicht oder kaum spüren, welche Energie Ihnen da entgegenkommt. Lassen Sie sich Zeit, wirklich Kontakt mit Ihrer Umgebung aufzunehmen. Sie werden überrascht sein, wie viele kraftvolle Plätze Sie ausfindig machen können, wenn Sie wirklich aufmerksam sind. Die »echten« Kraftplätze haben dennoch einen gewichtigen Vorteil: Da in ihnen die Energie sehr stark ist (dort laufen Kraftlinien der Erde zusammen, die sich mit den Energien tref-

fen, die Menschen über die Jahrtausende durch Rituale verstärkt haben), fällt es dort oft leichter, eine Verbindung herzustellen. Suchen Sie sich besonders zu Anfang Ihrer magischen Karriere Orte aus, an denen Sie ungestört bleiben. Sie können sich zum Beispiel in eine Kapelle setzen. Dort fällt ein Andächtiger mehr oder weniger garantiert nicht auf (viele Kirchen sind auf älteren heiligen Plätzen errichtet worden). Sie können sich auch auf einen einsamen Berggipfel oder in Ihren Garten setzen. Wählen Sie einen Ort, an dem Sie eine Verbindung zu den Energien spüren, die Sie verwenden wollen. An Ihrem persönlichen Kraftplatz können Sie Rituale abhalten, meditieren oder sich ausruhen und auf neue magische Projekte besinnen.

Lochsteine

Diese Steine gelten traditionell als wirksame Schutzsteine, allerdings nur, wenn es sich um ein natürliches Loch handelt. Besonders an Küsten, an denen einst Vulkane tätig waren, finden sich solche Steine häufig. Falls Sie mal einen finden, bewahren Sie ihn auf. Sie können ihn gut für zahlreiche Rituale oder Schutzamulette verwenden.

Meditieren

Es gibt eine Vielzahl von Meditationsarten. Jede kann Ihnen helfen, sich auf Ihre magische Arbeit vorzubereiten und Ihren Kopf von alltäglichem Kleinkram zu befreien. Es täte Ihrem Ritual nicht besonders gut, wenn Sie mittendrin an Ihre kaputte Waschmaschine und den Klempner denken würden.

Wenn Sie noch nie meditiert haben, suchen Sie sich eine Art aus, die Sie nicht auf eine bestimmte Weltanschauung festlegt (es sei denn, das ist gerade Ihr Wunsch). Sie können auf diese Weise eher Ihren eigenen Weg ausprobieren und belasten sich nicht mit Gedanken, die Ihnen in Ihren Ritualen wiederum im Weg sein könnten. Im Absatz über Visualisieren (siehe Seite 257 f.) finden Sie eine kurze Übung, die Sie auch als Einstieg in ein Ritual nutzen können. Wählen Sie diese Möglichkeit oder jede andere, die Sie ruhig und aufmerksam werden lässt.

Mondphasen

Es gibt Regale voller Bücher über die Kräfte des Mondes und seinen Einfluss auf den Menschen und seine Umwelt. Für Ihre Rituale können Sie die Energie der Mondphasen nutzen, wenn Sie dazu einen Draht haben. Sie arbeiten dabei mit einer Energie, vergleichbar dem Segeln: Kommt der Wind von vorne, brauchen Sie etwas länger, um zu Ihrem Ziel zu kommen. Bläst er dagegen in die »richtige« Richtung, gleiten Sie mühelos auf Ihr Ziel zu.

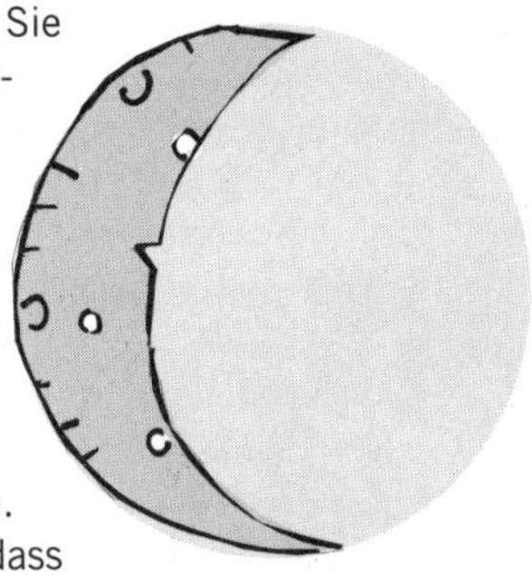

Um beim Beispiel zu bleiben: Wenn Sie mithilfe von Mond, Planeten, Tages- und Jahreszeiten arbeiten, dann haben Sie immer eine Handbreit Wasser unter dem Kiel und günstigen Wind. Wenn Sie ein Ritual durchführen wollen, das so gar nicht zur augenblicklichen Mondphase passt, haben Sie zwei Möglichkeiten. Zum einen können Sie es trotzdem angehen. Machen Sie sich dann nur bewusst, dass Sie sich mehr Unterstützung von Planetenstunden oder zusätzlichen Hilfsmitteln holen könnten. Sie brauchen dann wie beim Segeln einfach etwas mehr Anstrengung. Wenn Sie es sich leicht machen wollen, dann halten Sie sich möglichst an die Mondphasen, Jahreszeiteneinflüsse und was sonst noch alles eine Rolle spielt, aber machen Sie sich nicht damit verrückt. Die Behauptung etwa, ein Ritual hätte nicht wirken können, weil Sie es 50 Sekunden nach dem Wechsel vom zunehmenden zum abnehmenden Mond durchgeführt hätten, ist schlicht Humbug. Wenn Sie die Mondphasen als hilfreich verspüren, erledigen Sie automatisch alles zur »richtigen« Zeit. Falls Sie nichts spüren, entgeht Ihnen auch nichts, da Sie dann sowieso aus Quellen schöpfen, die weniger mit dieser Kraft zu tun haben.

Zunehmender Mond: Diese Mondphase beginnt nach dem Neumond und geht bis zum Vollmond. Wenn Sie sich nicht sicher sind, wann denn nun genau der Mond »umschwingt«, lassen Sie vorsichtshalber einen Tag vorher und nachher Luft, dann können Sie sicher sein, Ihr Ritual während der »richtigen« Mondzeit abzuhalten. Während des zunehmenden Mondes können Sie besonders gut alle Rituale durchführen, die etwas heranholen oder wachsen lassen sollen. Wenn Sie also mit der Hexendiät beginnen wollen, liegen Sie beim zunehmenden Mond richtig (das Abnehmen selbst fällt dann folgerichtig in die Zeit des abnehmenden Mondes).

Vollmond: Energetisch gehören zu den Vollmondnächten – ebenso wie beim Neumond – bis zu drei Nächte vor und nach dem eigentlichen Vollmond. Das klingt nicht nur ungenau, das ist es auch. Je nachdem, wie der Mond steht und zu welchem Tierkreiszeichen er gerade eine Verbindung hat, fällt er mal stärker und mal schwächer aus. So können wir heute dank modernster Technik auf die Sekunde genau feststellen, wann rechnerisch Vollmond ist (diese Uhrzeit steht zum Beispiel in vielen Taschenkalendern). Unsere Vorfahren haben sich da auf ihren Instinkt verlassen, und wenn Sie das auch mal probieren wollen, führen Sie folgende Übung über ein Jahr hinweg durch:

Jedes Mal zu Vollmond und/oder Neumond machen Sie ein kleines Ritual oder eine kurze Meditation. Das muss nicht Stunden dauern, ein paar Minuten reichen schon.
Setzen Sie sich still hin und gehen Sie in die Ruhe, als wenn Sie einen magischen Kreis schließen wollten.

Dann nehmen Sie Verbindung mit der Kraft des jeweiligen Mondes auf. Am besten geht es, wenn Sie den Mond direkt sehen können, also abends. Falls das nicht möglich ist oder zu viele Wolken im Weg stehen, visualisieren Sie den Mond einfach. Bitten Sie um Informationen, welche Kraft der Mond zu diesem Zeitpunkt hat.

Sobald Sie nach Ihrer Meditation wieder ganz da sind, schreiben Sie in Ihr Buch der Schatten (siehe Seite 237 f.), was Sie erfahren haben. Vergessen Sie nicht, Datum und Uhrzeit dazuzuschreiben.

Schauen Sie erst am Ende des Jahres nach, wie der Mond jeweils astrologisch stand (deshalb mit Datum und Uhrzeit). Sie können dann außerdem feststellen, welche Planetenstunde gerade dran war. Notieren Sie diese zusätzlichen Informationen ebenfalls in Ihrem Buch der Schatten. Ganz spannend ist es, wenn Sie dieses Projekt mit mehreren Leuten zusammen machen. Sie können auf diese Weise sehr genau herausfinden, welche energetischen Vorgaben für Sie

persönlich besonders geeignet sind, wenn Sie zum Beispiel einen Zauber gegen zu viele Pfunde vorhaben. Die Vorschläge aus diesem Buch können Sie dann nach Ihren persönlichen Vorlieben ändern. Ein netter Nebeneffekt ist, dass Sie ein hervorragendes Gespür für die Kraft um sich herum bekommen und es Ihnen viel leichter fallen wird, sich auf den »kosmischen Wind« in Ihren Segeln zu verlassen.
Während der Tage des Vollmondes können Sie Projekten einen zusätzlichen Kick geben oder auch etwas abschließen, was auf seinem Höhepunkt angelangt ist.
Abnehmender Mond: Während dieser Zeit, das heißt den zwei Wochen zwischen Vollmond und Neumond, lässt sich gut abwehren, auflösen und beenden. Sie ahnen es schon, die Pfunde purzeln deshalb in dieser Zeit besonders gut.
Neumond: Neumond ist die Zeit, in der der Mond auch am klaren Nachthimmel nicht zu sehen ist (was nicht ganz stimmt, da Sie sogar mit bloßem Auge noch einen winzigen Schimmer um den Neumond herum wahrnehmen können). Sie werden hier wie beim Vollmond merken, dass auch die Tage vor und nach dem eigentlichen Datum sehr viel Neumondenergie bringen. Sie können zu Neumond sowohl etwas beenden, was sich völlig ausgelaufen hat, als auch etwas völlig Neues beginnen. Wie der Vollmond hat auch diese Mondphase eine doppelte Energie, die mindestens so stark ist wie die der anderen Mondphasen.

Pentagramm

Das Pentagramm ist ein uraltes Schutzsymbol. Es handelt sich um einen fünfzackigen Stern, der sich mit einem Strich, ohne abzusetzen, zeichnen lässt. In Ritualen werden entweder herbeirufende Pentagramme verwendet, die im Uhrzeigersinn gezeichnet werden, oder bannende Sterne, die dann gegen den Uhrzeigersinn entstehen.

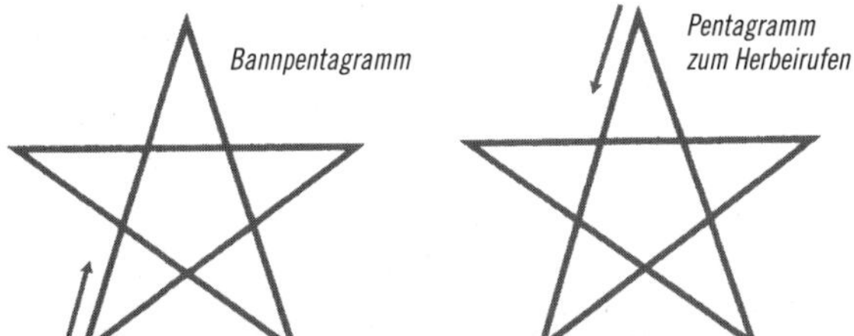

Den fünf Spitzen des Pentagramms werden die Elemente Feuer, Wasser, Erde und Luft zugeordnet, plus das »Element« Spirit, das diese miteinander verbindet.

Planetenstunden

Die bereits erwähnten Planetenstunden können Sie bewusst einsetzen, um zu bestimmten Uhrzeiten die Kraft der Planeten für Ihr Ritual zu nutzen, auch wenn Sie gerade einen ungünstigen Wochentag erwischt haben.

Stellen Sie sich vor, Sie wollen einen Trennungszauber durchführen und können nur am Freitag (der zum Planeten Venus gehört und sich besonders für Liebesdinge eignet). Und dann ist zu allem Überfluss auch noch zunehmender Mond. Aus irgendeinem Grund können oder wollen Sie Ihr Ritual aber nicht verschieben, sondern es gern an diesem »unpassenden« Wochentag durchführen. Suchen Sie sich dann eine Uhrzeit aus, die zu Ihrem Vorhaben passt, und stärken Sie so die Energie für Ihr Ritual. Achten Sie darauf, dass sich die Tabelle auf die Winterzeit bezieht. Sie verschiebt sich um eine Stunde, wenn wir Sommerzeit haben.

	Sonntag	*Montag*	*Dienstag*	*Mittwoch*	*Donnerstag*	*Freitag*	*Samstag*
1	**Jupiter**	**Venus**	**Saturn**	**Sonne**	**Mond**	**Mars**	**Merkur**
2	**Mars**	**Merkur**	**Jupiter**	**Venus**	**Saturn**	**Sonne**	**Mond**
3	**Sonne**	**Mond**	**Mars**	**Merkur**	**Jupiter**	**Venus**	**Saturn**
4	**Venus**	**Saturn**	**Sonne**	**Mond**	**Mars**	**Merkur**	**Jupiter**
5	**Merkur**	**Jupiter**	**Venus**	**Saturn**	**Sonne**	**Mond**	**Mars**
6	**Mond**	**Mars**	**Merkur**	**Jupiter**	**Venus**	**Saturn**	**Sonne**
7	**Saturn**	**Sonne**	**Mond**	**Mars**	**Merkur**	**Jupiter**	**Venus**
8	**Jupiter**	**Venus**	**Saturn**	**Sonne**	**Mond**	**Mars**	**Merkur**
9	**Mars**	**Merkur**	**Jupiter**	**Venus**	**Saturn**	**Sonne**	**Mond**
10	**Sonne**	**Mond**	**Mars**	**Merkur**	**Jupiter**	**Venus**	**Saturn**
11	**Venus**	**Saturn**	**Sonne**	**Mond**	**Mars**	**Merkur**	**Jupiter**
12	**Merkur**	**Jupiter**	**Venus**	**Saturn**	**Sonne**	**Mond**	**Mars**

Positives Denken

Über das positive Denken sind jede Menge Bücher erschienen, die sich gut lesen lassen. Wenn Sie Lust haben, in dieses Thema intensiver einzusteigen, lassen Sie sich in einem Buchladen inspirieren und probieren Sie die Übungen aus.

Das Prinzip des positiven Denkens lautet kurz gefasst: Sie sind, was Sie denken. Natürlich ist das sehr verkürzt dargestellt, aber im Prinzip heißt das nichts anderes, als dass Sie sich Ihre eigene Realität schaffen. Hier folgt vermutlich schon der erste Aufschrei, denn Sie beeinflussen doch nicht das Wetter. Wenn es gießt und Sie nass werden, dann hat das doch nichts mit Ihnen zu tun. Nun, Sie hätten ja Ihrer Eingebung von heute Morgen folgen können, dann hätten Sie den passenden Regenschirm dabei und kämen trockenen Hauptes ins Büro.

Wichtiger als bei alltäglichen Kleinigkeiten ist das positive Denken, wenn es richtig zur Sache geht. Jeder Mensch läuft mit einem ganzen Haufen innerer Überzeugungen herum. Wir sind darauf programmiert, dass wir etwas besonders gut oder besonders schlecht können, dass wir einfach Klasse sind oder richtige Versager. Jeder hat schon mal die hässliche kleine Stimme gehört, die da murmelt: Du bist ein Versager, das wird doch nichts, das lohnt doch nicht. Wie immer sich die Bremse im Kopf auch gerade anhört, jede dieser Aussagen hält uns davon ab, uns zu ändern und uns weiterzuentwickeln.

Mithilfe verschiedenster Techniken des positiven Denkens können Sie diese alten Programme löschen und durch neue ersetzen, die Ihre persönliche Wunschvorstellung, wie Ihr Leben aussehen könnte, darstellen.

Reinigen und Segnen

Sie können magische Gegenstände auf viele Arten reinigen. Welche Sie auswählen, hängt vom Material Ihrer Gegenstände ab und davon, was Ihnen am besten gefällt. Wenn Sie mit Steinen arbeiten, können Sie einfaches Wasser verwenden, wenn Sie eine Feder reinigen möchten, bietet sich zum Beispiel Rauch an. Wenn Sie nichts weiter zur Hand haben, können Sie unerwünschte Energien auch einfach wegpusten. Blasen Sie kräftig über Stein oder Kerze und visualisieren Sie dabei, wie sich alles löst, was da nicht hingehört.

Reinigung für Salz: Sie haben Ihr Salz für magische Reinigungen einige Male verwendet und möchten dem Salz gern etwas Gutes tun. Auch hier hilft Wasser wenig; dann wären Sie zwar die Energien los, aber auch das Salz.
Die klassische Variante der Reinigung läuft beim Salz über Rauch. Für eine Reinigung wählen Sie am besten Räucherwerk, das entweder nur aus Salbei besteht oder zumindest welchen enthält. Wenn Sie nicht unbedingt gekauftes Räucherwerk verwenden wollen, können Sie auch selbst welches herstellen (siehe Seite 231) oder einzelne Kräuter aus dem eigenen Garten verwenden.
Wenn Sie Ihr Salz mit Rauch reinigen möchten, legen Sie es am besten auf einem großen flachen Teller aus und stellen Ihr Räucherwerk daneben. Nun pusten Sie den Rauch über und in das Salz und visualisieren (siehe Seite 257 f.) dabei, wie sich alles aus den Körnern löst, was dort nicht hingehört. Bedanken Sie sich gleichzeitig sowohl beim Salz als auch beim Rauch für die Unterstützung.
Eine moderne wirkungsvolle Möglichkeit besteht darin, dass Sie sich ein Küchensieb nehmen und alles aus Ihrem Salz heraussieben, was da nicht sein soll. Achten Sie darauf, dass Sie ein Sieb wählen, dessen Löcher groß genug für die Salzkörner sind. Sieben Sie das Salz auf eine saubere Fläche, zum Beispiel auf ein Tuch, das Sie unterlegen und in dem Sie Ihr magisches Reinigungssalz dann auch aufbewahren können (vergessen Sie nicht, einige Reiskörner hinzuzufügen, damit es nicht klumpt). Während Sie sieben, visualisieren Sie wieder, wie alles Unnötige im Sieb bleibt, während das Salz ungehindert hindurchrinnt. Wenn Sie fertig sind, spülen Sie das Sieb einmal kurz aus und schicken die Energie mit einem freundlichen Dankeschön an Mutter Erde, mit dem Wunsch, sie an geeigneter Stelle zu verwenden.

Schamanische Reisen

Die Arbeit von Schamaninnen ist seit tausenden von Jahren Teil menschlicher Erfahrung. In allen Kulturen hatten und haben Schamanen die Aufgabe, Menschen und Erde im Gleichgewicht zu halten, die Gesundheit der Einzelnen zu schützen und die Erde zu bewahren. Sie arbeiten dabei als Heilerinnen, Medium, Berater und spirituelle Lehrerinnen. Ihre Arbeit ist dabei immer ganz praktisch und am täglichen Leben ausgerichtet. Das Wissen alter Kulturen ist heute so bedeutsam wie früher – besonders wenn es sich mit den Bedürfnissen und Lebensumständen moderner Menschen vereinbaren lässt.
Eine der wichtigsten »Techniken« der Schamaninnen ist die Trancereise zu geistigen Ebenen, auf denen die spirituellen Ursachen für Probleme in der materiellen Welt sehr genau sichtbar und handhabbar sind. Es handelt sich dabei nicht um einen Zustand der Volltrance, sondern um ein bewusstes Erleben, bei dem jederzeit der freie Wille das Geschehen bestimmt. Falls Sie lernen möchten, wie so eine schamanische Reise geht, machen Sie einen Workshop mit oder arbeiten mit einem erfahrenen schamanisch Praktizierenden zusammen.

Visualisieren

Es gibt nur Weniges, was Sie wirklich brauchen, um ein Ritual richtig durchzuführen. Etwas sehr Wichtiges dabei ist das Visualisieren. Das bedeutet nichts weiter, als sich auf Anhieb eine bestimmte Sache möglichst genau vorstellen zu können. Je mehr Einzelheiten Sie dabei »sehen«, desto besser. Falls Sie zum Beispiel eine neue Wohnung suchen, stellen Sie sich die neue Umgebung und das Gefühl vor, wenn Sie durch Ihre neue Haustür gehen und die Wohnung betreten. Seien Sie beim Visualisieren auch mal unverschämt: Wünschen Sie sich alles, was Ihr Herz begehrt. Bescheidenheit ist in diesem Fall keine Zierde, sondern überflüssig. Vielleicht sind Sie gerade dran, um im Überfluss zu schwelgen, warum dann kleinliche Beschränkungen vorgeben?

Falls Sie zu den Menschen gehören, die in ihrer Vorstellungskraft keine Videofilme ablaufen lassen können, verzagen Sie nicht. Sie können allemal visualisieren, wie Sie sich in der gewünschten Situation fühlen, oder vielleicht, wie etwas schmeckt, sich anhört oder anfühlt. Ihnen steht die ganze Palette zu: Handeln – und visualisieren – Sie entsprechend. Wenn Sie etwas an Ihrem Leben ändern wollen und dafür ein Ritual machen, dann stellen Sie sich nur Ihre neue Lebenssituation vor, lassen Sie alles andere weg. Stellen Sie sich nicht vor, wie sich etwas von A nach B entwickelt, sondern nur das gewünschte Ergebnis. Wie bei den Ritualen halten Sie es auch beim Visualisieren einfach und schmücken nur aus, wenn Sie sich sicher sind, dass Sie Ihr Ziel so und nicht anders wollen. Mit jedem Detail, das Sie vielleicht zu viel angeben, schmälern Sie die Möglichkeiten der guten Geister, die Sie gerufen haben, Ihnen das bestmögliche Ergebnis zu präsentieren. Denn das könnte ganz anders aussehen, als Sie im Augenblick glauben.

Probieren Sie die folgende Übung aus:

Suchen Sie sich einen ruhigen Platz, an dem Sie mindestens eine halbe Stunde lang ungestört sind (auch wenn Sie am Ende vielleicht viel weniger Zeit brauchen).

Machen Sie es sich bequem, entspannen Sie sich und schließen Sie die Augen.

Beobachten Sie Ihre Atmung, spüren Sie Ihrem Atem nach und lassen Sie ihn fließen.

Wenn Ihnen Gedanken in den Sinn kommen, sehen Sie sich diese Gedanken an und lassen Sie sie weiterziehen. Später ist noch genug Zeit, sich mit allem zu beschäftigen.

Gleiches gilt für Geräusche. Wenn Kinder quaken oder Autos hupen, lassen Sie alles an sich vorüberziehen, es hat im Augenblick keine Bedeutung (falls Sie neben sich eine Feuersirene schrillen hören, sollten Sie schon reagieren, den gesunden Menschenverstand sollte Ihre Meditation oder Magie keinesfalls ausschalten).

Wenn Sie ganz entspannt sind, kann es sich ein bisschen wie Schweben anfühlen, auf jeden Fall aber wohlig, sonst hören Sie lieber auf und versuchen es zu einem anderen Zeitpunkt noch einmal.

Aus der Ruhe heraus stellen Sie sich ein Pentagramm vor. Malen Sie es vor Ihrem inneren Auge mal so und mal so herum, bis Sie es im Schlaf können.

Wenn Sie keine Lust mehr haben, gehen Sie wieder in die Ruhe und kommen dann langsam in den Alltag zurück. Zappeln Sie ein bisschen mit Händen und Füßen, bevor Sie die Augen öffnen, das hilft Ihnen, wieder ganz da zu sein. Sie können auch einen Schluck trinken oder einen Happen essen. Weltliche Genüsse bringen Sie ganz schnell zurück.

Wochentage

Je nachdem, was Sie so vorhaben, können Sie Ihre Rituale an bestimmten Tagen der Woche durchführen, die für Ihr Anliegen besonders günstig sind. Falls Sie tagsüber arbeiten, verlegen Sie Ihre Aktion in den Abend oder aufs Wochenende. Falls Sie dabei auf einen »ungünstigen« Tag treffen, nehmen Sie sich die »richtige« Planetenstunde und schon gelingt Ihr Zauber. Lassen Sie sich von Ihrem Gefühl leiten, auch wenn Ihnen eine diplomierte Hexe höchst glaubhaft versichert, dass Ihr Zauber an diesem Tag unmöglich gewirkt haben kann. Verabschieden Sie sich von so jemandem höflich, aber schnellstens.
Traditionell beginnen übrigens Hexentage mit dem Sonnenuntergang, das heißt, der Montag beginnt schon am Sonntagabend.
Sonntag: Dieser Tag gehört zum Planeten Sonne. Für Männer eignet sich dieser Tag gut für einen Liebeszauber, da seine Energie – zum Feuer gehörend – eher in die Kategorie männlich fällt. Allgemein können Sie an diesem Tag alle freundschaftlichen Beziehungen magisch pflegen.
Montag: Der Name verrät es schon, dieser Tag steht unter der Mondenergie. Wenn Sie Ihre Eigenliebe stärken möchten oder mehr Verständnis bei Partnern oder Freunden wünschen, dann wählen Sie sich einen Montag aus.
Dienstag: Dieser Tag gehört dem Mars. Hier können Sie Ihren Mut und Ihren Durchsetzungswillen für Ihre Diät stärken. Ein

Schutzzauber gegen blödes Gerede und die Versuchungen des Kühlschranks bekommen durch die Mars-Energie des Dienstags noch mehr Nachdruck.

Mittwoch: Wenn bei Ihnen im Kopf Funkstille herrscht, dann helfen Sie der mangelnden Kommunikationsfähigkeit Ihrer Gedanken am Mittwoch besonders gut auf die Sprünge. Dieser Tag gehört zum Merkur, dem Gott der Diebe und der gegenseitigen Verständigung. Hier bekommen Sie schneller heraus, warum Sie mit Ihrer Hexendiät nicht vorankommen.

Donnerstag: Dieser Tag eignet sich besonders gut, wenn Sie mal eine Bestandsaufnahme Ihres Körpers machen wollen. Er gehört zum Göttervater Jupiter und hat etwas mit Besitzstand und weltlichen Gütern zu tun. Wenn Sie diese Energie verwenden wollen, können Sie mithilfe der Jupiter-Kraft überprüfen, woher eigentlich Ihr Armutsgefühl in Bezug auf die Nahrungsmittel kommt, und sich so leichter von Ihren falschen Essgewohnheiten trennen.

Freitag: Der Tag der Venus ist der beste Tag, um ein neues Kapitel in Ihrem Leben aufzuschlagen. Hier können Sie außerdem jede Art von Ritual, bei dem es um Schönheit geht, gut durchführen.

Samstag: Der Samstag eignet sich sehr gut für jeden Zauber, der irgendetwas beendet. Zum Samstag gehört der Saturn, der für Begrenzung steht. Wenn Sie einer alten Gewohnheit endlich Lebewohl sagen wollen, machen Sie Ihren Trennungszauber an diesem Tag.

Zaubersprüche

Wenn Sie Ihr Ritual mit einem Zauberspruch abrunden wollen, bietet es sich an, nicht gerade auf so abgegriffene Sprüche wie etwa »Hokuspokus Fidibus, dreimal schwarzer Kater« zurückzugreifen. Schließlich wollen Sie sich nicht mit der Energie des Kasperletheaters verbinden, sondern sind mit höchst ernsthaften Dingen beschäftigt. Wenn Sie es sich leicht machen wollen, verwenden Sie eine einfache Bestätigungsformel wie: »So soll es sein«. Verwenden Sie möglichst immer die gleichen Worte, falls sie nicht auf einen bestimmten Zauber gemünzt sind. Solche Sprüche funktionieren unter anderem deshalb so gut, weil sie unser Gehirn beschäftigen, das sonst ständig mit seiner Fragerei nach Sinn und Unsinn von Magie dazwischenplärrt und Sie ablenkt.

Selbstverständlich können Sie auch gereimte Sprüche verwenden. Wie wir alle aus der Schule wissen, lassen sich Reime besser behalten. Halten Sie auch hier wieder alles relativ kurz, Sie müssen sonst zu viel auswendig lernen oder vergessen auf halbem Wege, was Sie eigentlich sagen wollten. Beides bremst Ihre magische Energie aus. Darüber hinaus zwingt ein kurzer gereimter Spruch Sie dazu, sich auf das wirklich Entscheidende zu beschränken. Ein guter Allerweltsspruch, den Sie zu jedem Ritual und zu jedem Zauber verwenden können, ist ein simpler Zwei- oder Vierzeiler. Hier ein Beispiel:

Feuer, Wasser, Erde, Wind
Folg ich eurer Macht geschwind
Wind und Feuer, Wasser, Erde,
Machtvoll so mein Zauber werde.

Sie können auch nur die letzten beiden Zeilen verwenden oder noch etwas dazufügen, was zu Ihrem jeweiligen Thema gut passt. Dichten Sie, benutzen Sie diese Zeilen, tauschen Sie Teile aus, verlängern und verkürzen Sie, mit anderen Worten: Machen Sie etwas daraus, was bis zum letzten i-Tüpfelchen zu Ihrem jeweiligen Vorhaben passt.

Zur Autorin

Ulrike Ascher, geboren 1960, ist Journalistin, Übersetzerin und »freischaffende Hexe«. Nach einigen Jahren Arbeit für Greenpeace wechselte sie ganz in den Journalismus. Unter anderem war sie in dieser Zeit Chefredakteurin des Magazins *Irish Life* und Lektorin für englische Literatur. Bereits in den achtziger Jahren begann sie, Gruppenreisen zu magischen Orten in England und Wales zu leiten. Sie ist Reiki-Lehrerin, leitet Rituale und führt schamanische Beratungen und Workshops im englischen und deutschen Sprachraum durch. 1998 siedelte sie nach Irland über.

Wer der Autorin schreiben möchte

Ich freue mich immer sehr, von Leserinnen und Lesern zu hören, und – ich lese jeden Brief, auch wenn ich nicht alle beantworten kann. Wenn Sie Lust haben zu schreiben, was Sie alles erlebt haben, kein Problem. Senden Sie Ihre Post an den

Wilhelm Heyne Verlag
Lektorat Ratgeber
Postfach 15 13 29
80048 München.

Von dort werden die Briefe umgehend weitergeleitet.
Wenn Sie eine Anfrage nach Workshops oder Infos über Einzelsitzungen, Hausreinigung oder Ähnliches haben, vergessen Sie nicht, einen internationalen Postcoupon und einen adressierten Rückumschlag beizulegen, da eine Antwort sonst leider ausbleibt.
Auf Wunsch bekommen Sie gern Infos darüber, wie, wann und wo persönliche Beratung möglich ist, falls Sie längere inhaltliche Fragen beantwortet haben möchten.
Wenn Sie gezielte therapeutische Betreuung brauchen, wenden Sie sich bitte an die entsprechenden Stellen.
Und noch eine Bitte: Werden Sie nicht ungeduldig, wenn es mit einer Antwort bis zu einem halben Jahr dauert (ja, die Post kommt in Stapeln).

Sie können mir auch eine E-Mail unter der Adresse
info@ravenowl.com
senden

oder meine Homepage besuchen:
www.ravenowl.com

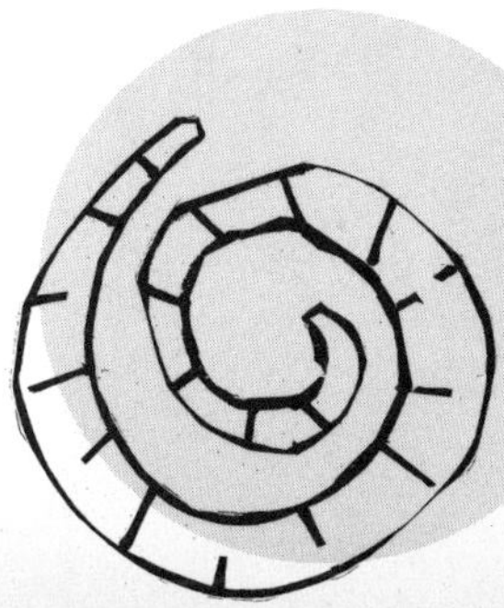

Register